MICHAEL ANDERLE

MAGIE & MARKETING

SO WIRD MAN EINE KNALLHARTE HEXE 1

Für meine Familie, Freunde und alle diejenigen, die es lieben zu lesen. Mögen wir alle das Glück haben das Leben zu leben für das wir bestimmt sind.

IMPRESSUM

Magie & Marketing (dieses Buch) ist ein fiktives Werk.
Alle Charaktere, Organisationen, und Ereignisse, die in diesem
Roman geschildert werden, sind entweder das Produkt der Fantasie
des Autors oder frei erfunden. Manchmal beides.

Copyright der englischen Fassung: © 2020 LMBPN Publishing
Copyright der deutschen Fassung: © 2021 LMBPN Publishing
Titelbild Copyright © LMBPN Publishing
Eine Produktion von Michael Anderle

LMBPN Publishing unterstützt das Recht zur freien Rede und den
Wert des Copyrights. Der Zweck des Copyrights ist es Autoren und
Künstlern zu ermutigen die kreativen Werke zu produzieren, die
unsere Kultur bereichern.

Die Verteilung von diesem Buch ohne Erlaubnis ist ein Diebstahl
der intellektuellen Rechte des Autors. Wenn Du die Einwilligung
suchst, um Material von diesem Buch zu verwenden (außer zu
Prüfungszwecken), dann kontaktiere bitte international@lmbpn.com
Vielen Dank für Deine Unterstützung der Rechte des Autors.
LMBPN International ist ein Imprint von
LMBPN Publishing
PMB 196, 2540 South Maryland Pkwy
Las Vegas, NV 89109

Version 1.01 (basierend auf der englischen Version 1.01), Mai 2021
Deutsche Erstveröffentlichung als e-Book: Mai 2021
Deutsche Erstveröffentlichung als Paperback: Mai 2021

Übersetzung des Originals (How To Be A Badass Witch 1)
ins Deutsche von:
4media Verlag GmbH

Verantwortlich für Übersetzungen, Lektorat
und Satz der deutschen Version:
4media Verlag GmbH,
Hangweg 12, 34549 Edertal,
Deutschland

ISBN der Paperback-Version:
978-1-64971-522-7

DE21-0020-00082

ÜBERSETZUNGSTEAM

Primäres Lektorat
Kim Hofer

Sekundäres Lektorat
Anna Hunger

Beta-Team
Jürgen Möders
Sascha Müllers
Esther Nemecek
Miriam Pinno-Schäfer
Volker Tesche

KAPITEL 1

»Argh!« Kera MacDonagh steckte ihren Kopf aus dem Wirrwarr der Decken hervor und suchte nach der Quelle des nervtötenden Klingelns in ihrer unmittelbaren Umgebung. Die Uhr neben ihrem Bett zeigte 11:42 an. Das war weit vor der Zeit, auf die sie ihren Wecker gestellt hatte, was bedeutete, dass der Übeltäter ihr Handy war. Wildes Herumtasten in den Decken brachte nichts und sie lehnte sich weit über den Bettrand, um blindlings auf dem Boden nach ihrem Handy zu greifen. »Uuuugh.«

Durch diese Herumgrapscherei holte sie das verdammte Teil zu sich, welches als Anrufer den Namen ihrer Mutter anzeigte. Kera ließ ihren Kopf mit einem Stöhnen zurück auf das Kissen fallen, bevor sie antwortete. »Ha...« Sie räusperte sich. »Hallo?«

»Hallo, Kera, hier ist deine Mutter.« Die Stimme ihrer Mutter hatte diese Art einer tadellosen Ausdrucksweise und einem nicht identifizierbaren Akzent, welcher oft von Nachrichtensprechern praktiziert wurde.

»Oh, gut.« Kera zwang sich wach zu werden und begann, sich den Schlaf aus den Augen zu reiben. »Eine Sekunde lang hatte ich Angst, jemand hätte dein Telefon geklaut und mich damit angerufen.«

»Ja, meine Liebe.« Keras Mutter seufzte leise. »Ich hatte einen Moment Zeit, also dachte ich, ich rufe dich mal an.«

Kera, die bisher bequem gehockt war, während sie sich das Gesicht rieb und ihre Haare glattstrich, setzte sich jetzt auf. *Ein Seufzer anstatt eines Scherzes?* Ihre Mutter, eine hingebungsvolle Philanthropin, hatte *einen Moment Zeit?*

»Ich bin, äh ...« Sie wälzte sich aus dem Bett und setzte ihre Zehen auf dem kalten Betonboden ab, wobei sie aufgrund der Kälte zusammenzuckte. Ihr sechster Sinn kribbelte. »Mir geht's gut. Danke für den Anruf! Echt toll, deine Stimme zu hören, aber ich weiß, dass du sehr beschäftigt bist, also ...«

»*Wunderbar.*« Ihre Mutter ignorierte die von Kera implizite Aufforderung aufzulegen, gekonnt. »Und, wie laufen die Dinge bei dir?«

Kera rollte ihre Augen zum Himmel. Ihre Mutter hatte eine ganz bestimmte Frage an sie, doch es wäre sinnlos, sie zu bitten, gleich zur Sache zu kommen. Die Frau würde mit Nebenfragen beginnen, Kera in eine Art verbale Falle manövrieren und dann zuschlagen. Es würde keine Möglichkeit geben, dieses Gespräch zu beschleunigen.

»Die Dinge laufen gut«, antwortete Kera schließlich. »Du weißt schon, die Arbeit. Das Übliche halt.«

In genau dem Moment, in dem die Worte ihren Mund verlassen hatten, verfluchte sie sich selbst. Doch es gab kein Zurück mehr.

»Wunderbar«, wiederholte ihre Mutter. »Weißt du, mir ist *gerade* eingefallen, dass dein Abschluss heute auf den Tag genau zwei Monate her ist.«

»Jetzt geht's los«, murmelte Kera.

Es ist eindeutig zu früh für diesen Scheiß.

»Mit deinen Noten sollten sich die Firmen um dich reißen.« Der Tonfall ihrer Mutter klang lieb und fröhlich.

Magie & Marketing

»Und wie wir alle wissen, gibt es in Los Angeles dreiundzwanzig der insgesamt siebenundfünfzig *Fortune-500*-Unternehmen in Kalifornien, die allesamt Absolventen eines Informatikstudiums suchen.«

»Die einzigen Leute, die so etwas wissen, sind die, die den Wikipedia-Artikel über Los Angeles gelesen haben.« Kera rieb sich ihr Gesicht. »Hör zu, Mom, ich weiß es wirklich zu schätzen, dass du mir helfen willst einen Job zu finden, aber es ist nun mal so, dass ...«

»Du hast doch nicht etwa ein Jobangebot bekommen und mir nichts davon erzählt, oder?«

Tatsächlich hatte sie ein paar Anrufe von Personalvermittlern erhalten, aber Kera wusste nur zu gut, dass ihre Chancen, lebend aus diesem Gespräch herauszukommen, gegen Null gingen.

»Ich habe nicht nach *solchen* Jobs gesucht«, gab sie aufrichtig zu.

»Warum ist das denn so, Liebes?« Der Tonfall war immer noch süß, doch es lag eine Warnung darin.

»Wie ich dir schon *mehrmals* gesagt habe, habe ich kein Interesse daran, mit einer KI zu arbeiten, die für Kundendienstroboter entwickelt wurde.« Kera, die von dieser Frau erzogen worden war, konnte genauso diskutieren und reden, wie sie es tat. »Ich wäre lieber eine Kellnerin oder eine Barkeeperin und weißt du warum? Weil, wenn es Dummheit auf der anderen Seite der Bar gibt, dann steckt auch ein Grund dahinter. Verglichen mit der Idiotie der KI, die meistens *technisch* logisch ist, aber auf einem fehlenden Komma oder irgendeinem lächerlichen Parameter beruht, auf den das Management vorher bestanden hat, obwohl dies eine KI gar nicht versteht.«

Misses MacDonagh seufzte und Kera machte sich auf etwas gefasst.

Mit dem Vortrag, der als Nächstes kam, hätte man mit Sicherheit eine Bullshit-Bingo-Karte in Rekordzeit ausfüllen können. »Kera, du kannst deine Fähigkeiten und dein Potenzial nicht einfach vergeuden, indem du nur an deinem Motorrad arbeitest und Getränke ausschenkst.« Der Tonfall ihrer Mutter war klar, was ein sicheres Zeichen dafür war, dass sie wütend war. Je wütender sie wurde, desto förmlicher wurde sie. »Ich verstehe, dass es *dir* wie gutes Geld *vorkommt*, wenn du Trinkgeld bekommst, aber glaub mir, ein stabiler Job mit guten Sozialleistungen ist auf lange Sicht viel mehr wert. Hast du die Gehaltserhöhungen bedacht? Hast du die Krankenversicherung und die Altersvorsorge bedacht?«

»Mom ...«

»Wenn es den Bach runtergeht – und das *wird* es irgendwann, denn *jeder* hat mal Pech – dann willst du Stabilität und ...«

»*Mom.*«

»Nein, hör mir zu, Kera.« Kera konnte vor ihrem inneren Auge sehen, wie ihre Mutter mit den Fingern auf den Küchentisch trommelte. »Du wolltest doch immer etwas tun, bei dem du einen Unterschied machst.«

Kera ballte ihre freie Hand zu einer Faust und wünschte sich sehnlichst, sie hätte etwas, was sie an die Wand werfen könnte.

»Sei ehrlich zu dir selbst, meine Liebe.« Die Stimme ihrer Mutter war etwas sanfter geworden. »Ich weiß, dass dir ein Einstiegsjob in der IT-Branche nicht gerade wie ein wahrgewordener Traum erscheint, aber der Weg, den du damit in zehn Jahren beschreiten kannst, ist ein *ganz* anderer als der, auf dem du dich gerade befindest. Was willst du denn machen, eine Bar *kaufen*?«

Kera seufzte, als ihr eine Idee kam. »Vielleicht«, antwortete sie. »Vielleicht mache ich das. Vielleicht kaufe ich die Bar, gründe eine Kette und lasse Leute Franchises eröffnen. Ich werde die Gewinne einstreichen, während andere die Drecksarbeit machen und dann können wir darüber reden, ob ich nicht besser in einem Labor aufgehoben wäre, wo ich wegen eines Semikolons schikaniert werde.«

Es herrschte Stille.

Kera seufzte. »Mom. Bitte. Ich kenne all die Leute, die bei diesen Jobs gelandet sind. Sie sind nicht glücklich und ich wäre es auch nicht.«

»Du hast also noch Kontakt zu einigen der Männer, mit denen du studiert hast?«

Kera, die spürte, dass das Thema in einen anderen, äußerst riskanten Bereich wechselte, begann sofort mit Ausweichmanövern. »Ich muss jetzt los, aber du hast da noch einige gute Punkte angesprochen. Ich würde liebend gern ein anderes Mal darüber reden. Wie sieht es denn am Donnerstag in fünf Wochen bei dir aus?«

»Was ist eigentlich aus dem Quarterback geworden, den du gedatet hast?«, fragte ihre Mutter und ignorierte entschlossen Keras rasanten Verabschiedungsversuch.

»Michael.«

Kera seufzte. »Das war im zweiten Studienjahr.«

»Und?«

»Und jetzt ist er verheiratet, seine Frau erwartet ein Kind, er lebt in einem Vorort von Los Angeles und unterrichtet Football an einer Highschool.«

»Gut, dann streich' diese Option.«

»Ach, meinst du?«

»Liebling, wenn du dich eher angezogen fühlst von …« Ihre Mutter räusperte sich. »Nun, bitte nimm zur Kenntnis, dass wir es nicht missbilligen werden, wenn du dir Sorgen machen solltest, uns damit zu schockieren.«

»Mom. Du fragst, ob ich lesbisch bin, weil ich seit längerer Zeit keinen Freund mehr hatte?«

»Ich wollte nur nicht, dass du Angst hast, es uns zu sagen«, erwiderte ihre Mutter. »Falls du es wärst.«

»Bin ich nicht. Mom, können wir über etwas anderes reden?«

»Kera, du bist furchtbar zimperlich. Du hast dir schon immer die Finger in die Ohren gesteckt, wenn es darum ging, über Sex zu reden.«

»Weil du versucht hast, mir das Thema näherzubringen, indem du erzählt hast, woher Rob und ich kommen!« Kera winkte mit ihrer freien Hand ab. »O Gott, und ich habe so hart daran gearbeitet, diese Erinnerungen zu verdrängen. Wann kommt endlich jemand auf die Idee mit dem Hirnbleichmittel? Das würde ihnen eine Milliarde Dollar einbringen.«

»Na bitte«, sagte ihre Mutter süffisant. »Jetzt hast du ein Ziel – eines, das nicht Barkeeperin ist, aber auch nicht einer dieser Laborjobs, die du so hasst.«

»Sicher. Ich kümmere mich gleich darum, danke.«

»Mmm. Ich muss gehen, meine Liebe. Hab' einen schönen Tag. Versuche die Fähigkeit zum Lernen nicht zu verlieren. Schnapp dir ein Buch oder erlerne eine neue Fähigkeit, aber mach *etwas* aus deinem Leben.«

»Auf Wiedersehen, überfürsorgliche Mutterfigur mit einem Göttinnen-Komplex.«

Magie & Marketing

»Ich kann nicht anders«, beteuerte ihre Mutter. »Unsere Familie – und das heißt auch du – hat seit Generationen besondere Gene. Ich stelle nur sicher, dass du einen produktiven Weg findest, um ...«

»War das nicht der Punkt, an dem du auflegen solltest?«

»Nicht ohne das letzte Wort zu haben«, betonte die ältere MacDonagh. »Auf Wiedersehen, meine Kleine.«

Am anderen Ende der Leitung klickte es und der Anruf wurde beendet, der Bildschirm kehrte zu Keras Kontaktliste zurück.

»Igitt ... Mütter.«

Es war schließlich noch nicht einmal Mittag. Es gab keinen Grund für Kera, um diese Uhrzeit schon wach zu sein, doch ihre Mutter hatte sie nicht einfach nur geweckt, sondern sie auch noch der Fähigkeit beraubt, wieder einzuschlafen.

Es gab einfach nichts Frustrierenderes, als über die Tatsache zu grübeln, dass das College ein gigantischer Schwindel und das Leben danach ein verherrlichtes Hamsterrad war.

Nicht, dass Kera ihren Job nicht mochte, natürlich und ihr Studium hatte sie *geliebt*. Sie hatte die interne Logik der Dinge, wie sie funktionierten, wie man sie misst und wie man Fehler behebt, lieben gelernt wie ein Fisch das Wasser.

Sie hatte nur noch nicht herausgefunden, was sie als Nächstes tun wollte. Als Barkeeperin zu arbeiten, bedeutete nämlich nicht wirklich, die Welt zu verändern – was sie aber leider *doch* irgendwann tun wollte.

Abgesehen davon, dass es als Ziel unerträglich kindisch wirkte.

Kera stöhnte und blickte zurück auf ihr Bett, aber sie wusste, dass sie nicht wieder schlafen konnte. Mit einem Seufzer machte sie sich auf den Weg ins Bad, um zu duschen. Jetzt musste sie sich für die nächsten drei Stunden etwas einfallen lassen, bei dem sie sich nicht wie eine Versagerin fühlen würde.

Sie nahm ihr Handy wieder in die Hand und starrte es einen Moment lang an, bevor sie ihre Bücher-App öffnete. Sie rief den Shop auf und zögerte.

Wonach sollte sie suchen?

»Wie wird man ein Kneipenwirt?«, überlegte sie laut. Sie grinste. »Wie man ... wie man ... Okay, damit fange ich an.« Sie begann zu tippen. »Wie man ...«

Sie blinzelte. Vorgeschlagene Ergebnisse waren bereits aufgetaucht und eines davon unterschied sich deutlich von den anderen. Sie tippte es an und runzelte die Stirn. Es war ein Scherz, das musste es sein.

Immerhin ...

Nein, es gab keine Möglichkeit, dass jemand dachte, das sei echt. Spontan tippte Kera auf die Schaltfläche ›Jetzt kaufen‹ und verdrehte dann die Augen aus Ärger über sich selbst.

»Gute Arbeit, MacDonagh. Du versuchst dich nicht wie ein Versager zu fühlen und was ist das erste Buch, das du herunterlädst? Etwas, das von einer durchgeknallten Person geschrieben wurde. Aber wie auch immer, was diese Ratgeber angeht, gefällt mir der Titel *›So wird man eine knallharte Hexe‹*.«

KAPITEL 2

Sechs Wochen zuvor

James? Der Rat ist versammelt, wenn Sie nun beginnen möchten.« Die Stimme war sanft und kultiviert, mit nur einem schwachen Hauch von französischer Rundung in den Vokalen. Schritte ertönten und eine weitere Gestalt trat zum Fenster. »Was schauen Sie sich dort an?«

James P. Lovecraft nickte der Szene draußen vor den Fenstern zu. Hinter den aufgerollten, karmesinroten Vorhängen und den blau getönten Glasflächen, die den Blick auf das Grundstück des Herrenhauses freigaben, waren die sanften Hügel und Felder von Upstate New York mit reinem Schnee bedeckt. Eiszapfen hingen von den immergrünen Zweigen und knorrigen Ästen der umliegenden Bäume.

»Festlich, finden Sie nicht auch?« Er sah seine Begleiterin an. »Und angemessen für eine Sitzung des Rates.«

»Schnee«, sagte Mutter LeBlanc mit einem Schaudern, »ist *nie* angebracht.«

Er lächelte sie an. Ihr Alter war ein Rätsel. Auf den ersten Blick schien sie nicht älter als fünfundzwanzig zu sein, eine schöne Frau mit glatter Haut in der Farbe von Mahagoni und einem immerwährenden, breiten, angenehmen Lächeln von entspannter Belustigung. Ihr langes, zu vielen engen Zöpfen geflochtenes Haar verstärkte diesen Effekt noch.

Das Kleid, das sie immer trug, war dagegen jedoch ... eigenartig. Es schien aus Dutzenden von Quadratmetern bunter Seide und Samt gewebt worden zu sein. Es hatte keine wirkliche Form und doch schmeichelte es den Kurven ihres Körpers, wenn sie sich bewegte, oder wenn die Stoffe sich um sie legten. Die hellen Farbtöne schienen sich bei jedem Blick zu verändern. Es war fast wundersam, aber auch bizarr genug, sodass Menschen, die Mutter LeBlanc zum ersten Mal begegneten, einige Zeit brauchten, um ihr leichtes Unbehagen über die angedeuteten Geheimnisse zu überwinden.

James wusste, dass es wahrscheinlich ein Überbleibsel aus der Voodoo-Tradition von New Orleans war, aus der die Frau stammte. Obwohl sie sich der Thaumaturgie zugewandt hatte, barg die Magie des alten Louisiana immer noch Geheimnisse, die den anderen Mitgliedern des Rates unbekannt waren.

Zum Beispiel hatte das Kleid neben seiner schieren, schwerfälligen Massivität auch die merkwürdige Fähigkeit, die Anwesenheit dessen zu verschleiern, was LeBlanc sonst noch in seinen Falten verstecken könnte.

James erinnerte sich an einen Vorfall vor fünf Jahren, als sie etwas – er konnte sich nicht erinnern, was – unerwartet aus ihrem Ärmel gezogen hatte. Er hatte gescherzt, dass sie mit dem Inhalt ihres Kleides wahrscheinlich eine ganze Mahlzeit kochen könnte.

Ohne zu zögern hatte sie in die vielen Wogen des Gewandes gegriffen und einen eisernen Topf, ein scharfes Küchenmesser, eine Zwiebel, eine Tüte mit Gewürzen, eine Schöpfkelle und schließlich ein lebendiges Huhn hervorgeholt, welches krächzte und lose Federn über den Boden verstreute. Sie hatte das unglückliche Federvieh über einen Beistelltisch gehalten und mit dem Messer den Nacken durchtrennt, sodass der glubschäugige Kopf in eine Ecke rollte, bevor sie es ausgenommen und den Rest gerupft hatte. Fleisch, gewürfelte Zwiebeln, Wasser und Gewürze wurden in den Topf geworfen, den sie dann in die Küche gebracht hatte.

Als die Suppe fertig war, brachte sie sie zurück, damit sie alle daran teilhaben konnten und das war's. James hatte nie wieder die Garderobe von Mutter LeBlanc infrage gestellt oder kommentiert.

Es half, dass die Suppe köstlich gewesen war, doch wäre sie das nicht gewesen, hätte er es auch gar nicht erst erwähnt.

»Sind Sie bereit?«, fragte sie ihn.

Er nickte und rückte seine Brille zurecht, dabei räusperte er sich. Er war ein gepflegter Mann, Mitte dreißig, mit hohen Wangenknochen und einem schmalen Kiefer. Die Leute waren im Allgemeinen nicht überrascht, wenn sie erfuhren, dass er von der alten englischen Aristokratie abstammte.

Die beiden betraten den Speisesaal des Herrenhauses und James nickte den anderen Meister-Thaumaturgen zu, die um den alten Eichentisch versammelt waren.

Sie waren bereit, seinen Plan zur Rettung ihres Berufsstandes zu hören, obwohl sie von ihrem Glück noch nichts wussten.

Er nahm seinen Platz an einer Seite des Tisches neben Mutter LeBlanc am Kopfende ein. Sie räusperte sich und blickte auf den versammelten Rat. »Meine Damen und Herren, herzlich willkommen zu unserer diesjährigen Versammlung des Hohen Rates der Thaumaturgie.« Sie schenkte ihnen ein schiefes Lächeln. »Wir wissen es zu schätzen, dass Sie allesamt nur zwei Wochen vor Weihnachten erscheinen. Es ist eine arbeitsreiche Zeit im Jahr, aber bei unserer letzten Abstimmung waren alle damit einverstanden, den traditionellen Termin beizubehalten.« Eine ihrer Augenbrauen hob sich verschwörerisch. »Also, keine Beschwerden.«

Ein paar Leute lachten trocken auf. James dachte sich, dass, wenn jemand protestieren würde, wäre es Mary Mitchell, die zwei Sitze von ihm entfernt saß, aber sie blieb still.

»Dies ist ein wichtiges Treffen. Wie Sie wissen, befindet sich die Rekrutierung auf einem historischen Tiefstand und wir waren nicht in der Lage, die freien Stellen in unserem Rat zu besetzen.« Mutter LeBlanc gestikulierte mit ihrer schlanken, dunklen Hand in Richtung der drei leerstehenden Stühle am anderen Ende des Tischs.

Die Gäste schauten unbehaglich umher. Diejenigen, die derzeit im Rat saßen, nannten sich aus offensichtlichen Gründen ›die Zwölf‹, aber der große Tisch war ursprünglich für fünfzehn Personen gedacht gewesen. Die anderen drei Plätze standen schon seit viel zu langer Zeit leer.

Mary Mitchell hob eine Hand. »Wir *hatten* doch beschlossen, niemanden sonst in die Position des Triumvirats zu befördern«, sagte sie. »Und wir kommen auch ohne einen Anführer gut zurecht. Ist es wirklich *notwendig*, diese Sitze zu besetzen oder ist es nur eine jahrhundertealte Macht der Gewohnheit?«

James musste zugeben, dass sie in diesem Punkt recht hatte, aber wie üblich übersah sie das große Ganze.

Magie & Marketing

Lady Mary Carter Mitchell war eine schlanke Frau mit einem schmalen Gesicht, die altmodische Schicklichkeit und einen Sinn für Anstand mit einer höchst modernen Ungeduld verband. Sie mochte keine Besprechungen, Prozeduren und Aufsichten, sondern zog es vor, solche Dinge so schnell wie möglich zu erledigen, damit sie sich wieder ihrem lebenslangen Hobby widmen konnte – dem Studium und der Manipulation von Pflanzen.

Sie waren fast an dem Punkt angelangt, an dem James zu seinen eigenen Plänen übergehen konnte. Bevor er das jedoch tun konnte, erhob Damian Diaz die Stimme.

»Die Oberhexe Templeton«, sagte er in seiner dröhnenden, theatralischen Art, »war nicht nur einfach unsere oberste Bürokratin. Für einen richtigen Hexenzirkel *braucht* man dreizehn Mitglieder.« Er lächelte schief. »Ja, sie hatte die unglückliche Tendenz, ständig mit anderen Dingen beschäftigt zu sein, wenn einer von uns sie um Hilfe bat.« Ein Kichern ging durch die Runde am Tisch. »Doch sie hat sich nie vor ihrer Pflicht gedrückt, wenn es um größere Zauber ging. Die wir im Übrigen nun nicht mehr ausführen können, selbst wenn wir es wollten. Wir müssten zumindest die dreizehnte Stelle besetzen, besser noch alle drei leeren Sitze.«

»Ja«, pflichtete James sofort bei, da er einen praktischen Übergang sah. »Und deshalb ist es zwingend notwendig, dass wir neue Rekruten suchen. Mutter LeBlanc und ich sind uns in dieser Sache einig.«

»In den letzten fünf Jahren haben wir keine Studenten gefunden«, erklärte Mutter LeBlanc der Runde. Obwohl die Tatsache bekannt war, wurde sie nicht oft laut ausgesprochen und viele der am Tisch Versammelten senkten ihren Blick. Mutter LeBlanc fuhr fort: »In den letzten zwei Jahren haben wir keine Kandidaten für die Ausbildung gefunden. Innerhalb von zwei oder drei Generationen, wenn wir die Dinge nicht in die Hand nehmen, könnte unsere Tradition völlig verschwinden und mit ihr unsere Fähigkeit, Ereignisse zum Wohle der Menschheit zu lenken.«

Die Thaumaturgen am Tisch schauten zunächst einander an, dann wandten sich die Blicke der meisten zu Lauren Jones. Mit ihrem runden Gesicht und ihren roten Haaren war sie die Art von Person, die immer jünger aussah, als sie eigentlich war. Schon nach einer kurzen Bekanntschaft wurde klar, dass sie die Aufmerksamkeit eines jeden Publikums auf sich ziehen konnte. Als die beste Lehrerin unter den Zwölf war sie besonders besorgt über deren Mangel an Rekruten.

Jetzt richtete sie ihre braunen Augen auf James und überlegte lange, bevor sie sprach.

»Es hat mich belastet«, gab sie zu. »Wir sagen, dass wir uns aufgrund der zunehmenden Vernetzung der Welt aus den menschlichen Angelegenheiten zurückgezogen haben. Weil nämlich selbst ein kleiner Eingriff nun eher bemerkt werden könnte und weil Eingriffe weniger wahrscheinlich notwendig sind, doch ich frage mich ... Ich frage mich, ob wir uns zurückgezogen haben, weil wir uns machtlos fühlen. Ich frage mich, ob unser Verzicht auf unsere Pflicht bedeutet, dass wir eines Tages gebraucht werden und dann nicht da sein werden.«

Es herrschte Schweigen. Selbst James, der vorbereitet gekommen war, um für die Erweiterung ihrer Reihen zu plädieren, hatte nicht an solch schlimme Dinge gedacht.

Magie & Marketing

Im Laufe der Jahrtausende hatten Thaumaturgen selten, aber wirkungsvoll eingegriffen. Sie hatten Wissenschaftlern geholfen, die versucht hatten, Krankheiten zu heilen, sie hatten isolierten Gruppen von Soldaten geholfen, die das Blatt in einer Schlacht wenden konnten und manchmal hatten sie Waldbrände oder Stürme von stark bevölkerten Gebieten ferngehalten.

Mit der zunehmenden Vernetzung der Welt war die Zahl der isolierten Gruppen, die von menschlicher Hilfe abgeschnitten waren, geschrumpft, ebenso wie die Möglichkeiten, unbemerkt einzugreifen.

Und jetzt, ohne dreizehn Mitglieder im Hexenzirkel, gab es viele Zaubersprüche, die gar nicht mehr ausgeführt werden konnten, auch wenn es nötig wäre und sie die Chance hätten, es zu tun, ohne sich zu verraten.

James nickte und schluckte.

Lauren ließ ihn sich nicht von ihrer starken Ansprache erholen. »Wir sind uns alle einig, dass ein dringender Bedarf herrscht«, sagte sie. Sie warf Mary Mitchell keinen Blick zu und ihr Tonfall ließ vermuten, dass sie keinen Widerspruch dulden würde. »Nun, sagen Sie uns, wie Ihr Plan aussieht.« Sie schenkte ihm ein schwaches Lächeln. »Ich nehme an, Sie haben einen.«

James verbarg sein eigenes Lächeln, während er sich an Mutter LeBlanc wandte. »Madame, mit Ihrer Erlaubnis? Es könnte einige Minuten dauern, meine Idee zu erklären.«

Obwohl sie formell nicht ihre Anführerin war, diente sie als ihre Rednerin und hatte ein gewisses Maß an Autorität darüber, wie die Diskussion verlaufen würde. Da seine Idee überaus unorthodox war, brauchte er jedes Quäntchen Seriosität, das er erlangen konnte.

Die beiden hatten es im Voraus geplant und jeder wusste, dass sie ›Ja‹ sagen würde, durch die Art und Weise wie sie stoppte und den Moment hinauszögerte. Wenn sie vorgehabt hätte, ›Nein‹ zu sagen, hätte sie es sofort getan. Trotzdem ertappte sich James dabei, dass er besorgt auf ihre Einschätzung wartete.

Sie lächelte. »Ja, Mister Lovecraft«, verkündete sie. »Legen Sie los.«

»Ausgezeichnet.« James richtete sich in seinem Stuhl auf. »Die Gesellschaft um uns herum verändert sich, jeden Tag ist die Welt da draußen ein wenig anders.« Seine Vergangenheit in der Werbebranche hatte ihn den Wert von dramatischen, aufmerksamkeitsstarken Aussagen gelehrt. »Wenn wir in den kommenden Jahrzehnten nicht nur gedeihen, sondern überhaupt *existieren* wollen, müssen wir unsere Reihen neu aufbauen. Wir brauchen wieder einen richtigen Hexenzirkel und wir benötigen Lehrlinge, die unser Erbe weiterführen.«

Mary und die anderen der konservativeren Mitglieder kniffen ihre Augen bei diesem Thema zu. Alt, spießig und in ihre eigenen Angelegenheiten vertieft, waren sie der Aussicht, Neuankömmlinge beherbergen zu müssen, alles andere als wohlgesonnen.

James war jedoch nicht bereit, dem Aussterben der Thaumaturgie tatenlos zuzusehen. »Ich schlage eine Lösung vor, welche neu und alt gleichzeitig ist: die *Veröffentlichung*. In diesem nie dagewesenen Zeitalter der Alphabetisierung *und* mit den jüngsten Fortschritten von elektronischen Büchern könnte ein Grimoire leicht verbreitet werden.«

»Sie wollen ein neues Grimoire schreiben?«, wandte Mary Mitchell ein. »*Das* ist Ihr großer Plan?« Sie sah die anderen

Versammelten an, Verachtung stand ihr ins Gesicht geschrieben. »Wir schaffen es nicht einmal, neue Rekruten zu finden und Sie wollen unser Grimoire neu schreiben?«

»Nein.« James holte tief Luft. Das war die Stelle, an der seine Idee am unorthodoxesten war. »Mein Plan ist es, das Grimoire an *potenzielle* Rekruten zu verteilen. Es selbstständig zu veröffentlichen, in der Hoffnung, dass einige von denen, die es finden, den Willen und das Talent haben, die Zaubersprüche zu praktizieren.«

Es herrschte eine lange Stille. Damian sah erschüttert aus, Lauren lehnte sich in ihrem Stuhl zurück, ihre Augen waren ins Leere gerichtet und Mary war aufgebracht. Die Gesichter der anderen Versammelten trugen Ausdrücke des Unglaubens.

Nur Mutter LeBlanc schien ruhig zu sein. Ihr Gesicht wurde wie immer von ihrem halben Lächeln geziert und sie stützte sich leicht auf einen Arm und beobachtete die anderen.

»Sie möchten also«, fragte Mary schließlich, »unsere Geheimnisse an die *ganze Welt* verraten?«

Alle blickten James an.

»Ja«, erwiderte James nur.

Seine gelassene Akzeptanz ließ Mary aussehen, als würde sie gleich ein Aneurysma bekommen. Sie schaute sich beim Rest des Tisches nach Unterstützung um, aber niemand schien etwas sagen zu wollen.

»Für diejenigen, die keine Magie anwenden können, wird das Buch wie eine bloße Neuerscheinung fungieren.« Diese Stimme war eine Überraschung. Sogar James wandte schockiert seinen Kopf herum.

Er hatte nicht erwartet, dass sich Mutter LeBlanc einmischen würde.

»Aber einige *werden* es verstehen«, schnappte Mary. »Um Gottes willen, will denn *keiner* von Ihnen mal sagen, wie verrückt dieser Vorschlag ist?«

»Ich habe Bedenken«, gab Damian zu. »Meine Kenntnisse über das ... Internet und die sozialen Medien sind zwar nicht gut, aber ich kann mir nicht vorstellen, wie Sie verfolgen wollen, wer das Buch heruntergeladen hat und wer nicht. Sind Sie in der Lage, so etwas zu tun?«

Madame LeBlanc schaute James neugierig an. Sie wusste noch nichts von diesem Teil seines Plans.

»Eine gute Frage«, erwiderte James. »Ich habe eine Methode entwickelt, mit welcher ich in der Lage sein werde, neue Thaumaturgen zu finden. In der Tat befindet sich diese gerade vor Ihnen.«

Die Zwölf lehnten sich vor. Die schwere, silberne Schale vor ihnen war mit Wasser gefüllt und jetzt, wo sie genau hinschauten, lag eine Karte der Vereinigten Staaten auf dem Boden.

»Schauen Sie zu«, sagte James zu ihnen. Er sprach den Zauberspruch, um die Pendelschale zu nutzen und ein goldener Punkt erschien über dem Bundesstaat New York, zusammen mit kleineren Punkten in mehreren weiteren Teilen des Landes. »Wir sind in der Lage, nach Thaumaturgen zu pendeln.«

»Sie müssen wissen, wonach Sie pendeln«, wandte Mary Mitchell ein.

»Wir pendeln nach Magie«, erläuterte James. Er war stolz auf diese Erfindung. Er hatte wochenlang überlegt, wie er die neuen Rekruten finden konnte, sobald sie die ersten Zaubersprüche ausprobiert hatten. »Wie wir wissen, geschieht das Manifestieren und Auffinden von Magie, nachdem die Kunst konsequent praktiziert wurde. Das wird uns keine potenziellen Rekruten zeigen – das kann es gar nicht – aber es *wird* uns diejenigen zeigen, die anfangen, Magie zu benutzen, nachdem das Buch veröffentlicht wurde.«

Es gab einen Moment der Stille. Damian lächelte jetzt, Lauren ebenso.

Mary jedoch nicht. »Wann ist *jemand* je ein großer Thaumaturg geworden, nur weil er ein gedrucktes Buch gelesen hat?«

»Es *ist* unorthodox.« James vermutete, dass sie die Tradition als Vorwand benutzte, um sich nicht mit der Arbeit auseinandersetzen zu müssen, die die Bearbeitung neuer Rekruten mit sich bringen würde, doch er hielt sich zurück, um nicht noch widersprechen zu müssen. Er hatte gelernt, auf die Meinung der anderen Rücksicht zu nehmen und die anderen Anwesenden dachten noch über ihre Worte nach.

»Ich muss Lady Mitchell zustimmen«, sagte Lauren. Ihr Ton war bedauernd, aber bestimmt und ihr Lächeln war nun verschwunden. »Magie wird nur durch eine lange Lehrzeit mit praktischer Übung unter Anleitung eines Lehrmeisters gemeistert. Das wäre so, als würde man versuchen, Kampfsport aus einem Buch zu lernen, ohne jemals mit einem echten Gegner Sparring zu machen oder als würde man versuchen, Autofahren zu lernen, indem man ein Handbuch liest, sich aber nie mit jemandem hinter das Steuer setzt, der es schon mal gemacht hat.«

Andere der Versammelten nickten, doch niemand sprach.

James, der seine Chance sah, räusperte sich und rückte seine Brille zurecht. Es lag ein Stück Wahrheit, wenn auch ein unwillkommenes, in dem, was sie sagten, jedoch hatte er das Problem bedacht, während er auf die Idee gekommen war.

»Lauren und Lady Mitchell sprechen einen guten Punkt an«, sagte er. »Die Thaumaturgie ist eine Kunst jenseits aller Worte, da sie auf dem korrekten Verständnis der magischen Kräfte beruht. Wir alle hatten Lehrlinge und haben gesehen, dass jeder Geist die Sprache anders versteht – und daher einzigartige Wege finden muss, die Kräfte, mit denen er arbeitet, zu konzeptualisieren.«

Alle nickten jetzt, sogar Mary, die einen Ausdruck von Genugtuung auf ihrem Gesicht hatte.

Was jetzt kommt, wird ihr nicht gefallen, dachte James.

Er bemühte sich, seinen Gesichtsausdruck neutral zu halten und zuckte mit den Schultern. »Ein Buch, das nur ein paar Möglichkeiten beinhaltet, jedes Konzept zu beschreiben, wird nicht *jeden* potenziellen Studenten erreichen. Wir werden diejenigen nicht erreichen, deren Verständnis durch eine andere Sprache oder persönlichen Unterricht gewonnen worden wäre.«

»Wenn wir so viele also gar nicht erreichen werden«, erwiderte Mary sofort, »ist der Plan grundlegend fehlerhaft.«

James versuchte, bei seinem Triumph nicht zu lächeln. Sie hatte für ihn die perfekte Ausgangslage geschaffen, um einen Homerun zu schlagen.

»Allerdings«, sagte er ernst, »finden wir zurzeit *gar keine* Kandidaten. Wenn wir *einige* finden, können wir damit beginnen, unsere Reihen wieder zu vergrößern und wenn mehr Thaumaturgen in der Welt unterwegs sind, haben wir eine bessere Chance, die anderen zu erreichen. Irgendwo müssen wir ja anfangen.«

Magie & Marketing

Mary verstummte. Sie war zwar sehr unzufrieden mit James, aber sie konnte seine Argumente nicht widerlegen. Außerdem schenkten die anderen ihm nun mehr Aufmerksamkeit.

»Die Idee ist, sie anzulocken«, fuhr James fort. »Mit den Grundlagen, sodass sie dann in die Richtung der traditionellen Unterrichtsmethoden gelockt werden.«

Ein Nicken machte die Runde.

»Wir werden es ihnen schwer machen zu sehen, wer das Buch veröffentlicht hat«, erklärte James. »Das wird es für uns einfach machen, sie zu finden, bevor *sie uns* finden. Mein Hintergrund in der Werbebranche wird mir unterdessen bei der Vermarktung helfen, damit das Buch die größtmögliche Verbreitung findet.«

Damian schnaubte. »Ich muss ja sagen, es wird mich amüsieren dabei zuzusehen, wie Sie versuchen werden, die heutige Jugend für Thaumaturgie zu begeistern.«

»Wir haben dem Ganzen noch nicht zugestimmt«, schnauzte Mary Mitchell.

»Lady Mitchell wirft ein sehr gutes Argument ein«, schaltete sich Mutter LeBlanc mit ernster Miene ein. »James hat seine Idee vorgestellt, aber er hat auch zugestimmt, sich an die Entscheidung dieses Rates zu halten. Wir sollten jetzt darüber abstimmen.«

James lehnte sich in seinem Stuhl zurück, sein Herz schlug schnell. Er vertraute Mutter LeBlancs Instinkt, zu welchem Zeitpunkt die Abstimmung stattfinden sollte, aber es war doch trotzdem sehr plötzlich. Er hatte monatelang an dieser Idee gearbeitet und jetzt …

Jetzt sollte es passieren.

Oder auch nicht.

Mutter LeBlanc wartete so ruhig, als ob sie kein Interesse an der Angelegenheit hätte.

»Aye«, sagte Lauren nach einem Moment.

»Aye«, stimmte Damian mit einem Nicken zu.

James' Herz machte einen Sprung. Noch vier und es wäre besiegelt.

»Sie wollen mich zwingen, es zu sagen?«, fragte Mary in die Runde. »Das Ganze ist eine lächerliche Idee. Nay.«

»Aye«, mischte sich Carter Brooks mit tiefer Stimme ein.

»Aye«, stimmte Rosa Sanchez zu.

»Aye.«

Jeder Kopf schwang herum. James hatte nicht erwartet, dass Mutter LeBlanc an dieser Stelle ihre Vorliebe andeuten würde. Sie neigte ihren Kopf zu ihm. »Ihr Plan ist gut durchdacht und unser Bedarf ist groß.«

Danach war die Angelegenheit so gut wie erledigt. Es gab noch ein Nein, welches etwas überraschend war, der Rest stimmte jedoch zu. Mary Mitchell verließ die Versammlung kurz darauf mit finsterer Miene und James versuchte, sich keine Sorgen zu machen, was daraus nun entstehen könnte.

»Nehmen Sie es nicht persönlich«, riet Carter ihm. Der ältere Mann nickte James zu und klopfte ihm auf die Schulter. »Eine neue Ära verlangt nach neuen Wegen. Es ist für uns alle unangenehm, aber es ist notwendig.«

»Genau«, fügte Lauren hinzu. Sie lächelte James an, als sie durch die Tür schlüpfte.

»Wie weit sind Sie bereits mit der Veröffentlichung?«, erkundigte sich Damian.

»Sehr weit«, gab James zu. »Ich hatte die Grimoire-Materialien gesammelt, nur für den Fall. Es ist erstaunlich einfach, ein E-Book zu veröffentlichen. Einen Bestseller zu schreiben ist schwieriger, aber auf *diese* Herausforderung freue ich mich.«

»Ja und um auf meine Frage zurückzukommen, wie wollen Sie dafür werben?« Damian lachte auf.

»Sie glauben doch nicht etwa, dass das *Studium der Thaumaturgie* die Jugend von heute ansprechen wird?«, stichelte Rosa.

Die anderen lachten und blickten James an, der zögerte. Er wusste, dass diese letzte Idee für sie genauso unangenehm werden würde wie der Rest.

»Eigentlich«, sagte er, »hatte ... ähm, ... hatte ich mir auch schon einen Titel ausgedacht. Ich möchte es *So wird man eine knallharte Hexe* nennen.«

KAPITEL 3

Heute

Kera gähnte. Eine brühend heiße Dusche hatte ihr zwar beim Aufwachen geholfen, ebenso wie zwei Tassen übertrieben starken Kaffees, aber sie spürte den Schlafmangel immer noch.
Vielen Dank, Mom.
Sie trat in den Hauptteil ihres Wohnbereichs und kämmte sich mit den Fingern die noch nassen Haare. Bei ihrer Wohnungssuche hatte sie eine umgebaute Lagerhalle gefunden. Dem kahlen Badezimmer nach zu urteilen, war dieser Ort als eine Art Werkstatt gedacht, in der jemand Motoröl oder Sägespäne abwaschen konnte, bevor er nach Hause ging, aber Kera hatte ihr Potenzial gesehen.
Das Badezimmer und die Dusche waren vom Rest abgetrennt, aber ansonsten war ihr Zuhause ein einziger weiter, offener Raum, was ihr ganz recht war. Sie hatte hier aufgeräumt und eine Handvoll Möbel herbeigeschafft, obwohl das meiste so karg war wie das Badezimmer. Holzpaletten, auf denen ihr Futon lag. Ein brauchbarer Tisch aus Metzgerblöcken, der mühsam heraufgeschafft werden musste. Ein Arbeitshocker, der zu hoch für den Tisch war und ein Bürostuhl, der zu niedrig war.
An der Seite der Lagerhalle, die von riesigen Doppeltüren durchbrochen war, standen ihr Motorrad und ein

Stapel gebrauchter Trainingsgeräte, die sie zu einem wahnsinnig guten Angebot bekommen, jedoch noch gar nicht aufgehängt hatte. Kera starrte einen Moment lang auf diesen Bereich und versuchte, die Energie aufzubringen, um den Boxsack aufzuhängen und die Gewichte zu entstauben.

»Vielleicht bin ich ja morgen ein besserer Mensch«, murmelte sie schließlich vor sich hin und ging zum Kühlschrank, wo sie einen abgepackten Salat und einen eisgekühlten Mokka herausholte.

Sie ließ sich auf dem Bürostuhl nieder und sah sich um, während sie aß. Die Wahl dieser Wohnung war eines der ersten Dinge gewesen, die sie sich selbst ausgesucht hatte und die Arbeit in der Bar war ein weiterer Schritt gewesen.

Ihre Mutter war mit beidem nicht einverstanden gewesen.

Kera aß zügig und behielt die Zeit im Auge. Es war 15:09 Uhr, als sie fertig war, was bedeutete, dass sie noch Zeit hatte, einen Ölwechsel an ihrem Motorrad, Zee, durchzuführen. Sie warf die Verpackung ihres Essens in den Abfall und holte das übergroße, fettbedeckte T-Shirt heraus, welches sie bei Motorradreparaturen trug.

Zee war eine 2017er Kawasaki Z900 und mit Abstand ihr wertvollster Besitz. Nach der klassischen Z1000 war Kawasaki zur etwas halbherzigen Z800 übergegangen. Es war ein gutes Motorrad, aber Keras Meinung nach war es zu schnell auf den Markt gebracht worden. Außerdem, warum sollten sie abwärts zählen, anstatt aufwärts?

Sie war nicht die Einzige, die Vorbehalte hatte und Kawasaki hatte die Lücke zwischen den beiden mit der

Z900 geschlossen, die als Ersatz für beide gedacht war. Es war ein recht schnörkelloses Modell im Vergleich zu aktuellen High-End-Motorrädern, bei dem Dinge wie elektronische Hilfsmittel auf ein Minimum reduziert wurden.

Für sie war die Z900 ein Motorrad für Leute, die die Geschichte und Tradition von Motorrädern zu schätzen wussten. Sie war nichts für kurzfristige Trendjäger.

Passend zum Schwerpunkt auf die Basics, was dieses Modell ausmachte, hatte Kera sich für die Schwarz-auf-Schwarz-Version entschieden. Sie war nicht so auffällig wie die mit den grünen Akzenten, aber auffällige Farben waren auch nicht nötig. Die Fahrt war das Wichtigste.

Und darin hatte das Modell sich ausgezeichnet. Eine angenehme Fahrweise bei niedrigen Geschwindigkeiten. Schön und einfach für die Stadt, aber in der Lage, sich auf dem Highway oder auf der Landstraße zu etwas viel Wilderem aufzuschwingen.

Zee war fünf Jahre alt und Kera kümmerte sich gut um ihn, wie er es auch verdient hatte. Im Moment brauchte er einen Ölwechsel. Das würde schnell erledigt sein.

»Mach dir keine Sorgen, Zee«, sagte sie mit sanfter Stimme. »Heute ist es soweit. Ich habe versprochen, dass du nicht länger warten musst.« Im Laufe der Jahre hatte fast jeder, dem sie begegnet war, über ihre Angewohnheit, mit leblosen Gegenständen zu sprechen, mit den Augen gerollt.

Kera war das egal. Ihrer Erfahrung nach funktionierten Geräte besser, wenn man mit ihnen sprach. Sie bedankte sich regelmäßig bei ihrem Wecker, ihrer Mikrowelle und Zee, um nur ein paar Dinge zu nennen. Bei ihrem Handy bedankte sie sich seltener, aber das lag daran, dass es das Gerät war, was ihre Mutter benutzte, um mit ihr in Kontakt zu treten.

Mit einem Lächeln kniete sie sich neben Zee und bereitete das Motorrad für die Arbeit vor, indem sie die notwendigen Werkzeuge, das Öl, sowie Handtücher und Lappen ausbreitete. All das war in einer großen Holzkiste verstaut, die diesen Bereich einigermaßen ordentlich hielt. Da sie in einem Lagerhaus lebte, machte sie sich keine Sorgen darüber, eine Sauerei zu machen oder einen Tropfen Öl zu verschütten. Aber wie ihr Vater zu sagen pflegte, sollte man entweder etwas richtig machen oder es gar nicht tun.

Das war eine Aussage, die Kera sich zu Herzen nahm.

Sie besaß Zee erst seit etwa zweieinhalb Monaten. Er war nicht neu, denn sie hatte ihn gebraucht gekauft, aber er war neu für sie und sie lernte immer noch seine individuellen Macken kennen.

Davor hatte sie ein 2009er-Modell besessen. Es hatte sie nur recht günstige 4.500 Dollar gekostet, aber sie hatte das verdammte Ding in Ordnung bringen müssen. Reparaturarbeiten machten ihr Spaß, aber sie verschlangen auch eine gewisse Menge an Zeit und Geld. Es gab immer die Versuchung, sich zu übernehmen oder ein unüberlegtes Upgrade vorzunehmen.

Schließlich, kurz bevor sie das College beendete, hatte Kera das alte Teil gewinnbringend verkauft, wobei sich ihre Fähigkeiten zur Instandhaltung und Verbesserung in hohem Maße ausgezahlt hatten.

Und siehe da, die Z900 war erschwinglich geworden, also hatte sie sich diese zugelegt. Sie wusste, dass sie ihr massives Drehmoment und Leistung auf der Interstate 110 geben würde, während sie ihr gleichzeitig ein eher ... *zivilisiertes* ... Fahrerlebnis in der Innenstadt von LA bieten würde.

Das Beste aus beiden Welten.

Ein Öltropfen spritzte auf den Rumpf des Motorrads.

»Ooh«, rief sie aus und nahm eines ihrer Notfalltücher, um ihn abzuwischen. »Tut mir leid, Zee. Komm, lass mich dich sauber machen.«

Zee sagte natürlich nichts, aber Kera mochte den Gedanken, dass er es genoss sauber zu sein.

Schnell war die Aufgabe erledigt. Kera stand auf und bewunderte ihr Werk, dann zog sie das Arbeitsshirt aus und reinigte gründlich ihre Hände. Sie hatte immer noch Zeit, rund zehn Minuten früher zur Arbeit zu gehen, was ihre Serie von null Verspätungstagen weiter ausbauen würde. Ihr Chef Cevin war streng, was pünktliches Erscheinen anging und bis jetzt war Kera die Einzige, die dies in jeder Schicht geschafft hatte.

Tatsächlich hatte sie noch genug Zeit, um auf dem Weg dorthin anzuhalten und Mister Kim zu besuchen. Sie zog ein weißes, schickes Hemd über ihr Tank-Top und die Jeans-Shorts und zog eine Lederjacke und eine Lederhose darüber. Oft begegnete sie Leuten, die dachten, Leder sei nur ein Mode-Statement, aber es bot einen besseren Schutz gegen Schürfwunden bei Stürzen als die meisten anderen Materialien. Das war der Grund, warum Biker es sich zu tragen angewöhnt hatten.

Und warum es besonders dämlich war, dass so viele darauf verzichteten.

Sie öffnete eine der hohen Holztüren, schwang ein Bein über Zee und warf den Motor an. Er reagierte sofort und sie lächelte über das geschmeidige Aufheulen. Er lief wieder reibungslos.

Magie & Marketing

Sie brachte das Motorrad aus dem Lagerhaus, schloss und verriegelte die Türen hinter sich und machte sich auf den Weg durch die Stadt, die ihr zur Heimat geworden war.

Der Tag war grau und feucht. Es war nicht die Art von Wetter, die man normalerweise mit Südkalifornien assoziiert, aber ein gewisses Maß an Regen konnte man im Winter erwarten.

Kera machte das nichts aus. So blieben die Dinge zum einen interessant. Zum anderen konnte das Wetter hier, egal wie betrübt es wurde, nicht an die klirrende Kälte des Nordostens heranreichen, dort wo Kera geboren worden war. Diesen Tausch würde sie immer vorziehen.

Sie schlängelte sich mit ihrem Motorrad durch den Straßenverkehr und merkte dabei zunehmend, wie gut es sich auch bei den Geschwindigkeitsbeschränkungen in der Stadt fahren ließ. Bloß ein Autofahrer hupte sie an. Sie fuhr vernünftig, aber *irgendein* Arschloch, das auf die Hupe drücken musste, gab es ja immer.

Der Gemischtwarenladen lag ungefähr auf halbem Weg zwischen Keras Lagerhaus-Wohnung und der Bar *Mermaid*. Er war eingezwängt zwischen einer Autowerkstatt und einem Comic-Laden. Kera hatte keinen großen Bedarf für Ersteres, aber sie hatte mal darüber nachgedacht, sich Letzteres anzuschauen.

Was sie bisher zurückhielt, war der schleichende Verdacht, dass die Jungs im Comic-Laden den gleichen Eindruck von ihr haben würden wie die Jungs im College.

Sie parkte ihr Motorrad in der Ecke des Parkplatzes und nahm ihren Helm mit in den kleinen Laden.

Wie immer stand Mister Kim hinter dem Tresen. Er war ein älterer Herr koreanischer Abstammung, mit vollem, ergrautem Haar und besser gekleidet, als es sein Job eigentlich erforderte.

»Hallo, Kera«, rief er ihr freudig zu.

»Guten Morgen, Mister Kim!« Kera winkte zurück, dann überdachte sie ihre Aussage. »Oder guten Tag. Aber für mich ist es morgens!«

»Ja, du hast sehr späte Arbeitszeiten.« Sie kam oft genug, dass er bereits ein wenig über sie wusste, auch über ihren Job. »Wie geht es dir heute?«

»Mir geht's gut«, antwortete Kera. Sie nahm eine Tüte Studentenfutter aus einem Regal und ging dann zu der Reihe von Kühlboxen an der gegenüberliegenden Wand. »Ich habe Zee gerade frisch das Öl gewechselt. Sie wissen schon, wie wenn jemand einen ballaststoffreichen Smoothie trinkt oder so. Wie auch immer, wie geht es Ihnen?«

»Du hast seltsame Vorstellungen davon, was man in Motorräder stecken kann«, scherzte Mister Kim. »Ich habe den Tee, den du so magst.«

»Danke!« Sie öffnete die Kühlbox und griff nach einer Dose mit leicht gesüßtem, grünem Tee. Diese Marke war rasch zu ihrem Lieblingstee geworden und die Kims hatten begonnen, ihn regelmäßig für sie zu bestellen.

An der Kasse legte sie ihren Einkauf auf das Band und beobachtete, wie Mister Kim die Zahlen aus seinem Gedächtnis eintippte. Er zuckte leicht zusammen und bemerkte Keras besorgtes Stirnrunzeln.

»Meine Arthritis flammt wieder auf. So eine sinnlose Begebenheit, doch so ist das Leben.«

Kera lächelte mitfühlend. »Ja, das ist so eine Sache. Aber was aufflammt, muss auch wieder *abflammen*, oder? Also warten Sie es ab und es wird wieder besser werden.«

Er brummte etwas darüber, dass er sich da nicht mehr so sicher sei, doch das Funkeln in seinen Augen verriet, dass es nur gespielt war. Sie zahlte, winkte zum Abschied und ging wieder nach draußen, wo Zee auf sie wartete.

★ ★ ★

Pauline Smith stand vor einem Whiteboard, welches sie in einem kleinen Büro in der Innenstadt von Los Angeles aufgestellt hatte. Ihr Haar, beinahe silbrig blond, war in einem dunkleren Goldton gefärbt worden. Ihre Nägel waren makellos mit schwarzem Lack lackiert, die Art von Touch, mit der ein trendbewusster, jüngerer Profi ein Outfit ergänzen würde. Die ungewöhnlich blassblauen Augen sah man nur, wenn man genau genug hinschaute, um dann zu erkennen, dass sie braune Kontaktlinsen trug. Ihre Figur, gerade in einen Maßanzug gehüllt, zeigte eine Kombination aus natürlicher Schlankheit und hartnäckiger Diät.

Alles an ihrem Erscheinungsbild in der Öffentlichkeit war sorgfältig ausgewählt und perfekt ausgeführt worden und sie war bereit, das Gleiche mit ihrem neuesten Projekt zu erreichen.

Mit einem makellosen Lächeln schaute sie sich im Raum um. »Jeder weiß, dass sich Los Angeles derzeit inmitten einer zunehmenden Welle von Verbrechen befindet«, begann sie. »Diese Gewalt ist bedauerlich und wir werden alles in unserer Macht Stehende tun, um sie auszumerzen.«

Bisher sprach keiner der Anwesenden. Da war Johnny, schlank, mit dunkler, bronzefarbener Haut und schwarzen Haaren. Neben ihm saß Sven, breit und blass, mit rötlichem Haar und einem grimmigen Blick und dann kam Lia, eine schlanke, junge Frau mit koreanischen Wurzeln, gewelltem, schwarzem Haar, das ihr bis zur Taille reichte und einem teilnahmslosen Gesichtsausdruck. Alle drei waren Mitte zwanzig, wie auch Pauline und standen angesehenen Hochschulen nahe. Alle drei Anwesenden trugen ebenfalls maßgeschneiderte Anzüge.

»Es ist absolut notwendig«, fuhr Pauline fort, »Glück und Motivation in der Bevölkerung zu schaffen, damit Ruhe und Ordnung erreicht werden kann. Es muss ein Gefühl der Zugehörigkeit geben, Zugang zu einem guten Leben, eine Wertschätzung der sozialen Ordnung.«

Johnny öffnete den Mund, um zu sprechen, schloss ihn aber wieder, als Sven ihn leicht unter dem Tisch trat. Er war in Los Angeles geboren und aufgewachsen, hatte es dann für die Business School in Austin verlassen und sich bei Pauline gemeldet, nachdem Lia ihn vor zwei Wochen aufgesucht hatte.

Außerdem hatte er null Ahnung von dem, was hier vor sich ging. Das hörte sich absolut nicht nach dem Job an, den man ihm vorgegaukelt hatte.

»Leider kann man den Menschen nicht immer vertrauen, dass sie gute Entscheidungen treffen«, meinte Pauline bloß. »Das ist eine traurige Tatsache, aber eine solche, die wir akzeptieren müssen, um voranzukommen. Was wir uns zunutze machen müssen, ist der Wunsch nach Selbstverbesserung unserer potenziellen Kunden. Wir selbst werden dieses Bild projizieren, sodass wir auf natürliche Art und Weise an die Spitze des Ökosystems aufsteigen werden.«

Magie & Marketing

Johnny warf einen Blick auf Sven und Lia, die beide zustimmend nickten. Er nickte ebenfalls und machte sich eine gedankliche Notiz, Sven bei nächster Gelegenheit anzusprechen. Er hoffte nur, dass er es aus diesem Treffen herausschaffen würde, ohne sich vorher zu blamieren.

»Unser Ziel ist es, Stabilität in die Innenstadt von Los Angeles zu bringen«, fuhr Pauline fort. »Wir müssen Geschäftsinhaber und Führungskräfte der Gemeinde erreichen und beidseitig vorteilhafte Beziehungen aufbauen. Mister Jensen, Mister Torrez, das wird Ihre Rolle in der Organisation sein.«

Johnny erzwang ein künstliches Lächeln und nickte. *Bitte lass sie nicht merken, dass ich nicht weiß, was sie von uns will.*

Er war auf die Universität von Austin gegangen, verdammt noch mal. Er hatte seinen Abschluss als einer der Jahrgangsbesten gemacht. Immer noch riefen ihn von Zeit zu Zeit Personalvermittler für lächerlich langweilige Jobs an.

Er würde einige von ihnen zurückrufen, sobald er aus diesem Schlamassel herausgekommen war.

»Diese Beziehungen sind entscheidend für uns, um die Lage in der Stadt zu verstehen«, erklärte Pauline. »Wir *müssen* uns des Terrains bewusst sein, in dem wir uns bewegen. Das erlaubt uns, unsere Strategien im Voraus zu planen und uns in den kleinen Details schnell anzupassen.« Sie nickte Lia zu, die eine ihrer schlanken Hände gehoben hatte. »Ja, Lia?«

»Haben Sie vorläufige zeitliche Richtlinien?«, fragte Lia sie.

Zeitliche Richtlinien für was?, wollte Johnny schreien, hielt sich aber mit Mühe zurück.

»Eine gute Frage. Darauf wollte ich hinaus. Ich wollte nur sicherstellen, dass soweit alle folgen können. Mister Torrez, Mister Jensen, irgendwelche Fragen?«

Johnny schüttelte nachdrücklich den Kopf.

»Ausgezeichnet.« Pauline lächelte. »Nun, wie Miss Mins aufschlussreiche Frage schon sagte, ist es unser Ziel, innerhalb von drei bis fünf Jahren neunzig Prozent des Angebots zu kontrollieren. Dieses längerfristige Ziel lässt sich jedoch *nur* verwirklichen, wenn wir *jetzt* die Grundlagen dafür schaffen. Deshalb sind unsere nächsten Schritte so wichtig. Miss Min, bitte bringen Sie mir zu unserem nächsten Treffen Akten zu allen Lieferanten, die im letzten Quartal Marktanteile hinzugewonnen oder verloren haben. Mister Torrez, Mister Jensen, ich möchte, dass jeder von Ihnen sechs Geschäftseigentümer oder führende Persönlichkeiten unserer Gemeinde identifiziert, mit denen Sie das Networking beginnen werden. Ist jedem seine Aufgabe klar?«

Johnny nickte wieder.

»Wie Sie bemerken werden, bevorzuge ich kurze Treffen«, schloss Pauline knapp. »Ich sehe Sie alle morgen um zehn Uhr wieder. Kommen Sie nicht zu spät.«

Johnny stand auf, knöpfte sein Sakko zu und nickte Lia und Pauline zu, bevor er Sven zügig aus dem Raum folgte. Die beiden kannten sich aus Highschool-Zeiten und er würde lieber Sven als Lia nach diesem Scheiß fragen.

»Yo, Rotschopf.« Er schnippte mit den Fingern nach Sven.

»Mister Torrez.« Pauline stand hinter ihm in der Tür. »Das öffentliche Image ist sehr wichtig. Bitte bewahren Sie Ihre Professionalität zu jeder Zeit.«

»Ja, Ma'am.« Johnny nickte ihr zu.

Bei dem Wort ›Ma'am‹ tauchte ein undeutbarer Ausdruck auf Paulines Gesicht auf, doch sie nickte nur und ging zurück in den Besprechungsraum.

Johnny holte Sven einen Moment später ein. »Was zum Teufel war das?«, verlangte er mit unterdrückter Stimme.

»Nicht hier«, entgegnete Sven, ebenfalls *sotto voce*.

»Nichts, was sie gesagt hat, hat Sinn ergeben!« Johnny war schlau wie ein Fuchs und hatte sich auf Kosten mehrerer Familienmitglieder und vieler Stipendien weitergebildet, aber sein gesunder Menschenverstand, den ihm seine Rancher-Großeltern vererbt hatten, hatte er nie verloren. Wenn es ums Geschäftliche ging, bevorzugte er Klartext und nicht das, was in der amerikanischen Geschäftswelt gerade angesagt war.

Das war einer der Gründe, warum er keinen der Jobs hatte annehmen wollen, für die ihn die Personalvermittler angerufen hatten.

»Nicht *hier*«, murmelte Sven erneut. Lauter fügte er hinzu: »Lass uns etwas essen gehen. Du wolltest mir doch dein neues Auto zeigen, oder?«

»Ähm, klar.« Johnny führte den Weg zu seinem brandneuen Mustang Cobra.

Oder zumindest neu für Johnny. Die letzten Cobras wurden 2004 hergestellt, aber dieser hier war nur *leicht* gebraucht, kein einziger Kratzer und ein Hauch von Perlmutt in der fackelroten Lackierung schimmerte im Mittagslicht. Nach einem kurzen Drücken auf den elektronischen Schlüssel stiegen die beiden Männer ein.

Drinnen schaute er Sven an. »Und? Was sollte der Scheiß?«

»Fahr los«, sagte Sven. »Ich erkläre es dir dann.«
Johnny seufzte. »Was willst du essen?«
»Tacos.«
»Gut.«

Sven sprach erst, als die Cobra die Straße entlang glitt, vorbei an Palmen, die in der dicken, milden Luft zu hängen schienen. Der Smog in LA war bei Weitem nicht mehr so schlimm wie noch vor ein paar Jahrzehnten, aber auch noch weit davon entfernt, nicht-existent zu sein.

»In Ordnung. Ich habe dich empfohlen und Lia hat dich angesprochen und dich gebeten, an diesem Treffen teilzunehmen, richtig?«

»Richtig, aber was *sie sagte*, war ...«

»Dazu kommen wir noch«, unterbrach Sven. »Zuerst musst du noch etwas über Pauline wissen. Das ist nicht ihr Name.«

»Wirklich?« Johnny hatte schon viele Leute gesehen, die sich neue Namen gaben, jedoch hatte niemand von ihnen einen so langweiligen Namen wie Pauline Smith gewählt.

»Ja. Eigentlich ist es Polina ... Testre? Testrowski? Tschaikowsky? Nein, das nicht. Aber so ähnlich.«

»Klingt russisch«, kommentierte Johnny es.

Sven starrte ihn einen langen Moment lang an. »Das ist es ja«, sagte er schließlich. »Der Name *ist* Russisch. *Sie ist* Russin.«

»Okay.« Johnny wartete, bis er links abbiegen konnte und schaute Sven einen Moment später erneut an. »Warte, ernsthaft jetzt?«

»Mmh.« Sven nickte.

»Also, all das Gerede über das Schließen von Frieden und dass Menschen nicht unbedingt von sich aus den

Magie & Marketing

besten Weg wählen ...« Johnny trommelte mit seinen Fingern auf das Lenkrad.

»Mmhmm.«

»Okay, also als Lia mich dann ins Spiel brachte ...«

Sven lehnte sich in seinem Sitz zurück und wartete, ein Lächeln umspielte seine Lippen.

»Sie sprach von derselben Sache, von der Pauline spricht.«

»Genau«, sagte Sven.

»Also, diese ganzen Dokumente, die ich hier gesendet bekommen habe, über unsere *KPI*, *A/B-Testing*, *B2B*, *B2C*, *Churn Rate*, *Conversion Rate*, *Cost per Acquisition* ...«

»Mmh.« Sven grinste jetzt. Er schaute aus dem Fenster, zwei Frauen mit kunstvoll gestylten Haaren und langen, gebräunten Beinen nach.

Johnny war zu sehr damit beschäftigt, diese ganzen neuen Informationen zu verdauen, um ihnen viel Aufmerksamkeit zu schenken. LA war voll von schönen Frauen, jedoch passierte so etwas wie vorhin nicht allzu oft. Wenn er die Informationen, die er bei diesem Treffen erhalten hatte, in die Sprache der Wirtschaftsschulen übersetzte, bedeutete das ...

»Was für ein Haufen von selbstsüchtigem Mist.« Er schüttelte den Kopf. »Glaubt sie denn selbst daran?«

»Ich habe festgestellt, dass es bei der russischen Mafia am besten ist, keine Fragen zu stellen.«

»Du hast mich von der verdammten russischen Mafia rekrutieren lassen?«

»Nicht ganz, aber ich denke, man kann schon davon ausgehen, dass sie Verbindungen hat.« Sven zuckte mit den Schultern. »Hör mal, wir beide wussten doch, dass wir nach der Business School nicht auf dem rechten Weg landen würden, oder?«

Johnny wollte erst widersprechen, aber dann musste er grinsen. »Ja, da hast du recht.« Er seufzte, während er in den Drive-in seines Lieblings-Tacoladens abbog. »Andererseits, hättest *du* jemals gedacht, dass du deinen Weltklasse-*MBA* nutzen würdest, um Meth an Drogenabhängige zu verkaufen?«

KAPITEL 4

Das Problem, dachte Christian, war nicht wirklich, dass er bloß ein weiterer anonymer Angestellter in einer Bürokabine war, der ein weißes Hemd mit Kragen trug und gerade so erträglichen Kaffee unter dem grellen Licht der Neonröhren trank.

Nein, es war, dass er noch ganze vierzig Jahre davon vor sich hatte.

Er seufzte und rieb sich die Augen. Er hatte zwei lange Stunden auf den Bildschirm gestarrt und er brauchte wirklich, wirklich eine Pause. Auf dem Kalender neben seinem Computer war ein schönes Bild eines Baumes abgedruckt, jedoch auch eine Menge Arbeitsnotizen und hingekritzelte Termine und Deadlines.

Er lehnte sich in seinem Stuhl zurück und reckte seinen Hals, um den Gang zwischen den Kabinenreihen hinunterzusehen. Er gehörte nicht zu den glücklichen Leuten, die einen Blick auf die Stadt hatten, doch er konnte die Fenster sehen, wenn er sich in die richtige Richtung lehnte.

Außer in genau diesem Moment, da eine kleine Gruppe von Managern die Sicht versperrte, während sie mit Nachdruck über ... irgendetwas redeten und gestikulierten.

Ehrlich gesagt war ihm das egal. Er drehte seinen Kopf zurück zu seinem Computer und seufzte erneut.

Sein aktuelles Projekt war ein Bericht über eine seltsame Eigenart an der Schnittstelle von Bankvorschriften und Technologie, die bedeutete, dass die Firma eine beträchtliche Menge an Zinsen sparen würde, wenn sie ihr Geld durch ein weiteres Mantelkonto schieben würden, bevor die Zahlungen auf das endgültige Konto kamen.

Darin war er gut. Es war einer der Gründe, warum er hier eingestellt worden war und auch einer der Gründe, warum er immer wieder minimale Gehaltserhöhungen bekam und wiederholte Bitten, ins Management zu wechseln, ablehnte.

Er hatte jedoch nicht erwartet, wie stumpf und betäubend dieser Job sein würde und wie sehr die Karriereentwicklung eine Falle war.

Als ihr Vorgesetzter wegging, um jemand anderen zu beaufsichtigen, schlenderte einer der Angestellten, die am Fenster gestanden hatten, zu Chris' Bürokabine hinüber und lehnte sich gegen die behelfsmäßige Türöffnung.

»Guten Tag«, grüßte er entspannt, dann trank er einen Schluck Kaffee aus seinem Pappbecher.

Christian schwenkte auf seinem Stuhl herum. »Hey.« Seine Augen verengten sich leicht. »Ich arbeite noch an dem Bericht über diese Geldbewegungen. Nur für den Fall, dass du zu mir gekommen bist, um mir ein weiteres Projekt anzudrehen.«

Ted lächelte. Sein voller Name war Theodore, aber den benutzte er nur, wenn er versuchte, Leute mit seiner gehobenen Herkunft und seinem bemerkenswerten Lebensstil zu beeindrucken. Geboren und aufgewachsen an der Ostküste, hatte Ted eine der vielen Privatschulen mit englisch-klingenden Namen besucht und sich gerne über Dinge wie den Mangel an professionellen Lacrosse-Ligen an den Colleges von LA beschwert. Passend zu seinem Auftreten arbeitete er in der Personalabteilung, weit entfernt von der langweiligen Existenz der Kabinen-Arbeiter.

Trotz alledem war Ted einer von Chris' Lieblingskollegen. Im Gegensatz zu den meisten anderen Managern nahm er die Regeln und Vorschriften des Büros nicht zu ernst, genau wie er seinen gehobenen Hintergrund nicht zu ernst nahm. Sein Sinn für Humor machte ihn zu einem der besten Leute, mit denen man in der Firma arbeiten konnte.

»Natürlich«, sagte Ted. »Du bist viel beschäftigt, du hast schon zu viel um die Ohren und so weiter und so weiter.« Er grinste leicht und trank noch einen Schluck Kaffee. »Deswegen bin ich nicht gekommen.«

»Nein?«

»Nein. Ich habe dich neulich gesehen, als du aus der *Mermaid* kamst.« Ted hob eine Augenbraue. »Du weißt schon, diese Bar in Little Tokyo?«

Chris blinzelte. »Ja. Ja, ich weiß, was du meinst. Ich war ... dort.«

»Richtig. Ich muss sagen, das scheint nicht wirklich deine Gegend zu sein.«

»Ich probiere nur etwas Neues aus.« Chris nahm einen Schluck von seinem eigenen Kaffee, um Teds Blick nicht zu begegnen. Er war kein guter Lügner.

»Oh, ich habe vergessen, etwas zu erwähnen.« Ted klang übertrieben lässig. »Das war das *zweite Mal*, dass ich dich dort gesehen habe.«

Chris stieß einen Seufzer aus. »Gut«, sagte er. Er wusste, dass es sinnlos war zu lügen. Ted würde ihn einfach so lange bedrängen, bis er von ihm die Informationen bekam, wegen denen er hier war. »Ich habe gehört, dass eine meiner ehemaligen College-Kollegen dort arbeitet, also bin ich ein paar Mal reingegangen. Ich ... muss nur etwas Mut aufbringen.«

Er saß und wartete auf den Sturm von Witzen und gewissen Anspielungen, von denen er sicher war, dass sie jetzt kommen würden.

Teds Augen weiteten sich vor Aufregung. »Mut aufbringen, sie um ein Date zu bitten, meinst du?« Er schien vor Anspannung schon fast zu zittern.

Chris versuchte zu verbergen, dass es ihm unangenehm war, doch es gelang ihm nur halb. »Lass uns gar nicht so weit gehen. Ich setze mich erst einmal nur an die Bar.«

Manch jemand hätte das für einen Scherz gehalten, doch Ted kannte Chris gut genug, um zu wissen, dass es keiner war. »Oh, so ist das also, hm? Du hast ihr also noch nicht einmal ›Hallo‹ gesagt, wie?« Er leerte seine Tasse mit einem großen Schluck.

»Ja«, grummelte Chris, »Also ich meine: Nein. Komm schon, du kennst mich doch.«

Ted schaute sich um, um sicherzugehen, dass keine der Autoritätspersonen ihn dabei beobachtete, Zeit zu verschwenden, dann schlüpfte er in die Kabine und zog den zweiten Stuhl heran. Er stützte die Ellbogen auf die Knie und schaute in die Leere, um zu überlegen, wie er seine Ansprache beginnen sollte.

»Okay«, begann Ted schließlich, als wäre er ein Football-Trainer, der in der Halbzeit die Taktik bespricht. »Es ist so, Kumpel. Du *musst* auf sie zugehen und etwas zu ihr sagen. Das ist immer der erste Schritt. Auf diese

Magie & Marketing

Weise findest du zumindest heraus, ob sie sich noch an dich aus dem College erinnert, oder?«

»Ja schon, aber ...« Chris zog eine Grimasse.

»Was? Was ist das für ein Blick?«

»Okay, sagen wir mal, sie erinnert sich an mich.« Chris stellte seine Tasse auf den Tisch und lehnte sich ebenfalls vor. »Bringt mir das *irgendwas*?« Obwohl einige Mädchen ihn hin und wieder für süß gehalten hatten, wusste er, dass er eigentlich nicht der Typ war, der leicht und automatisch die Blicke aller Frauen auf sich zog. Er war nicht gerade attraktiv und Kera *war es*. Blondes Haar, eine Figur, mit welcher sie eher Sportlerin oder Cheerleaderin hätte sein sollen und die bodenständige Ausstrahlung des typischen netten Mädchens von nebenan.

Selbst wenn sie sich an Chris erinnerte, gab es da noch die scheinbar unüberwindbare Kluft zwischen dem bloßen Erinnern und dem Wunsch, ihn daten zu wollen.

»Hast du jemals den Ausdruck ›notwendig, aber nicht genug‹ gehört?«, fragte Ted. Er setzte sich ein wenig aufrechter hin, um seinen Pappbecher in einen der Mülleimer am Ende der Kabinenreihe zu werfen. »Kooorbtreffer!«

Chris widerstand dem Drang, den Kopf in seinen Händen zu vergraben. Ted war die Art von Person, die Kera gefallen würde. Ted, mit seiner Herkunft und dem ganzen Geld und dem sportlichen Geschick. Tatsächlich war Chris sich sogar ziemlich sicher, dass Kera auch irgendwo aus dem Osten der USA stammte.

»Chris.«

»*Nein*, diesen Ausdruck habe ich tatsächlich noch nicht gehört.«

»Er beschreibt die Voraussetzungen für ein bestimmtes Ergebnis.«

»Wird das wieder so ein Mist der Personalabteilung?«

»Nein, vielen Dank auch«, sagte Ted würdevoll. »Es ist *ökonomischer* Blödsinn.«

»Oh, na dann. Erzähl weiter.« Chris winkte mit einer Hand.

»Also, es sieht folgendermaßen aus.« Ted bewegte seine Hände, als wolle er eine Football-Taktik darstellen. »Sicher, dass sie sich an dich erinnert, ist noch lange nicht genug, damit sie zu deiner Frau wird.«

»*Ehe*frau?«

Ted winkte mit den Händen ab. »Sprich leiser und ja, was auch immer. Freundin. Also, nein, dass sie sich an dich erinnert – oder dich kennenlernt – ist nicht *genug*, richtig? Aber es ist *notwendig*. Mit anderen Worten: Du wirst *nie* mit ihr ausgehen, wenn du sie nicht wenigstens einmal ansprichst.«

Da hatte er recht. Chris gefiel das nicht.

»Also, sag *Hallo*«, sagte Ted abschließend. »Biete ihr an, ihr einen Drink zu spendieren. Oder noch besser, kaufe viele Drinks, gib ihr ein großzügiges Trinkgeld und, äh ...« Er fuchtelte wild mit seiner Hand herum.

Chris starrte seinen Freund an. »Du willst, dass ich mich vor ihr besaufe? Das ist jetzt *ernsthaft* dein Vorschlag? Mit dir als Freund brauche ich keine Feinde.«

Ted überlegte. »Mmh, ich hatte überlegt, wie man deine Hemmungen, mit ihr zu reden, lockern könnte, doch ich habe nicht an die möglichen Nachteile gedacht, wenn du *zu* locker bist. Ich vergesse immer, dass du nicht viel Alkohol verträgst.«

Magie & Marketing

Chris wartete einen Moment, dann wollte er sich wieder seinem Bericht zuwenden, doch Ted packte die Armlehne des Stuhls und drehte ihn wieder zu sich herum.

»Ich hab's!« Ted grinste. »Wie wäre es *hiermit*: Die *Mermaid* ist nicht weit von hier. Du fängst an, einmal die Woche dorthin zu gehen und ich komme mit. Wir könnten das zusammen machen.«

»Du würdest mit mir etwas trinken gehen, nur um mir auf die Sprünge zu helfen?« Chris hob eine Augenbraue. Ted hatte ihm nie einen Grund gegeben, seine Freundschaft infrage zu stellen, aber die ganze Sache verwirrte Chris doch etwas. Warum gab ein *Blaublut* auf dem Weg in die Chefetage sich mit einem IT-Fanatiker ab?

»Komm schon.« Ted hob ebenfalls eine Augenbraue. »Als ob wir nicht sowieso schon jede Woche zusammen abhängen würden? Und«, fügte er hinzu und zog das Wort in die Länge, »du würdest mir einen ausgeben. Betrachte das als das Honorar für meine Hilfe.«

Chris rieb sich die Augen. »Das werde ich noch bereuen, nicht wahr?«

Ted fuhr sich mit der Zunge über die Lippen, während er darüber nachdachte. »Ja, wahrscheinlich«, gab er zu.

»Danke für deine Ehrlichkeit«, sagte Chris ernst. Ein Lächeln formte sich um seine Mundwinkel. »Ich akzeptiere deine Voraussetzung jedoch. Ich werde nie auf ein Date mit dieser Frau gehen können, wenn ich sie nicht einmal ansprechen kann und du könntest mich einfach dazu drängen. Wenigstens hat dein Plan eine *Chance* zu funktionieren.«

»Was war denn dein bisheriger Plan?«, erkundigte sich Ted.

»Wenn du es unbedingt wissen musst. Ich hatte auf ein Wunder gehofft.«

»Ein guter Plan B.« Ted stand auf und klopfte ihm auf den Rücken. In einem fröhlichen Tonfall erwiderte er: »Den behalten wir im Hinterkopf. Also, wir sehen uns um fünf Uhr!«

»Richtig.« Chris drehte sich zurück zu seinem Computer, bevor er realisierte, was Ted gerade gesagt hatte. »Warte, was? *Heute Abend* um fünf?«

Doch Ted war schon weg – und mit einem Blick nach unten sah Chris, dass er einen Kaffeefleck auf seinem Hemd hatte.

»Verdammt«, murmelte er. Wenn er heute Abend in die *Mermaid* gehen wollte, musste er sich auf dem Weg zur Bar noch ein neues Hemd besorgen.

Im Gegensatz zu Ted glaubte er nicht daran, dass es viel gab, was er tun konnte, um seine Chancen bei seiner ehemaligen College-Kollegin zu erhöhen, jedoch war er sich ziemlich sicher, dass ein Kaffeefleck auf seinem Hemd sie noch verringern würden.

★ ★ ★

James bevorzugte es deutlich, auf dem Anwesen zu sein, wenn er und Mutter LeBlanc die einzigen vor Ort waren. All die anderen Thaumaturgen an den Tisch zu quetschen, machte die Dinge zu überfüllt und kompliziert. Ohne ihre Anwesenheit konnte die Kammer atmen. Die Wandteppiche aus dem vierzehnten Jahrhundert kamen besser zur Geltung.

Außerdem konnte er den gesamten Ratssaal als sein Arbeitszimmer nutzen.

Dort hatte er gerade seinen Computer aufgestellt und klickte mit verbissener Entschlossenheit immer wieder auf einen Knopf, um seine Verkaufszahlen zu aktualisieren. »Komm schon, komm schon, komm schon ... oooh.« Er schaute auf. »Vielleicht, wenn ich den Browser wechsle?«

»Wer ist hier ...« Die Tür hinter ihm knarrte.

James drehte sich um und sah Madame LeBlanc an, die sich im leeren Ratssaal umschaute. »Ich rede nur mit mir selbst!«

»Ja, das merke ich.« Sie kam zum Tisch hinüber, ihr Kleid raschelte. »Was sehen Sie sich an?«

»Die Verkäufe unseres Buches.« Er deutete auf die Verkaufsanzeige, wo ein Balkendiagramm die vergangenen Tage und die Anzahl der Verkäufe anzeigte.

»Wie oft werden die Zahlen aktualisiert? Jedes ...« Sie hielt inne und überlegte. »Jahr? Quartal?«

James grinste sie an. »Raten Sie noch einmal.«

Sie lächelte zurück. »Jeden *Monat*?«

Er genoss den Moment, bevor er sagte: »Jede *Stunde*.«

»*Jede Stunde*?« Ihre braunen Augen weiteten sich. »Sie wollen mir sagen, dass Sie zu jeder einzelnen Stunde des Tages erfahren können, wie viele Leute Ihr Buch gekauft haben?«

»Ganz genau.« Er lächelte und lehnte sich in seinem Stuhl zurück, die Hände hinter dem Kopf verschränkt.

»Ich verstehe.« Sie richtete sich wieder auf und wickelte ihren Schal fester um ihren Hals. Obwohl das Haus für James' Verhältnisse sehr warm war, hatte sie sich nie an die bitteren Winter in Upstate New York gewöhnt und schien die Außentemperatur sogar noch im Inneren des Hauses zu spüren.

James lehnte sich wieder vor und öffnete einen neuen Browser. Er loggte sich ein, überprüfte sein Mobiltelefon auf die Verifizierungsnachricht und tippte genervt jede einzelne Ziffer ein, bevor er mit einem Aufschrei von seinem Stuhl sprang.

»Oh, yeah, Baby! Oh, ja! Genau!«

Hinter ihm räusperte sich Madame LeBlanc.

»Sie haben versucht, die Ergebnisse einzufrieren«, erklärte James und schwenkte mit einem riesigen Lächeln im Gesicht zu ihr um. »Sie haben versucht, den Zugriff zu beschränken. Aber es *hat nicht geklappt*. Ich habe nämlich mehrere Browser, Baby. Ich habe die *Macht*!«

Ihre Mundwinkel zuckten. »James.«

»Ja?« Er begann zu tanzen und ließ die Hüften kreisen.

»James, Sie erinnern sich, als wir mit dem Rat gesprochen hatten, ja?«

»Jaja.« Er begann Hüftstöße zu machen.

»Und dann war da noch die Sache mit der Frage, wie wir die Magieanwender im Auge behalten würden und wie wir Prioritäten setzen, welche wir zuerst erreichen würden und wie wir die Dinge handhaben, wenn wir sie dann finden würden.«

»Genau, meine Liebe!«

»Das alles erfordert Arbeit«, erklärte Madame LeBlanc sanft.

James nickte nur, als er in eine Drehung überging.

»Arbeit, die wir im Moment nicht machen können, weil Sie sich auf Ihre stündlichen Verkaufsberichte konzentrieren.« Sie schaute auf ihre Uhr. »Und zwar jede einzelne Minute jeder Stunde.«

James hörte langsam mit seinem Tanz auf und starrte sie an. Er räusperte sich.

»Wie sehr können sich die Zahlen in einer Stunde ändern?«, fragte Madame LeBlanc ihn.

»Nun, darum geht es eigentlich nicht.«

»Nicht?«

»Sehen Sie ...« Er setzte sich auf seinen Bürostuhl und kratzte sich am Hals. »Sehen Sie, es ist so ...«

»Lassen Sie mich raten. Sie haben eine Anzeige, die manchmal neue Zahlen liefern könnte, deshalb müssen Sie sie unendlich oft aktualisieren.«

»Das ist es! Ja!« Er erhob sich wieder aus seinem Stuhl. »High five.«

»James, reißen Sie sich zusammen.« Sie warf ihm einen Blick zu, der wie ein vernichtender Blick gewirkt hätte, wäre da nicht der Humor gewesen, der in ihren Augen funkelte. »Gehe ich recht in der Annahme, dass Sie den anderen Ratsmitgliedern zeigen wollen, wie erfolgreich Ihre Idee ist?«

»Das hier ist ein Teil davon«, gab James begeistert zu.

Madame LeBlanc lächelte leicht. »In diesem Fall muss ich Sie daran erinnern, dass Lady Mitchell, um es deutlich zu sagen, dämlich ist. Sie brauchen nicht so hart hieran arbeiten, um sich ihre gute Meinung zu sichern, nur weil sie an Ihnen zweifelt.« Sie griff in die Falten ihres legendären Gewandes und zog eine gebogene Holzpfeife heraus, die bereits angezündet war und qualmte. Sie nahm einen Zug und die Kohlen glühten orange, während sie den Raum um sich herum mit aromatischen Dämpfen füllten.

James seufzte. Sie hatte natürlich recht, aber der Punkt ärgerte ihn. Er lehnte sich in seinem Stuhl zurück und versuchte, würdevoll auszusehen. »Aber ich würde es auch wirklich gerne zu einem Bestseller machen.«

»Wegen des Geldes?« Sie hob eine Augenbraue und blies eine Rauchwolke aus. »James, wir haben mehr Geld, als wir jemals nutzen könnten.«

»Nein, nicht wegen des Geldes. Sondern wegen meiner Vergangenheit in der Werbebranche. Ich will dieses Ding *gewinnen*.«

»Ah.« Sie lächelte leicht, der milde Tabak hatte sie etwas entspannt. »Nun ja, solange Sie sich über Ihre Beweggründe im Klaren sind.«

»Genau, das bin ich. Ich werde bald anfangen, Anzeigen auf der Amazon-Website zu schalten. Ich versuche gerade alle Feinheiten herauszufinden …«

»James, denken Sie an unser eigentliches Ziel: mehr Rekruten.« Sie beugte sich vor und legte ihre Hand auf seine, eine ungewöhnliche Geste von ihr. »Genug von uns, um *zu helfen*, wenn die Welt uns brauchen sollte.«

»Ja«, stimmte James zu.

»Warum gehen wir nicht etwas essen?«, fragte Madame LeBlanc bedacht. »Wir können danach zurückkommen, um die Pendelkarte zu überprüfen. James. *James*. Kommen Sie mit. Sie müssen etwas essen.«

»Aber …« James folgte ihr und schaute über seine Schulter zurück auf den Computer. »Aber … aber die Verkaufszahlen …«

KAPITEL 5

Restaurants gab es in Little Tokyo reichlich, einige im Erdgeschoss der vielen Wohnhäuser, andere an Ecken oder in Einkaufszentren.

Die *Mermaid*, versteckt zwischen zwei größeren Gebäuden, war für ein anderes Publikum gedacht. Sie öffnete oft erst um 15 Uhr und war mit allen möglichen Leuten gefüllt, von Bauarbeitern und Bikern bis hin zu Büroangestellten, die nach einem späten Mittagessen suchten. Die Speisekarte spiegelte dies wider, sie bot eine Mischung aus köstlichen Standardangeboten und originellen Cocktails, die von den verschiedenen Barkeepern zubereitet wurden.

Kera parkte Zee in einer Nische in der Gasse. Ihr Motorrad würde von der Straße aus nicht zu sehen sein, doch sie selbst würde es vom hinteren Teil des Schankraumes aus sehen können. In letzter Zeit hatte es zwar keine Diebstähle gegeben, aber sie hatte einen Beschützerinstinkt und mochte es, im Verlauf ihrer Schicht einen Blick auf ihr Motorrad werfen zu können. Sie schloss es ab und ließ es an Ort und Stelle, nahm ihre Tüte mit den Einkäufen vom Motorrad, ging an der Gebäudewand entlang und öffnete den Mitarbeitereingang der *Mermaid* mithilfe ihres Zugangscodes.

Hinter der Tür befand sich ein kleiner Lagerbereich, in welchem der Müll gesammelt wurde, bevor er in den Müllcontainer gebracht wurde, sowie das übliche Sortiment an Feuerlöschern und Vorratskisten. Der Bereich führte in einen schmalen, hinteren Flur, der sich sowohl zum Pausenbereich des Personals, als auch zur Küche und der eigentlichen Bar gabelte.

Kera bog um eine Ecke und stieß fast mit Cevin, ihrem Chef, zusammen. Er war dunkelhäutig, hatte große, knochige Hände und stand, obwohl er groß war, andauernd in gebückter Haltung. Er hatte eine große Auswahl an Hemden, aber besaß nur eine blaue Krawatte. Oder war es vielleicht ein Haufen identischer Krawatten? Sie war sich nicht sicher.

»Hi, Sevin«, begrüßte sie ihn mit einem frechen Lächeln. Er hatte bei ihrer Einstellung eine große Sache daraus gemacht, dass sein Name zwar mit C geschrieben wurde, aber so ausgesprochen werden sollte, als ob er mit K geschrieben würde.

»Du machst es immer noch, hm?« Er schüttelte den Kopf, die Lippen zu einer Art Schnörkellinie zusammengekniffen.

»Aww, du machst jedes Mal so ein lustiges Gesicht, wenn ich es sage.«

»Mmh-mmh. Nun, wie wäre es damit?« Er hielt an seiner Bürotür inne und sah sie wieder an. »Ich gebe dir noch eine und nur eine einzige Erinnerung, dass ich dich für das gesamte kommende Wochenende einplanen kann.«

Kera hielt sich den Mund zu. »Okay, Cevin wie Kevin-mit-K, kapiert.« Sie signalisierte ihm hastig ein Daumen hoch und stieß die Tür zum Pausenraum mit der Hüfte auf. Sie hatte ihrer Mutter gesagt, dass es ihr nichts ausmachte, eine Barkeeperin zu sein und sie hatte dabei nicht gelogen.

Aber sie mochte es, ihre Wochenenden für sich zu haben.

Cevin blieb stehen, wo er war, rief ihr aber hinterher: »Wozu brauchst du überhaupt freie Wochenenden? Ist ja nicht so, als ob du einen Freund hättest oder so.«

»Es ist etwas persönliches«, rief Kera zurück, während sie die Tüte mit den Einkäufen aus Mister Kims Laden auf den Pausentisch stellte. Die Tür zwischen ihnen schwang hin und her. »Außerdem, brauche ich denn einen Freund, um mir eine Auszeit von der Arbeit zu nehmen? *Und*«, fügte sie hinzu, um sich für das Thema zu erwärmen, »sollten sich Unternehmen nicht aus dem Privatleben ihrer Mitarbeiter raushalten? Spiel nicht den Firmenstalker für mich. Um solche Probleme zu vermeiden, arbeite ich nämlich *hier*.«

Ihr Vorgesetzter schnaubte laut und kam zu ihr, um die Tür offenzuhalten. »Wie kann es denn Stalking sein, wenn du mir bei deiner letzten Schicht davon erzählt hast?« Er hob eine Augenbraue. »Ich glaube, das war dieselbe Diskussion, in der du sagtest, dass deine Mutter dich wahrscheinlich *heute* anrufen würde, da dein Collegeabschluss jetzt zwei Monate her ist. Du hattest dich darüber beschwert, dass sie dich mit – ich zitiere – ›all dem mütterlichen Kram‹ belästigen würde – du weißt schon, Job, Freund, Wohnung.«

Kera schaute über ihre Schulter mit einem Blick, der auf verschiedenste Weisen deutbar sein konnte und ihm klarmachte, dass er sie an diese Dinge nicht erinnern sollte und dass der Anruf genauso ärgerlich wie erwartet gewesen war. »Sie sollte das alte Sprichwort kennen«, sagte sie und hielt mahnend einen Zeigefinger hoch. »*Stell mir keine Fragen und ich erzähle dir keine Lügen.*«

Cevin lächelte und schüttelte den Kopf, während er in sein Büro ging. Kera ging hinüber zu der Wand von Schließfächern an einer Seite des Raumes. Sie zog ihre Lederausrüstung aus und faltete sie sorgfältig zusammen, legte sie unten in ihren Spind und stellte ihren Rucksack darauf.

Sie hatte noch sieben Minuten Zeit, bis ihre Schicht offiziell begann. Um sich die Zeit zu vertreiben, holte sie ihr Handy heraus und öffnete ihre Lese-App.

»Richtig. Zeit für mich, mich weiter schlau zu machen und mir Mom vom Hals zu schaffen. Vor allem das zweite. Neue Bücher ... Da ist es. *So wird man eine knallharte Hexe.* Nicht das, was ich im Sinn hatte, als ich nach *Fähigkeiten lernen* gesucht habe, aber ich könnte Mom ja damit zu einem Schlaganfall bringen, wenn ich ihr erzähle, dass ich mir ihren Vorschlag zu Herzen genommen habe und eine Hexe geworden bin.«

Sie überflog das Inhaltsverzeichnis und ihre Neugier war geweckt. Sie hatte erwartet, dass ihre erste, verschlafene Ansicht falsch sein würde, doch das Buch schien nicht von Wicca oder einer der anderen hexenorientierten Religionen zu handeln.

Ohne übermäßig große Verlautbarungen oder selbstgefälliges Gerede über Harmonie und Resonanz schien es sich ganz ernsthaft um die praktischen Anwendungen der Magie zu handeln. Soweit Kera es beurteilen konnte, war es eine Aktualisierung eines altmodischen Grimoires für das einundzwanzigste Jahrhundert.

Magie & Marketing

Ein Punkt stach dabei besonders hervor – ein Kapitel, das auf Seite 64 begann und den Titel ›Wie man etwas löscht, an das man dauernd denken muss‹ trug.

»Na, *na*«, murmelte Kera. Laut diesem Buch war Magie der Schlüssel zur Erfindung eines echten Gehirnbleichmittels.

Das – musste sie zugeben – genauso viel Sinn wie jede andere Lösung machte, die sie sich vorstellen konnte. Selbst wenn nicht, wäre das Buch immerhin ein hervorragender Einblick in historische Vorstellungen von Magie und Technologie. Die Frage nach der Erinnerungslöschung war ihr monatelang im Kopf herumgeschwirrt, vor allem als sie sich heute Morgen wieder an die Rede ihrer Mutter über die Bienchen und Blümchen erinnert hatte. Aber Kera war keine Antwort eingefallen. Sie bezweifelte, dass ein einnehmbares Mittel so etwas bewerkstelligen könnte. Vielleicht eine Operation?

Aber Magie? Das könnte einfacher sein.

Nicht, dass sie es ernsthaft in Erwägung gezogen hätte. Sie kicherte, als sie die App auf ihrem Handy schloss und sich darauf vorbereitete, die Schicht zu beginnen.

»Hey, Kera.«

»Hi.« Kera schaute über ihre Schulter, als Stephanie hereinkam.

Stephanie, ein paar Jahre älter als Kera, war eine der langjährigen Angestellten der *Mermaid*. Während Kera lieber hinter der Bar blieb, arbeitete Stephanie hauptsächlich als Kellnerin.

Jetzt lächelte sie, als sie ihre Sachen auf den Pausentisch legte. »Also, hat deine Mutter letztendlich angerufen?«

»Uff. Ja.« Kera streckte ihre Arme, ihren Nacken und ihre Schultern. »Das ganze Drumherum, sogar in einer Remix-Version. ›Du machst nicht genug aus deinem Leben, meine Liebe und komm bitte aus dieser *schrecklichen* Stadt wieder nach Hause, jetzt, wo du mit dem College fertig bist.‹ Halt ungefähr das, was man von ihr erwarten würde.«

Die andere Frau schüttelte mit einem einfühlsamen Lächeln den Kopf. »Das ist so schade. Ich verstehe es, aber du weißt ja, dass es nur ist, weil sie sich Sorgen macht. Meine Familie lebt schon seit Ewigkeiten in LA, also kann ich nichts zu diesem ›Komm nach Hause‹-Kram sagen, aber den Rest verstehe ich. Meine Eltern sagen mir immer: ›Stephanie, du musst in einem Büro arbeiten, schön von neun bis fünf Uhr.‹ Als ob *das* einen Unterschied macht, was die Bezahlung angeht.«

Kera kicherte. »Stimmt, stimmt. Man kann einfach kein erfolgreicher, verantwortungsbewusster Erwachsener sein, wenn man nach Sonnenaufgang aufwacht oder nach Sonnenuntergang noch auf der Arbeit ist. Das ergibt absolut Sinn!« Sie schaute auf ihr Handy. »Sollen wir loslegen?«

Stephanie nickte und nachdem sie darüber gesprochen hatten, welche Art von Gästeandrang sie für die Nacht erwarteten, schlenderten die beiden aus dem Pausenraum und fingen mit der Arbeit an.

Die Bar war zu dieser noch frühen Stunde kaum besucht, nur ein halbes Dutzend Gäste lungerten herum, also begannen die beiden Frauen, sich für die bevorstehende Nacht einzurichten. Stephanie sah nach, wie es in der Küche aussah und Kera prüfte, wie gut die Bar befüllt war. Als eine kurze Überprüfung ergab, dass alles hier in Ordnung war, schnappte sie sich ein Tablett und ging hinaus, um die leeren Gläser und feuchten Servietten abzuräumen, die sich bereits auf den Tischen befanden.

Kera öffnete die Klapptür, welche die Bar vom Hauptbereich trennte und eilte zum ersten Tisch.

Als sie an einem der Tische vorbeiging, fing ein schlanker Latino, der dort saß, ihren Blick auf und sie erwiderte sein flüchtiges Lächeln. Sie war jetzt in ihrem Arbeitsmodus: höflich, auf ihre Aufgaben konzentriert und emotional unbeteiligt.

Daher bemerkte sie nicht, dass der Mann jede einzelne ihrer Bewegungen beobachtete.

★ ★ ★

Johnny Torrez lehnte sich auf der gepolsterten Bank seines Ecktisches zurück. So war er nicht im Weg und hatte gleichzeitig einen guten Überblick über den Rest der Bar und die Kunden der *Mermaid*.

Die im Idealfall *seine* Kunden werden sollten. Die von Pauline.

Nach dem, was er bisher gesehen hatte, würde die Kundschaft der *Mermaid* einen hervorragenden potenziellen Markt darstellen. Ein *aufstrebender* Markt, wie die Business-School-Arschlöcher es gerne ausdrückten. Einer, der vor ungenutztem, lukrativem Potenzial nur so strotzte.

Er hatte aufgehört, auf diese Art zu sprechen, sobald er nach LA zurückgekommen war, doch das Treffen mit Pauline brachte alles wieder zurück. Die Leute hier waren Kunden statt Zielpersonen und die Leute, die den Stoff hereinbrachten, waren Spediteure statt Drogenkuriere.

Hinter der Fassade der Sprache war es aber alles dasselbe. Pauline hatte es auf Angestellte abgesehen, die auf der Überholspur zu Managementjobs waren. Wenn man die Kleidung und die Sprache änderte, waren es dieselben Leute, die auch bei Drogendealern zu den besten Zielen gehörten – jung, aufstrebend und begierig, das Geld auszugeben, von dem sie annahmen, dass sie es bald haben würden.

Sobald sie dann süchtig waren, konnte man sich *immer* darauf verlassen, dass sie das Geld für die Produkte auftreiben würden, die Johnny ihnen bringen würde.

Nein, nicht ›süchtig‹. Loyal. Treue Kunden. Während Johnny selbst nie gedacht hätte, dass er Arschlöcher von der Wirtschaftsschule süchtig nach Meth machen könnte, schien Pauline sich ihrer Sache sicher zu sein. Es lag alles, wie Johnnys Lehrer gesagt hätten, an der Produktpositionierung.

Er kicherte vor sich hin.

Eine der heißen Bräute aka Kellnerinnen hinter dem Tresen kam hervor und ging an ihm vorbei, scheinbar mit dem Ziel, einen Tisch von einigen übrig gebliebenen Gläsern zu befreien. Johnnys Augen wanderten sofort zu ihr. Ihr hellgoldenes Haar war zu einem hohen Pferdeschwanz gebunden und ein paar Strähnen davon fielen ihr auf eine leicht lässige Art ins Gesicht, die sie nur noch besser aussehen ließ. Sie hatte hohe Wangenknochen, volle Lippen und ein rundes Kinn.

Leider schien sie in ihre Arbeit vertieft zu sein und schenkte ihm keine Beachtung.

Bis jetzt.

Das gab ihm mehr Zeit, sie zu beobachten. Sie stellte ihren Körper nicht zur Schau, aber alles an ihr gefiel Johnny, der stolz darauf war, den Blick eines Kenners zu haben. Sie war gut in Form, wohlproportioniert, aber nicht zu groß, mit genug Kurven, um anerkennende Blicke auf sich zu ziehen. Das weiße Hemd, das sie trug, deutete auf schöne, mittelgroße Brüste hin, obwohl er die Details nicht sehen konnte.

Als die Braut sich bückte, um den Tisch abzuräumen, lehnte sich Johnny ein wenig weiter aus seinem Sitz hervor, um sie zu beobachten. Leider reichte ihre Jeansshorts bis zur Hälfte ihrer Oberschenkel, sodass er nicht viel sehen konnte. Für seinen Geschmack schien sie aber einen ausreichend knackigen Hintern zu haben.

Er hatte genug Zeit, um sie für sich zu gewinnen. Sie hatte ja gerade erst ihre Schicht begonnen. *Sie wird doch nicht so bald nach Hause gehen, oder?*

Er schnappte sich seinen Cocktail und ging damit an die Bar. Als er sich gemächlich auf einen Hocker setzte, bemerkte ihn die Blondine endlich.

Sie sah von dem Tisch auf, den sie gerade abwischte und schenkte ihm ein distanziertes Lächeln. »Noch ein Drink?«

»Nee«, antwortete er. »Ich trinke diesen aus und dann bin ich fertig. Ich habe heute Abend noch was zu tun. Ich werde aber um ... sagen wir mal, zwei Uhr heute Nacht, wieder Zeit haben.«

Das Mädchen nickte auf eine vage, unverbindliche Weise. »Okay.«

»Oh.« Johnny grinste. »Du willst also *tatsächlich* ausgehen. Ich meine, das dachte ich mir. Ich kenne ein paar

Nachtlokale im Umkreis von ein oder zwei Blocks und es gibt immer ein Morgen. Dann gibt es noch viele andere Gelegenheiten.«

Die Barkeeperin blinzelte ihn eine Sekunde lang an, dann verzog sich ihr Gesicht zu einem faden Lächeln. »Ich bin beschäftigt, tut mir leid.« Sie drehte sich um, um nach einem anderen Gast zu sehen, einem alten, fetten, traurigen Kerl. In Johnnys Augen hatte er an einem Ort wie diesem hier nichts zu suchen, aber wahrscheinlich dachte er, dass er sich noch einen Drink gönnen könnte, bevor die nächtliche Menge hereinströmen würde.

Als die Braut sich wieder umdrehte, um hinter die Bar zu gehen, stellte Johnny sich vor. »Johnny. Und du musst ...«, sagte er und blinzelte auf ihr Namensschild, »Kera sein. Freut mich, dich kennenzulernen. Ich merke dir an, dass du Single bist, also so beschäftigt kannst du gar nicht sein.«

»Beschäftigt genug«, erwiderte sie einfach und sah nicht von dem Computer auf, an dem sie etwas eintippte. »Deshalb versuche ich, alles ganz nett und einfach zu halten. Ich möchte die Dinge lieber nicht verkomplizieren.«

Johnny hatte diese Ausrede schon mehrmals gehört. Er lehnte sich auf der Theke vor und hielt seinen Blick auf sie gerichtet. »Wie wäre es dann mit etwas *Unkompliziertem*?«, schlug er mit weicher Stimme vor. »Ohne Bedingungen.« Seine Stimme sank tiefer und wurde sanfter. »Etwas, von dem du deinen Freundinnen erzählen kannst.« Diese hier war ein braves Mädel, das merkte er sofort.

Weiße, brave Bräute liebten es, mit Typen wie ihm zu spielen.

Und Typen wie ihm machte das nichts aus.

Diese hier hörte auf mit dem, was sie tat und sah ihm direkt in die Augen. »Nein, danke«, sagte sie schlicht und einfach. Sie war nicht wütend, noch nicht. Eine junge Frau, die so aussah wie sie, wurde wahrscheinlich so oft angemacht, wie sie aß, trank oder gähnte.

Er verweilte weitere fünf Minuten hier und gab ihr vier davon, um sich zu beruhigen, bevor er ein letztes Mal versuchte, ein Gespräch zu führen.

»Also, wie lange arbeitest du schon hier?« Er drehte sein Glas zwischen den Fingern und versuchte, seinen Blick nicht auf ihre Brüste gleiten zu lassen. »Ich habe die Bar schon mal beim Vorbeifahren gesehen, aber ich bin zum ersten Mal hier. Hat einen guten Ruf.«

»Die Küche ist gut.« Sie sah kaum auf, als sie ihm eine Speisekarte zuschob. »Du solltest dir mal das Menü hier anschauen.«

Er merkte, dass er bei ihr nicht weiterkommen würde und dass nur Glück oder außergewöhnliche Hartnäckigkeit zum Ziel führen würden. Sie war zu distanziert und professionell, um viel preiszugeben, sie hatte eine Mauer um sich herum gebaut. Es war zwecklos.

Mit einem leisen Seufzer voller Frustration stellte er sein Glas auf der Theke ab, faltete ein paar zerknitterte Scheine ordentlich auseinander und schob sie unter das Glas.

Er zahlte immer passend.

Zu diesem Zeitpunkt waren bereits mehr Kunden eingetroffen und eine weitere Barkeeperin, eine Brünette, machte sich für den Dienst bereit. Die Sonne war nun fast untergegangen, die Leute hatten Feierabend und kamen von der Arbeit.

Johnny war sich durchaus bewusst, dass er, wenn er länger in der Gegend blieb, vielleicht auf mehr potenzielle Käufer treffen würde, aber die Erfahrung mit dem Barmädel hatte einen sauren Geschmack in seinem Mund hinterlassen. Außerdem hatte Pauline ihnen ausdrücklich gesagt, dass der heutige Tag nur eine Art Erkundungsmission war, um auszuloten, worauf sie ihre zukünftigen Bemühungen konzentrieren sollten.

Er könnte es auch genauso gut woanders versuchen.

Er warf einen letzten Blick hinter die Bar, wo die Barkeeperin mit dem Pferdeschwanz weiterhin Drinks ausschenkte und mit ihren Kunden sowie der Kellnerin, die die Tische bediente, ein wenig scherzte.

Blondinen. Hübsche Blondinen mit tollen Titten gab es in dieser Stadt wie Sand am Meer, doch jede einzelne von ihnen hielt sich für ein Geschenk Gottes an die Welt. Johnny schüttelte den Kopf und ging leise fluchend Richtung Ausgang.

Wie Sand am Meer, sagte er sich wieder. Er sollte nicht zulassen, dass diese eine ihm so zu schaffen machte.

Jemand öffnete die Tür, gerade als Johnny sie erreichte und zwei Männer traten ein, Büroangestellte, nach ihren Hemden und Krawatten zu urteilen. Der eine sah aus, als *könnte* er an einen Ort wie diesen gehören. Der andere war ein richtiger Nerd.

Ohne eine Sekunde zu zögern, wich Johnny zur Seite und schlüpfte um die beiden herum und dann hinter sie, während sie die Bar betraten, hielt die Tür auf und verschwand nach draußen, bevor sie ihn überhaupt bemerken konnten.

Er stand auf dem Bürgersteig und holte seine Sonnenbrille aus der Jackentasche. Der Himmel hatte sich rötlich-violett verfärbt, also war es nicht so, dass er sie *brauchte*, es ging einfach ums Prinzip. Schließlich mussten sie, wie Pauline gesagt hatte, gut dastehen.

Er stieg in seine Cobra ein und drehte den Schlüssel im Zündschloss. *Vorwärts.*

Sven durfte nicht erfolgreicher als er gewesen sein oder der Mann würde eine Ohrfeige bekommen.

KAPITEL 6

Christian holte tief Luft, während er auf die Tür blickte, die in die *Mermaid* führte. Er trug ein neues, schlichtes Hemd, für dessen Auswahl er viel zu viel Zeit verbraucht hatte. Außerdem hatte er Kaugummi gekaut, um seinen Kaffee-Atem loszuwerden, was bedeutete, dass sein Mund jetzt wie eine minzige Höllenlandschaft schmeckte und dass das Bier zu einem quälenden Erlebnis werden würde.

Er war nicht bereit dafür.

Durch Ted an seiner Seite fühlte er sich geringfügig besser, doch Christian konnte nicht aufhören zu denken, dass Ted das Ganze nicht wirklich verstand. Sicherlich, der Personaler wurde die ganze Zeit abgeschleppt, denn er hatte eben die magische Kombination aus Aussehen, Selbstvertrauen und Geld.

Im Gegensatz zu Christian begann Ted nicht jeden Gesprächsversuch mit der absoluten Gewissheit, dass die Frau verrückt sein musste, um mit ihm ausgehen zu wollen.

Christian konnte nicht sagen, ob das gut enden oder ob es zu einer totalen Katastrophe werden würde.

Ted bekam von Christians Sorgen natürlich nichts mit. Er gestikulierte zur Tür. »Nach dir.«

Chris seufzte, als er die Tür öffnete, dann trat er einen Schritt zurück, als sich ein schlanker Mann an ihnen vorbeizwängte. Nach einem kurzen Moment intensiven Musterns, in dem Chris spürte, dass der Mann alles bewertete, von seinem Hemd bis zu seinem Haarschnitt, zog der schlanke Mann eine Sonnenbrille hervor und ging weiter.

Chris atmete etwas auf. Sich auf eine Konfrontation einzulassen, war das Letzte, was er jetzt brauchte. *Es wird schon nicht in einen Kampf ausarten*, erinnerte er sich. *Du bist nur nervös.*

Sobald er die Bar betrat, steuerte er dennoch direkt auf die hinterste, dunkelste Ecknische zu.

Eine Hand klammerte sich um seinen Arm. »Oh nein, das tust du nicht«, forderte Ted. »Diesmal nicht. Wir werden einen Moment hier stehen bleiben und so tun, als würden wir uns noch entscheiden, wo wir sitzen wollen.«

»Warum?«, fragte Chris schwächlich.

»Erstens ist es nicht das, wonach wir eigentlich schauen und ich will mir erst einmal einen Überblick verschaffen. Zweitens – und das ist das Wichtige – damit sie eine Chance hat, dich zu sehen.«

»Genau das wollte ich ja eigentlich vermeiden«, murmelte Chris.

»Ich weiß. Deshalb hast du mich mitgebracht.« Ted schenkte ihm ein Lächeln. »Also, welches hier ist das Mädchen, das du erwähnt hast?«

Chris schluckte. »Äh ...« Er gestikulierte dezent mit dem Kopf. »Da drüben. Die ... ähm ... die Barkeeperin.«

»Braune Haare?«

»Nein. Die, äh, die Blonde.«

Ted betrachtete sie einen Moment lang mit den Händen in den Hosentaschen. Schließlich biss er die Zähne zusammen und sagte: »Ich gebe es nur ungern zu, aber wir müssen vielleicht mit einem Plan B weitermachen.«

»Was?« Chris hatte jetzt eigentlich peinliche Anmachsprüche und übertrieben ehrgeizige Strategien erwartet. Er hatte erwartet, dass Ted ihm vorschlagen würde, er solle sich erst einer Typveränderung unterziehen und dann wieder zurückkommen. Er hatte nicht erwartet, dass Ted einfach so aufgeben würde.

»Es tut mir so leid«, erwiderte Ted. Er klang wirklich niedergeschlagen. »Zuerst möchte ich dir zu deinem Frauengeschmack gratulieren, denn *wow*. Allerdings muss ich dir sagen, dass diese Frau ... na ja, wie soll ich das nett ausdrücken ... weit außerhalb deiner Liga spielt. *So weit* außerhalb deiner Liga. Es gibt *außerhalb* deiner Liga, danach kommt *weit außerhalb* deiner Liga, dann gibt es ein paar Meilen grauer Fläche und dann ist da erst *sie*.«

Es gab einen Moment der Stille.

»Du hättest bei ›außerhalb deiner Liga‹ aufhören können«, grummelte Chris schließlich.

»Wenn ich das könnte, hätte ich es getan«, entgegnete Ted übertrieben. »Chris, mein Freund, weißt du, wie ich immer wieder Frauen dazu bringe, mit mir auszugehen?«

»Ich habe nicht die geringste Ahnung. Deshalb habe ich dich ja mitgenommen.«

Ted räusperte sich, dann nahm er Chris an der Schulter und führte ihn von der offenen Fläche weg in Richtung der Ecke, auf die Chris ganz zu Beginn zugegangen war.

»Ich dachte, du sagtest, sie müsse uns sehen können?«, fragte Chris.

»Ich glaube nicht mehr, dass das in deinem Interesse ist.«

»Autsch.«

Ted grinste. »Schau, Mann, wie ich schon sagte, ich bekomme Frauen dazu, mit mir auszugehen, weil ich nicht außerhalb meiner Liga ziele. Nun, du? Deine Liga reicht weiter, als du denkst. Ganz im Ernst. Du hast einen guten Job und ein hübsches Gesicht. Es würde dir nicht schaden, hin und wieder zu trainieren, aber du hast an sich etwas, womit sich arbeiten lässt. Aber was du im Moment anstrebst, ist ein Supermodel, das sich aus unbekannten Gründen mit uns Normalsterblichen in einer x-beliebigen Bar abgibt. Die einzigen Typen, auf die sie steht, sind die heißen, reichen Beverly-Hills-Typen.«

Chris spürte den ersten Funken Hoffnung. Normalerweise dachte er, dass Ted viel mehr über Frauen wusste als er selbst, aber in diesem Fall wusste er zufällig, dass Teds Vermutungen falsch waren.

»So ist Kera nicht«, behauptete er. »Ich stand noch nie auf eingebildete, hochnäsige Frauen, egal wie heiß sie sein mögen. Kera ist nett.«

»Und das weißt du, weil ...?« Ted hob eine Augenbraue.

»Ich habe dir doch erzählt, dass sie eine Klassenkameradin von mir war, oder? Wir waren zusammen in einer Lerngruppe.«

Ted schaute sehr skeptisch. »Für welchen Kurs?«

»Algorithmisches Design und Analyse«, antwortete Chris prompt. Als er Teds verständnislosen Blick sah, grinste er. »Nerd-Zeug.«

»Okay, also, als du Klassenkameradin sagtest ...« Ted sah zwischen Chris und Kera hin und her. »Du meinst, sie hat Informatik als Hauptfach studiert? Das Mädchen, das aussieht, als sollte sie in der Filmbranche arbeiten?«

»Ich hoffe bei Gott, du meinst mit *der Filmbranche* Hollywood.«

Ted winkte ab. »Wie auch immer. Sie hat den gleichen Abschluss wie du. Sie ist einer von euch schlauen Typen? Bitte sag mir, dass sie es nicht ist. Sag mir, dass sie das Studium verhauen hat. Ich kann heute keine weiteren dieser Schläge mehr verkraften.«

»Sie war nicht schlecht darin.« Chris musste zugeben, dass er diesen Abend immer mehr genoss. »Sie hat ein paar Mal erwähnt, dass sie lieber hätte Ingenieurin werden sollen, weil sie besser mit Dingen umgehen kann, die sie anfassen und in der Hand halten kann, als mit theoretischen Konzepten, aber sie war wirklich gut in Computer-Science-Sachen.« Er runzelte die Stirn. »Ich glaube, sie hat auch an einem Motorrad geschraubt? Als würde sie es reparieren.«

Ted gab ein Stöhnen von sich und ließ seinen Kopf auf den Tisch fallen.

Chris wartete ab, sein Mund zuckte.

»Okay.« Ted lag immer noch mit der Stirn auf dem Holz. »Aber siehst du, wie sehr es Sinn ergibt, dass sie eine Art ... oh.« Er hob den Kopf. »Vielleicht ist sie ein Terminator.«

»Sie ist kein Terminator.«

»Das sagst du.« Ted schüttelte den Kopf. »Ich werde ein paar Drinks brauchen.«

»Wir waren uns doch einig, dass ich mich nicht besaufen würde.«

»Sie sind nicht für dich, sie sind für mich.« Ted seufzte. »Ich bin mehr und mehr davon überzeugt, dass ich

Magie & Marketing

meine Nerven in den Griff bekommen muss, bevor ich die Verantwortung übernehme, dich in all das hineinzuziehen. Außerdem, wenn ich besoffen bin, lässt es dich im Vergleich besser aussehen. Zwei Fliegen mit einer Klappe.«

Chris begann zu lachen. »Okay, okay.«

»Und denk an unsere Abmachung: Die Drinks gehen auf dich!«

»Oh, absolut.« Christian grinste ihn an. »Ich bin mehr als bereit zu zahlen, nur für das Privileg, zu sehen, wie du dich besäufst.«

Johnny und Sven trafen sich in einem der zahlreichen Clubs in der Innenstadt, komplett mit Schwarzlicht und wummernder Musik. Zu diesem Zeitpunkt hatten sie beide genug erfolgreiche Erkundungen gemacht, um behaupten zu können, dass ihre nächtliche Arbeit getan war und dieses Etablissement war mehr ein Ort zum Entspannen als einer zum Arbeiten.

Diese Leute hier könnten eines Tages ihre Klientel sein, aber noch nicht heute.

»Was ist mit den beiden?« Sven nickte einem jungen, ostasiatischen Paar zu, das sich bei Martinis an der Bar unterhielt.

Johnny warf ihnen nur einen kurzen Blick zu. Beide trugen die Art von Streetstyle, die populärer geworden war, seitdem K-Pop in den USA angekommen war, doch er wusste sofort, dass keiner von ihnen die Art von Ziel war, nach der Pauline suchte.

»Ich würde dazu Zwei-Minus sagen«, meinte Sven.

»Nein.« Johnny zog es vor, diese Dinge entweder mit Ja oder mit Nein zu erledigen. »Zu geradlinig. Sie sind die Art von Menschen, die erst ihren Kontostand überprüfen und dann überlegen, wie viele Drinks sie sich gönnen. Willst du über die Zwei-Minus reden? Keiner von denen würde es wagen, diese als Note in Mathe zu bekommen, so brav sind sie.«

Sven sah ihn an, während er einen Schluck von seinem Getränk nahm. »Findest du das nicht ein bisschen ... ich weiß nicht, rassistisch?«

»Na klar, ein Weißer wird dem Einwanderer-Gossen-Kind jetzt einen Vortrag über verdammten Rassismus halten. Klingt gut.« Johnny leerte seinen Drink.

Sven runzelte die Stirn, während er die Kellnerin herbeiwinkte und Nachschub für sie beide bestellte. Er saß einen Moment lang schweigend da.

»Also, was zur Hölle ist heute Abend mit dir passiert?«, fragte er schließlich.

»Halt' dich da raus.«

»Nee.« Sven wartete, bis die Kellnerin die neuen Getränke abgestellt hatte und als sie weg war, erklärte er: »Ich habe dich hier reingezogen. Wenn du auf die schiefe Bahn gerätst, fällt das auch auf mich zurück.«

»Ich werde dir schon nicht in den Kopf schießen.« Johnny schaute hinüber und sah Svens Gesichtsausdruck. Der andere Mann wollte nicht aufgeben, bis er wusste, was los war. Kurz und bündig erklärte Johnny also, was in der *Mermaid* passiert war – insbesondere von seinem fehlgeschlagenen Flirtversuch bei der heißen Blondine.

Es half seiner Stimmung nicht, als Sven lachte und mit einer Hand abwinkte.

»Es ist keine große Sache, Mann. Schau dich um.« Er gestikulierte in Richtung des Clubs. »Es gibt bestimmt fünf, zehn Frauen hier, die heißer sind als die in der Bar.«

Johnny wusste, dass er recht hatte, was helfen sollte.

Doch das tat es nicht. Er war immer noch stinksauer. »Sie hat nicht einmal mitgespielt«, murmelte er.

»Oooh.« Sven nickte. »Jeder Kerl möchte derjenige sein, der eine von denen für eine Nacht zu seiner Schlampe macht.«

»Genau.« Johnny stieß mit seinem Glas gegen das von Sven an. »Gibt es etwas Besseres als ein braves, weißes Mädchen, das für eine Nacht ungezogen wird? Ey, ich nehme an, du weißt das gar nicht. Niemand vögelt mit dir, um sich an ihren Eltern zu rächen.«

Sven grinste gutmütig. »Ich nehme dich beim Wort. Ich ...« Ihre beiden Handys vibrierten und Sven verstummte, um sein Handy aus der Tasche zu holen. »Mist.«

Johnny zog eilig sein Handy heraus und sah sich die SMS von Lia an:

Das Projekt wurde gerade nach vorn verlegt. Wir müssen so schnell wie möglich in die zweite Phase der Vermarktung gehen. Haben Sie potenzielle Zielmärkte?

Johnny rollte mit den Augen. »Weißt du noch, was die zweite Phase war? Da war ich geistig schon weg.«

»Das stand im Briefing-Paket«, erinnerte Sven ihn.

»›Nenn‹ mir ein seriöses Unternehmen, das Briefing-Pakete hat. Wenn ich so einen Scheiß wollte, wäre ich in irgendeine Firma gegangen.« Johnny schüttelte den Kopf. »Also, was machen wir jetzt? Fangen wir an, Beziehungen zu Bars und anderen Unternehmen zu knüpfen?«

»So ist es. Ich habe fünf. Du?«

»Vier.« Es hätten auch fünf sein können, wenn er nicht seine Zeit in der *Mermaid* damit verbracht hätte, die Blondine anzubaggern, aber Johnny hatte nicht vor, das zu erwähnen.

»Ich werde für uns beide antworten.« Sven begann zu tippen.

Johnny beobachtete den Verlauf der Unterhaltung und schüttelte den Kopf. Alles, was schriftlich geklärt wurde, sollte mit Codewörtern ersetzt werden, aber sie benutzten schon ein Verschlüsselungsprogramm. Seiner Meinung nach verschwendete Pauline Zeit, die besser für die Geschäfte genutzt werden könnte.

Gegen Ende, nachdem das ganze geschäftliche Kauderwelsch entschlüsselt war, war die Direktive für die Nacht klar. Sie sollten zurück zu allen ihren Bars gehen und Angebote machen. Da die Lieferung in dieser Nacht eintreffen würde, hoffte Lia, dass der Vertrieb am nächsten Tag beginnen konnte.

Nach Johnnys Erfahrung verhielten sich manche Leute seltsam, wenn man keine Probe bei sich hatte, aber er hatte sich schon mal aus solchen Situationen rausgeredet. Er kippte etwas Eiswasser anstelle des restlichen Drinks hinunter, stand auf und zog seine Sonnenbrille heraus.

»Oh und Johnny?«

»Ja?«

»Geh nicht zurück zu der Blondine, okay?« Sven schaute ernst. »Die andere Sache mit weißen Tussis ist, dass sie die Bullen rufen, wenn du zu aufdringlich wirst.«

Magie & Marketing

Johnny zuckte mit den Schultern. Sven hatte recht.

»Und hey, jeder wird mal abgewiesen. Lass dich davon nicht unterkriegen.«

»Richtig.« Der Mann klang wie ein verdammter Dating-Ratgeber.

Johnny bahnte sich einen Weg durch die Menschenmenge und bemerkte kaum die schönen Frauen, an denen er vorbeirauschte. Er nahm seine Schlüssel aus der Hosentasche und beschleunigte seinen Gang, dann stieg er in seine Cobra und rief sich seine Optionen in den Kopf.

Er könnte jetzt zurück zur *Mermaid* fahren.

Nein. Er würde verantwortungsbewusst sein und sich das Dessert für den Schluss aufheben. Mit einem kalten Lächeln fuhr er rückwärts aus der Parklücke und bog mit aufheulendem Motor in den Verkehr ein.

James verpasste einer seiner Werbeanzeigen den letzten Schliff und rieb sich seine brennenden Augen. Er war im Marketing ausgebildet worden, als Anzeigen noch in Zeitungen und Zeitschriften gedruckt worden waren. Als sich seine Art der Arbeit an das Internet anpasste, hatte er seinen Job in der Marketingagentur für seine Position im Rat aufgegeben.

Das Eintauchen in die ständige Iteration und Umwälzung des digitalen Marketings hatte ihm unglaublich viel Spaß gemacht. Er genoss die langen Nächte und die riesigen Tassen Kaffee. Er genoss es auch, an Texten zu feilen, neue Schriftarten auszusuchen und Farben bis in die kleinsten Ränder anzupassen.

Das nahm auch seine ganze Zeit in Anspruch. Wie zuvor bei den Verkäufen kamen die Werbeergebnisse fast in Echtzeit zurück, sodass James sich dabei ertappte, seine nächste Mahlzeit, seine nächste Dusche, seine nächste Tasse Kaffee immer ›nur für ein paar Minuten‹ zu verschieben, während er die Zielgruppe oder den Slogan einer Anzeige anpasste oder …

Das war wahrscheinlich der Grund, warum er inzwischen müffelte.

Er schnupperte unter einem seiner Arme und schauderte. Er musste von hier verschwinden, bevor Madame LeBlanc hereinkam und ihn so sah. Sie mochte in mancher Hinsicht sehr fortschrittlich sein, aber ihre Ansichten von Hygiene und Körperpflege waren streng.

Er stand auf und zuckte zusammen. Seine Muskeln waren es nicht mehr gewohnt, sich zu bewegen. Das war wahrscheinlich ein schlechtes Zeichen.

Während er sich gerade mühevoll aufrichtete, fiel ihm ein Lichtblitz ins Auge. Sein Kopf zuckte in Richtung der Pendelschüssel und das verursachte einen stechenden Schmerz in seinem Nacken, der durch seine Schulter schoss.

»Au, au, au.« Er zog die Schulter hoch, während er in die Richtung der Schüssel starrte. »Komm schon. Komm zurück. Ich weiß, dass ich dich gesehen habe.«

Nichts. Er manövrierte sich um seinen Stuhl herum und ging zur Mitte des Tisches, um die Kristallschüssel anzustarren. Er musste wirklich auf die Toilette und ihm wurde bewusst, dass er nicht nur erschöpft, sondern auch hungrig war, aber er hätte jetzt nicht mehr wegschauen können, selbst wenn der Marshmallow-Mann durch die Wand gestürmt wäre.

»Komm schon«, murmelte James. »Komm schon, Baby.«

Als hätte es nur des Schmeichelns bedurft, kam die Lichtblüte wieder, goldglänzend im schwindenden Licht des Tages.

James schnappte nach Luft und begann zu lachen, ein rostiges Geräusch, das in einen Hustenanfall überging. Er klopfte sich gegen die Brust, immer noch lachend, als die Lichtblüte erlosch, doch er wusste, was er gesehen hatte. Es war irgendwo an der Ostküste gewesen, entweder in South Carolina oder Georgia, schätzte er.

»Madame LeBlanc!«, rief er, bevor er sich wieder an den aktuellen Zustand seiner Erscheinung erinnerte.

Mist.

Sie antwortete nicht – sie wurde selten laut – aber er hörte ihre Schritte.

Mist. Nun, er war glücklich genug, sodass es ihm fast egal war.

Eine weitere Lichtblüte tauchte auf. Diese hier war weiter südlich, tief in Florida. James stieß einen weiteren Schrei aus. Er konnte es kaum glauben. Zwei.

Zwei. Sie hatten tagelang gewartet und jetzt hatten sie nicht nur einen Kandidaten, sondern gleich zwei. Drei Jahre lang hatten sie nicht einen einzigen potenziellen Thaumaturgen gefunden und jetzt ...

»Leck mich, Mary Mitchell«, murmelte er vor sich hin.

Dann tauchte ein weiterer auf, irgendwo in Nevada. Wieder einer, nun in der Gegend von Portland. Noch einer. Noch einer. Und noch einer.

Bis vor zehn Sekunden wäre James nicht in der Lage gewesen, an eine einzige Sache zu denken, die ihn zu Fall bringen könnte. Jetzt jedoch weiteten sich seine Augen, als er auf die Karte starrte. Alles, woran er denken konnte, war, dass dies wie eine Art post-apokalyptische Karte voller Pilzwolken, durch das ständige Aufblitzen von Atombomben, aussah.

Das war gut.

Richtig?

Seine Stimme, als er erneut rief, klang nicht mehr ganz so sicher. »Äh, Madame LeBlanc? Wirklich jetzt, Sie sollten hierher kommen.«

KAPITEL 7

»Hmm«, erwiderte Madame LeBlanc einige Minuten später. Ihr Gesicht war bewusst ausdruckslos, doch James konnte den leichten Anflug von Sorge hinter ihren Worten spüren. »Ich komme mir unklug vor, dass ich diese Möglichkeit nicht in Betracht gezogen hatte.«

»Nur um sicherzugehen, dass wir uns einig sind ...« James rieb sich eine Schläfe.

»Wir haben einen Überschuss an potenziellen Kandidaten«, verkündete sie. Ihre Hände waren vor ihrem Dekolleté verschränkt, wie es sich für eine anständige Dame gehörte. »Ich glaubte, dass Ihre Änderungen unserer Rekrutierungstechniken aufgrund unseres früheren Mangels an Erfolg gerechtfertigt waren, aber ...«

James blinzelte. Er war schon viel zu lange wach und Mutter LeBlancs gewohnheitsmäßig formelle Sprache war nicht sehr hilfreich. »Okay, also um das klarzustellen, Sie dachten, wir würden eventuell niemanden finden, aber Sie haben nicht erwartet, viel zu viele Leute zu finden?«

Madame LeBlanc zögerte. »Ja«, gab sie nach einem Moment zu.

»Wie schmeichelhaft.«

»Ich weiß, dass Sie unter einem gewissen Schlafmangel leiden, aber bitte seien Sie in dieser Angelegenheit nicht kindisch.« Ihr Tonfall war tadelnd. In dem schummrigen Licht konnte James kaum die Umrisse ihres Gesichts erkennen. Sie machte eine Pause, um durch den Raum zu eilen und das Licht einzuschalten. Als sie zurückkam, musterte sie ihn ernst. »Nachdem wir drei Jahre lang keine Rekruten hatten, hatte wohl keiner von uns mit einer so großen Anzahl gerechnet.«

»Sie haben recht.« Er seufzte. Er hatte Mary Mitchell zu sehr an sich rangelassen, weshalb er nun begann, der Sache zu misstrauen.

»Gehen Sie duschen«, wies Madame LeBlanc ihn an. »In der Küche steht ein Teller mit Essen für Sie. Eigentlich sind es mehrere Teller, einer für jede Mahlzeit, die Sie verpasst haben.«

»Äh ...«

»Ich werde es in der Zwischenzeit beobachten.« Sie ließ sich anmutig auf einem der Stühle nieder, ihr bunter Rock wirbelte um sie herum und ihre braunen Augen waren auf die Karte gerichtet. »Es nützt nichts, wenn Sie erschöpft und unausgeschlafen sind, James.«

»Richtig, ja.«

James ging die Treppe hinauf zu der Suite, welche er nun schon seit mehreren Jahren bewohnte. Das Hauptschlafzimmer war für den Leiter des Rates reserviert und die nächsten beiden schönsten Zimmer wurden von James und Madame LeBlanc belegt, die sich hier am häufigsten aufhielten.

Sein Zimmer hatte tiefrote Tapeten mit dunklen Holzvertäfelungen und einen dicken Teppich über Holzböden aus massiven Holzplanken von den Bäumen, die vor drei Jahrhunderten in Nordamerika verbreitet gewesen waren. Die Fenster hatten Glasscheiben, die mit dem Alter trüb geworden waren und wurden von schweren Samtvorhängen gesäumt.

Das Zimmer war ein wenig altmodisch für James' Geschmack, aber das Herrenhaus war seit Jahrhunderten im Besitz der Gemeinde und er hatte nicht den Willen, ein Stück Geschichte zu renovieren.

Es war seltsam, den alten Kleiderschrank nicht mit schweren Roben und Anzügen, sondern stattdessen mit T-Shirts und Jeans gefüllt zu sehen. Er zog saubere Kleidung heraus und legte sie auf das Bett, bevor er sein tagelang getragenes Hemd und seine Hose auszog und die Nase wegen des Geruchs rümpfte.

Vielleicht war dies der Grund, warum er Madame LeBlanc in letzter Zeit nicht gesehen hatte.

Wie in vielen alten Herrenhäusern hatten die größeren Räume Fenster auf zwei Seiten, um möglichst viel Sonnenlicht einfallen zu lassen, wobei eine der verbleibenden Wände an einen zentralen Schornstein stieß. Anders als viele ähnliche Häuser hatte dieses hier jedoch magische Dichtungen, um Zugluft und Schimmel zu verhindern, was James sehr zu schätzen wusste.

Er schätzte auch die magische Verbesserung für den Wassererhitzer und den Wasserdruck. Während er an die Wand gelehnt das heiße Wasser auf sich niederprasseln ließ, wusch er sich die Haare und beschloss sich zu rasieren.

Das war die richtige Entscheidung. Sauber, mit frisch rasiertem Gesicht und neuen Klamotten fühlte er sich wie ein neuer Mensch. Er ging nach unten und verschlang den größten Teil des bereitgestellten Essens, wobei er über der Spüle stand – etwas, das Madame

LeBlanc nicht gutgeheißen hätte. Dann ging er zu ihr zurück und brachte ihnen zwei Tassen Tee mit.

Sie warf ihm einen abschätzenden Blick zu, als er sich setzte. »Sie sehen aus, als würden Sie sich besser fühlen.«

»Es kommt eine Katastrophe auf uns zu«, gab James zu, während er an seinem Tee nippte.

»Das ist längst überfällig, glaube ich.« Sie lächelte. »Nun, während Sie weg waren, habe ich einen Versuch getätigt und bin auch auf eine Idee gekommen, um das Problem in den Griff zu bekommen, obwohl es einige Experimente brauchen wird, bis es richtig funktioniert.«

Er warf ihr einen neugierigen Blick zu.

»Zuerst habe ich das alles aufgrund Ihres ... Pessimismus ... geprüft, um sicherzugehen, dass die Ergebnisse, die hier herausgekommen sind, auch wirklich genau sind und wir es hier mit menschlichen Magieanwendern zu tun haben und nicht nur mit Ley-Linien.«

James nickte. Madame LeBlanc sprach ruhig, aber wie immer lag ein Gewicht an Erfahrung hinter ihren Worten. James erinnerte sich, dass sie maßgeblich an der bildlichen Wiedergabe der Magieverteilung in Nord- und Mittelamerika beteiligt gewesen war, einschließlich der Aufzeichnungen der Art und Weise, wie der menschliche Gebrauch der Magie die Verteilung beeinflusste.

»Danke«, sagte er leise zu ihr.

»Stellen Sie sich vor, wie enttäuscht wir wären, wenn wir herausfinden würden, dass wir ohne einen triftigen Grund in Panik geraten sind«, meinte sie mit einem schmalen Lächeln.

»Einverstanden. Und Ihre andere Idee?«

Magie & Marketing

»Nun, mir ist aufgefallen, dass diese ...«, begann sie und gestikulierte anmutig auf die Pendelkarte, »Karte hier zwar nützlich ist, aber sowohl Präzision als auch historische Daten fehlen.«

James sah sie stirnrunzelnd an. Er fühlte sich erholt, aber er war immer noch nicht in der Lage, ihren Worten zu folgen. Dann dämmerte es ihm. »Oh, Sie wollen also etwas, das aufzeichnet, wo genau Magie angewendet wurde, damit wir nichts verpassen, wenn wir gerade nicht anwesend sind?«

»Genau. Eine Möglichkeit, genauere Werte zu erhalten. Ich denke, wir sollten in der Lage sein, unseren Zauber morgen zu modifizieren, um vergangene Informationen zu erlangen, sowie kleinere Pendelschalen aufzustellen, um genauere Messwerte innerhalb von den Staaten zu erhalten, in denen wir Magiegebrauch bemerken.«

»Sie sind ein Genie«, freute sich James.

Sie lächelte. »Vielleicht bin ich das. Wie auch immer, ich denke, Sie sollten schlafen gehen.«

»Mmh.« James seufzte. »Ich will nur nicht, dass wir ...«

»Wenn Sie Lichter verpassen, weil diese Leute nur einmal gezaubert haben, wird es kaum ein Problem geben«, unterbrach ihn Madame LeBlanc. »Wir haben schon immer gewusst, dass es Leute gibt, die nur so viel Talent haben, um einen einzigen Zauber zu wirken. Vielleicht waren wir uns einfach nicht bewusst, wie viele es sind.«

»Wie sehr mich das tröstet.«

»Ruhen Sie sich aus«, entgegnete sie streng. »Alles andere kann warten. Sobald wir den neuen Zauber in

Gang gebracht haben, können wir uns auf die Reise machen, um unsere potenziellen Kandidaten kennenzulernen. Ich für meinen Teil freue mich auf etwas milderes Wetter.«

James nickte und fand sich auf dem Weg zurück zu seinem Bett wieder.

★ ★ ★

»Ted. Ted.« Chris stupste den Kopf seines Freundes von der Seite an. »*Ted*.«

Die Antwort von Ted war bloß ein Stöhnen.

»Zeit, uns an die Bar zu setzen, Ted.«

Ted hob hastig den Kopf und kippte zur Seite. »Whoa. Heilige ... warte, was?«

»Zeit für ... du weißt schon. Einen Moment noch.« Chris holte sein Portemonnaie heraus, zählte den Preis für ihre Drinks und ein großzügiges Trinkgeld für die Kellnerin ab und grübelte über das technische Rätsel nach, wie man einen äußerst betrunkenen Personalmanager durch eine Bar bringen konnte, ohne dass etwas geschah, das als ›Personal-Fauxpas‹ ausgelegt werden könnte.

Schließlich gelang es ihm, Ted an das Ende der Bank ihrer Sitzecke zu locken.

»Ted. Komm schon, Ted. Ted, bitte.«

»Ich gebe dir Rückendeckung«, meinte Ted schleppend. »Du machst dein Ding und ich ... mache meine Wingman-Aufgaben. Irgendwie sowas.«

»Aha.« Chris schlang den Arm seines Freundes über seine Schulter und stolperte zur Bar. Es war gut, dass er sich auf Ted konzentrieren musste, denn sonst würde er darüber nachdenken, was ihn jetzt erwartete.

Sie hatten jetzt schon seit drei Stunden in der Ecke gesessen und endlich war er unbekümmert genug, um Kera anzusprechen.

Es war seltsam. Er hatte Ted mitgebracht, damit er ihm Selbstvertrauen zusprach, aber irgendwie war Teds Mangel an Selbstvertrauen jetzt der Anstoß gewesen, den Chris gebraucht hatte.

Als sie an der Bar ankamen, lehnte sich Ted unbeholfen gegen den Tresen, während Chris einen Barhocker herauszog und sich eine Strategie überlegte, wie er seinen Begleiter darauf stützen konnte. Nach einem kurzen Kampf, bei dem Ted mehr als einmal einem neugeborenen Flamingo ähnelte, saß der Personaler schließlich auf dem Barhocker ohne umzukippen und Chris ließ sich leicht keuchend auf seinen eigenen Hocker nieder.

Ted neigte seinen Kopf nach oben. »Hi«, sagte er mit freundlicher Stimme. »Ich vertrage kaum etwas.«

»Ist das so?«

Die Stimme ließ Chris' Kopf hochschrecken. Vor ihnen stand Kera, die Ted amüsiert anstarrte. Wie eine Szene aus einem Horrorfilm, die er nicht verhindern konnte, beobachtete Chris, wie ihre Augen zu ihm wanderten. Es war eine Mischung aus Neugierde und ... Erkenntnis?

»... Bist hübsch«, lallte Ted. Er klang schläfrig.

»Bin ich nicht«, entgegnete Chris, bevor er sich davon abhalten konnte.

»Oh, ich weiß ja nicht«, widersprach Kera. »Du hast ein hübsches Gesicht.«

Chris starrte sie an und realisierte, dass er jedes Wort, das er jemals gekannt hatte, vergessen hatte.

Sie lächelte leicht, bevor sie Ted zunickte. »Ich hoffe, er fährt nachher nicht. Ich bin mir ziemlich sicher, dass es für so etwas ein Verbot gibt.«

»... fahre nicht«, stammelte Ted weise. »Ich fahre nie. Wer will schon ein Auto in Los Angeles?«

»Ich verstehe.« Kera putzte ein Glas. Sie sah nicht so aus, als ob sie sich über Ted lustig machen wollte, sondern sich bloß über seine Eskapaden amüsierte.

»Ich bin nur hier, weil er mich braucht«, vertraute Ted ihr in einem lauten Flüsterton an. Er deutete vage in Chris' Richtung.

Chris erstarrte, doch Kera schien gar nicht zu bemerken, dass Ted ihr versehentlich die Wahrheit gesagt hatte.

»Verstehe«, meinte sie wieder, wobei sie diesmal definitiv ein Lächeln verbarg. Sie wollte die Gläser wieder einräumen und zuckte kurz zusammen, als sie sich den Handrücken an der Holztheke aufschürfte. Unbeeindruckt davon schnappte sie sich ein Tuch und drückte es auf die helle Blutspur. »Und, seid ihr von hier oder macht ihr nur Urlaub?«

Chris dachte über ihre Frage nach. Er war sich nicht sicher, ob das ein Scherz gewesen war. Hatte sie ihn wiedererkannt? Sollte er jetzt etwas Witziges sagen?

Gott, ich hasse es, keine Sozialkompetenz zu haben. Das war der Grund, warum er in die IT gegangen war, verdammt noch mal. Dort würde er sie schließlich nicht brauchen.

Während er noch am Überlegen war, was er sagen sollte, stellte Kera ihm ein Bier vor die Nase – und nicht nur irgendein Bier. Ein *Killian's Irish Red*. Sein Lieblingsbier.

Er runzelte leicht die Stirn, als er seine Hand zum Dank hob. »Ich, äh, danke. Das ist mein Lieblingsbier.«

»Ich weiß«, erwiderte Kera und warf ihm einen Blick über ihre Schulter zu.

»Du ... weißt?«

Sie räumte ein weiteres Glas ein, überprüfte ihre verletzte Hand und kam herüber, um sich auf die Bar zu stützen. »Du hast es mal an einem Abend bei der Lerngruppe erwähnt, dass ein Killian's dein erstes illegales Bier als Jugendlicher war und du seitdem eine Schwäche dafür hast. Ich habe mir immer gesagt, dass ich dir irgendwann mal eins ausgeben würde, aber wir hatten bisher nie die Gelegenheit dazu.«

Chris kam ins Stocken, mit der Bierflasche auf halbem Weg zu seinem Mund. Sein Herz begann plötzlich, wie wild zu schlagen.

»Hey!« Der Ruf kam von jemandem am anderen Ende der Bar. »Kann ich hier ein neues Bier bestellen?«

»Natürlich kannst du das«, rief Kera zurück. »Das ist dein Recht als Amerikaner.« Sie zwinkerte Chris zu. »Ich bin gleich wieder bei euch, aber gib mir Bescheid, wenn du mich brauchst. Oh und ...«, sagte sie und zeigte auf Ted, »er fällt gleich vom Hocker.«

Kera machte sich auf den Weg, um dem anderen Gast ein Bier zu holen und überließ es Chris, Ted kurzerhand wieder auf den Hocker zu hieven.

»Sie erinnert sich an mich«, zischte er Ted zu.

»Heyyyy«, sagte Ted und fiel fast von der anderen Seite des Hockers herunter. Er wartete ab, bis er wieder aufrecht saß. »Das ist gut. Oder? Warte mal. Schien sie dich zu mögen?«

»Ich ... bin mir nicht sicher.« Chris war sich recht sicher, dass sie etwas darüber gesagt hatte, ihm einen Drink zu spendieren, aber jetzt, wo sie nicht mehr bei ihnen stand, erschien es immer weniger wahrscheinlich, dass das tatsächlich passiert war. »Was soll ich als Nächstes tun?«

»Oh.« Ted schwankte, dann konzentrierte er sich und sah dabei aus wie eine Eule. »Nur, äh, du weißt schon. Rede mit ihr und so. Schau, wie es läuft. Du kannst sie später fragen, ob sie mit dir ausgeht, solange sie nicht diese eine Sache macht, die Frauen immer machen, wo sie plötzlich zu Eis werden, weil du zufällig etwas Falsches gesagt hast, was sie verärgert hat.« Er hustete und änderte seine Sitzposition auf dem Hocker erneut. »Aber mach dir keine Sorgen.« Er tätschelte fürsorglich die Theke, vielleicht unter dem Eindruck, dass es die Hand von Chris war. »Das, äh, wird wahrscheinlich gar nicht passieren. Ich hätte es nicht erwähnen sollen.«

Chris wäre beunruhigt gewesen, hätte er nicht schon eine Idee gehabt und zwar eine, die funktionieren könnte. Er kritzelte etwas auf eine Serviette, während er darauf wartete, dass Kera zurückkam und als sie zu ihnen rüberkam, zeigte er es ihr.

»Erinnerst du dich an den Test, den wir über parallele Algorithmen hatten?«

»Sicher.«

»Nun, ich habe ein Problem mit dieser einen verdammten Codezeile und ich habe ständig das Gefühl, dass es etwas damit zu tun haben könnte.« Er drehte die Serviette um, um ihr die Zeichnung zu zeigen.

Kera lehnte sich an die Theke, während er das Programmiergerüst um die Codezeile erklärte und mehrere Servietten benutzte, um den Prozessablauf zu skizzieren. Er erinnerte sich daran, dass sie ein Talent für die Fehlersuche hatte und er war erfreut zu sehen, dass er richtig gelegen hatte. Keiner von ihnen hatte zwar die genaue Antwort parat, als sie sich wieder aufrichtete, um sich umzusehen, doch ihre Fragen hatten ihn der Antwort etwas näher gebracht und sie hörte ihm tatsächlich zu.

Er fühlte sich, als könnte er schweben. Außerdem hatte er jetzt vielleicht eine Chance, dieses Projekt zu beenden, das seit drei Wochen auf Eis lag.

»Du bist sehr klug«, sagte Ted scharfsinnig zu ihr. »Sehr klug. Die blonde Barkeeperin ... kennt den Code.« Er nickte wieder eifrig.

Chris lief knallrot an. »Das tut mir sehr leid. Normalerweise weiß er sich zu benehmen oder er wird es wieder wissen, wenn morgen alles vorbei ist.«

Zu seiner Überraschung sah Kera amüsiert aus und nicht verärgert. »Ich *bin* eine blonde Barkeeperin. Das war bei weitem nicht der unhöflichste Kommentar, den ich allein diese Woche bekommen habe.«

»Ah. Sicher.« Christian sah sich um. »Ich bin sicher, du weißt mehr als die meisten, was Alkohol mit dem menschlichen Gehirn anstellt.«

»Ganz genau.«

»Warum färbst du dir denn nicht die Haare?«, fragte Chris sie. Dann runzelte er die Stirn. »Das hätte ich nicht fragen sollen, oder?«

»Ach«, kommentierte Kera es, »da fühle ich mich fast wie auf dem College. Typische Coder-Problemlösung, direkt auf den Punkt gebracht. Völlig distanziert und das Problem wäre gelöst, das stimmt. Da es keine zusätzlichen Parameter gibt, die differenzierte Informationen liefern, ist die Subroutine für die Wiederverwendung scheiße, aber sie ist angesichts der Eingabe gültig.«

Mit einem Seufzer und einem Klaps auf die Theke verschwand sie, um einen anderen Gast zu bedienen.

Als Chris auf die Stelle starrte, wo sie gerade noch gestanden hatte, lehnte sich Ted zu ihm hinüber.

»Chris«, flüsterte er und zerrte dem Mann am Ärmel. »Habe ich das nicht verstanden, weil ich betrunken bin oder weil es ... euer ... Computerkram war?«

»Computerkram«, antwortete Chris und starrte ihr nach. »Ist sie nicht einfach ...«

»Perfekt«, stimmte Ted zu und nickte wissend. »Chris?«

»Ja?«

»Ich fühle mich nicht so gut.«

»Ich schätze, das hätte ich kommen sehen müssen. Lass mich zahlen, dann können wir gehen.« Chris zückte das Geld, als Kera zurückkam. »Hey, tut mir leid. Ich muss den hier irgendwo hinbringen, wo es Wasser und Aspirin gibt.« Er überlegte einen Moment lang, wie viel Trinkgeld er geben sollte, um nicht aufdringlich zu wirken und reichte dann die Scheine weiter.

»Hier, bitte.«

»Das ist nett.« Sie nahm das Geld, als er es ihr reichte, ohne einen Blick auf die Scheine zu werfen. »Es war schön, ein bekanntes Gesicht zu sehen.«

»Fand ich auch«, erwiderte Chris und lächelte sie einen Moment lang an, bevor er sich Sorgen machte, dass er dämlich aussehen könnte. Er errötete und winkte unbeholfen, bevor er zur Tür ging, während Ted neben ihm her stolperte.

★ ★ ★

Magie & Marketing

Kera schob einem der anderen Gäste mit einem professionellen Lächeln eine Rechnung über die Theke. Leider schien er der Typ zu sein, der unausstehlich wurde, wenn er trank und er hatte schon den ganzen Abend lang nach einem Streit gesucht.

Er warf ihr einen mürrischen Blick zu, offenbar hatte er ein Streitthema gefunden. »Was ist mit diesen beiden Nerds los? Warum behandelst du sie so nett, als wären sie ...« Er winkte mit einer Hand ab. »Die vertragen nicht einmal Alkohol.«

Kera versuchte, bei einem höflichen Tonfall zu bleiben, aber sie wusste, dass eine gewisse Schärfe mitschwang. »Einer dieser *Nerds* war mein Klassenkamerad im College. Er hat mir in einem meiner Kurse geholfen und ich hatte gerade die Gelegenheit gehabt, mich zu revanchieren. Ich bin mir ziemlich sicher, dass er mindestens ein Bier und ein nettes Gespräch verdient hat. Er war geduldig, freundlich, intelligent und witzig. Haben Sie gesehen, wie er seinem Freund geholfen hat?«

Der Mann blinzelte.

»Machst du dasselbe für deine Freunde?«, fragte Kera ihn. »Oder für die Damen in deinem Leben?« Sie hielt inne und setzte eines der Lächeln auf, welche ihre Mutter ihr beigebracht hatte, diese Frau hatte wirklich gute Fähigkeiten. In diesem Fall hatte sie Fähigkeiten, die sie einerseits total sympathisch aussehen ließen und andererseits so, als würde die Person, die diesen Blick erntete, die Nacht nicht überleben. »Deine Antwort könnte mir nicht gefallen, also denk zuerst nach, bevor du sprichst.«

Es gab einen Moment, in dem sie sich Sorgen machte, dass sie zu fies gewesen war. Cevin hielt ihr immer den Rücken frei – er wusste, dass seine weiblichen Angestellten belästigt wurden und war durchaus bereit, diese Gäste rauszuschmeißen – aber wie Stephanie zu sagen pflegte, war es immer besser, einen Streit zu entschärfen, als einen zu gewinnen.

Zu ihrer Überraschung lehnte sich der Mann jedoch zurück und schien über ihre Worte nachzudenken, seine Augen blickten in die Ferne, als sie ging, um nach einem anderen Tisch zu sehen. Als sie zurückkam, stand der Mann auf und legte ein paar Scheine auf den Tresen. »Einen Extra-Bonus«, sagte er, »für deinen Oprah-Moment.« Er nickte ihr zu und ging hinaus.

Kera nahm das Geld an und sortiere es, wobei sie sich amüsiert fragte, ob sie in Erwägung ziehen sollte, mehreren ihrer Gäste ›knallharte‹ Ratschläge zu geben. Es könnte profitabel sein. Andererseits vermutete sie, dass die Grenze zwischen profitablen Ratschlägen und Ratschlägen, die Leute wütend machen würden, schwieriger zu finden sein könnte, als ihr lieb war.

Sie überprüfte noch einmal kurz das Lokal und sah dann auf die Uhr. Sie wandte sich an die ganze Bar und rief: »Letzte Runde für heute!«

KAPITEL 8

Johnny wartete auf dem Parkplatz hinter der *Mermaid*. Er hatte nicht viel Nachforschung benötigt, um herauszufinden, dass der Laden von einem Kerl namens Cevin geführt wurde. Johnny konnte diese Dinge online herausfinden, aber er zog es vor, sie auf die altmodische Art in Erfahrung zu bringen, indem er mit den Kellnerinnen und Barkeepern sprach. Die Art und Weise, wie die Angestellten über ihren Arbeitgeber sprachen, war ein gutes Mittel, um zu beurteilen, wie man Druck auf sie ausüben konnte.

In diesem Fall schienen die Kellnerinnen ihren Chef zu mögen. Das bedeutete wahrscheinlich, dass er all die höflichen, gentlemanartigen Dinge tat, wie sie raus zu begleiten, bevor er selbst ging.

Er besaß offenbar auch ein Motorrad. Johnny wusste nicht viel über Motorräder, aber dieses hier sah gut gewartet aus. So wie die Parksituation in LA sein konnte, hat Cevin das Motorrad vielleicht einfach hier abgestellt.

Johnny blieb, wo er war, in Schatten gehüllt, während die Gäste über den Bürgersteig am anderen Ende der Gasse schlenderten. Einige riefen sich gegenseitig betrunkene Abschiedsgrüße zu. Den Taxifahrern wurden Anweisungen zugerufen.

Es dauerte nicht allzu lange, bis sich die Hintertür öffnete. Johnny blieb einen Moment lang stehen, wo er war und seine Vorsicht war berechtigt, als er sah, dass sich jetzt zwei Personen mit ihm in der Gasse befanden. Eine von ihnen war der dünne, fast kränklich aussehende Mann, den Johnny als ›wahrscheinlich Cevin‹ vermutete und die andere Person …

Das war die Blondine, die ihn vorhin so hart abgewiesen hatte. Johnnys Nackenhaare stellten sich auf, aber er zwang sich, ruhig zu bleiben.

»Was für eine Nacht!«, sagte die Blondine zu Cevin.

»Eine schlechte Nacht?«

»Nö. Auf jeden Fall *eine* Art von Nacht, aber nicht schlecht.«

Cevin zuckte mit den Schultern. »Ich wollte schon sagen. Sieht aus, als hättest du anständiges Trinkgeld bekommen. Versteh das bitte nicht falsch, aber ich glaube, du bist gut für das Geschäft. Sagen wir einfach, die Bar ist tendenziell gefüllter, seit du da bist und mein Umsatz ist gestiegen.«

Sie zuckte mit den Schultern. Das schien sie nicht sonderlich zu kümmern, was ihr Ansehen in Johnnys Augen nicht gerade steigerte. »Vielleicht. Wie auch immer, gute Nacht, Cevin.«

»Pass auf dich auf.« Er winkte ihr zu.

Erst als sie zum Motorrad hinüberging, bemerkte Johnny, dass sie eine Lederjacke über ihrer Bar-Uniform trug und er riss seine Augenbrauen hoch. Das Motorrad gehörte *ihr*? Im Ernst?

Sie setzte ihren Helm auf und justierte ihn, zog die Handschuhe über, streckte ihre Finger und schwang dann ihr Bein über das Motorrad. Ein kurzes Ausrichten der Maschine und ein Winken zu Cevin, bevor sie sanft losfuhr. Nachdem sie einen kurzen Moment an der Ausfahrt gewartet hatte, bog sie in eine Lücke im Verkehr ein.

»*It's Showtime*«, flüsterte Johnny sich selbst leise zu. Als Cevin sich zu seinem Truck umdrehte, zog der andere Mann eine Zigarette und ein Klappfeuerzeug heraus und ließ von der Flamme und dem Glühen des Stängels auf sich aufmerksam machen.

Cevin blieb an Ort und Stelle stehen.

»Nun denn«, begann Johnny, sein Tonfall klang leise und belanglos, »Cevin, richtig? Wir müssen reden.«

Cevin blinzelte und versuchte, in der Dunkelheit etwas auszumachen. »Du warst heute in der Bar. In der hintersten Ecke.«

Johnny ignorierte das. »Ich will ganz offen und direkt sein, damit wir das so schnell wie möglich hinter uns bringen können. Es gibt einen einfachen Weg, diese Diskussion zu führen und es gibt einen härteren Weg.«

Cevin sagte nichts, aber sein Blick wanderte zu seiner Überwachungskamera, die auf den Platz direkt hinter der Hintertür gerichtet war, wo sein Truck geparkt war. Er runzelte die Stirn, als er das zerbrochene Objektiv sah und drehte seinen Kopf langsam in Richtung Johnny.

Johnny lächelte. »Also, lass uns zur Sache kommen.«

Kera war bereits drei Blocks entfernt, als sie sich an ihre kleine Umhängetasche erinnerte – genauer gesagt an die, in der sie nach der Schicht immer ihr Trinkgeld verstaute. Sie hatte sie abgelegt, um Stühle auf die Tische zu stapeln und sie hatte sie danach nicht wieder mitgenommen.

Kera stöhnte. Sie war gerade dabei gewesen, sich zu entspannen. Zee unter sich schnurren zu hören, hatte nach einer langen Schicht eine schöne, entspannende Wirkung und die Luft fühlte sich kühl und schwer an. Es würde gleich zu regnen beginnen, etwas, das sie bis gerade sehnsüchtig erwartet hatte, als sie noch dachte, dass sie gleich zu Hause wäre.

Doch wenn sie jetzt zurück zur Bar fuhr, hätte sie wahrscheinlich noch Zeit, Cevin zu erwischen. Sie wusste aus Erfahrung, dass er gerne in seinem Truck saß, eine Zigarette rauchte und ein oder zwei Songs hörte, bevor er nach Hause fuhr. Jeder hatte seine eigenen Rituale.

»Tut mir leid, Cevin«, murmelte sie.»Das wirft deine Entspannungszeit um ein paar Minuten zurück. Oh und Regen? Ich würde mich freuen, wenn du ein paar Minuten Gnade walten lässt.«

Sie machte eine scharfe Rechtskurve und fuhr zurück zur *Mermaid*.

Cevin verschränkte die Arme vor seiner Brust und atmete tief aus. Er war nicht naiv, er hatte im Laufe der Jahre alle möglichen Geschichten von anderen Barbesitzern gehört und er stellte sicher, dass er immer handelte, wenn es sein musste. Das Ergebnis war, dass er noch nie mit einer dieser Banden aneinandergeraten war, weil er das Problem losgeworden war, bevor es sich zuspitzen konnte.

Magie & Marketing

Dieses Mal hatte er versagt.

Er hatte angenommen, dass es irgendwann passieren musste, doch ein Teil seines Gehirns ratterte immer noch. Er hatte nichts von irgendwelchen neuen Gangs in der Gegend oder Erpressungsversuchen gehört. Dieser Typ hier war aus dem Nichts aufgetaucht.

Der andere Mann zog übertrieben lange an seiner Zigarette, was Cevin dazu veranlasste, sich auch eine anzuzünden.

Er wollte die Situation aber nicht nur für eine einzige Sekunde aus den Augen lassen. Er wusste, dass der andere Mann darauf wartete, dass er zuerst ein Angebot machte, also wollte er direkt einen Schlussstrich unter die Sache ziehen. »Die Antwort ist nein«, sagte er unverblümt. »Was auch immer es ist, was Sie vorschlagen, kein Grund ist gut genug, um sich darauf einzulassen, wenn das Verkaufsgespräch damit beginnt, dass jemand mir in einer Gasse auflauert, um mich zu bedrohen.«

Der andere Mann gluckste. »Vorsicht, mein Freund. Du solltest keine voreiligen Schlüsse ziehen. Schau mal, dies hier ist einer dieser Momente, die dich auf einen schlechten Weg bringen könnten.« In einem entspannten Tempo schlenderte er auf Cevin zu. Die rot glühende Spitze der Zigarette schwebte im Takt seiner Schritte durch die Dunkelheit.

Cevin sagte nichts. Von allen Dingen, die er verachtete, war dies eines der schlimmsten: verschleierte Drohungen und dann diese künstlich verletzten Gefühle, wenn man darauf angesprochen wurde.

»Keine Sorge«, erklärte der Mann, »ich bin nicht darauf aus, dir etwas von dem Einkommen wegzunehmen, falls du das denkst. Das hier ist keine Schutzgelderpressung.«

Cevin hob eine Augenbraue. Das beruhigte ihn nicht gerade.

»Alles, was ich will, ist eine Vereinbarung, dass meine Leute und ich in Ruhe gelassen werden, wenn wir unser Ding machen«, sagte der Mann sanft. Er nahm einen Zug von seiner Zigarette. »Wir lassen euch in Ruhe und ihr lasst uns in Ruhe.«

»Oh?« Cevins Augen verengten sich. »Und wer genau sind diese Leute, bei denen ich ein Auge zudrücken soll? Ich würde gern wissen, von wem meine Gäste ausgenutzt werden.«

»Au, das tut jetzt weh«, meinte der Mann, seine Stimme schwer von gekünstelter Emotion. Cevin konnte schwach einen übertriebenen, theatralischen Ausdruck von Schock erkennen. »Ich mache hier einen vernünftigen Vorschlag und sofort wird angenommen, ich würde jemandem etwas antun wollen. Nein, Sir. Alles, was wir tun, ist ...«

Er wurde durch das Aufheulen eines Motors unterbrochen, als Kera mit ihrem Motorrad um die Ecke fuhr. Beide Männer sahen hinüber, gleichermaßen unbehaglich angesichts dieses neuen Elements in der Unterhaltung.

Der Mann im Schatten wandte sein Gesicht wieder dem Barchef zu. »Hast du sie zurückgerufen?« In seiner Stimme lag jetzt kein Hauch von Sympathie mehr.

»Hast du mitbekommen, dass ich mich bewegt habe?« Cevin fluchte innerlich. Das Letzte, was er wollte, war, dass jemand anderes in diese Sache hineingezogen wurde. »Nein, um es klarzustellen: Das habe ich nicht.«

»Nun, dann solltest du sie vielleicht loswerden.« In Johnnys Stimme lag nun ein Anflug von Verärgerung. »*Pronto.*«

Kera hielt ihr Motorrad in der Nähe der Bar an und stieg ab, bevor sie ihren Helm abnahm. »Hey, Cevin. Ich war ein wenig neben der Spur und habe ein paar Sachen im Pausenraum vergessen. Kann ich noch kurz rein?«

Cevin wusste, dass er derjenige sein musste, der sie beruhigen und sie hier herausholen würde. Er sah, wie sie den anderen Mann musterte. Sie konnte nicht viel sehen, abgesehen von der glühenden Zigarette in seiner Hand und Cevin sagte sich, dass sie die Situation entschärfen würde. Er kramte in seiner Tasche, holte einen Schlüsselbund hervor und warf ihn ihr zu. »Hier, bitte. Aber mach schnell, okay?«

»Sicher.« Sie fing die Schlüssel, ging geradewegs zur Tür, schloss sie auf und ging hinein.

Als sich die Tür hinter ihr schloss, nahm sich Kera einen Augenblick Zeit zum Nachdenken. Diese Spannung draußen – das Gefühl von Unrecht – war offensichtlich, aber sie wusste, dass es besser wäre, wenn sie nicht versuchen würde sich einzumischen oder etwas Dummes zu tun, bis sie eine bessere Vorstellung davon hatte, was zur Hölle hier eigentlich vor sich ging.

Wer zum Teufel war das? Sie hatte kein anderes Auto gesehen, was bedeutete, dass die Person zu Fuß die Gasse hinaufgekommen war und da sie selbst erst vor kurzem gegangen war, war es unmöglich, dass die

Person beides in der kurzen Zeit geschafft hatte. Auftauchen *und* eine Art von Konfrontation beginnen.

Was bedeutete, dass er wahrscheinlich schon dort gewesen war, als sie und Cevin die Bar verlassen hatten. Sie spürte ein Kribbeln im Nacken und anstatt Richtung Pausenraum zu gehen, um ihre Tasche zu holen, ging sie direkt zu den Monitoren der Überwachungskameras und überprüfte diejenige, die den hinteren Teil des Parkplatzes zeigte.

Ihre Augen verengten sich, als sie sah, dass der Bildschirm schwarz war. Cevin ging stets methodisch vor. Alle Mitarbeiter wurden pünktlich bezahlt, die Bar war penibel sauber, die Kasse immer ausgeglichen ... und die Sicherheitskameras waren immer an. Ein kleiner Ausfall hätte sie nicht gewundert, aber in derselben Nacht, in der jemand auftauchte, um Cevin zu konfrontieren?

»Ach, verdammt noch mal«, murmelte sie.

Als sie in den Pausenraum ging, erinnerte sie sich gerade eben noch, nach ihrer Tasche zu greifen. Sie stopfte sie geistesabwesend in ihren Rucksack und machte noch einen Umweg hinter die Bartheke, wo sie die schattigen Regale abtastete.

Irgendwo unter der Kasse war eine Zigarrenkiste. Wie Cevin ihr bei ihrer Einstellung gesagt hatte, enthielt die Kiste eine Glock 19, eine Pistole. Sie hatte schon mit solchen Waffen geschossen und obwohl der Griff für ihre Hände etwas klobig war, kam sie damit gut zurecht. In diesem Staat waren sie auf zehn-Schuss-Magazine beschränkt, aber sie erwartete nicht, dass der mysteriöse Zigaretten-Typ Rückendeckung hatte. Zehn Schuss sollten ausreichen.

Magie & Marketing

Wie auch immer, sie würde nicht abdrücken, wenn sie sich nicht einigermaßen sicher war, dass es die Dinge deeskalieren würde und nicht das Gegenteil.

Sie schloss die Kiste und trug sie vor sich her, ihren Rucksack über der linken Schulter hängend, während sie zurück zur Hintertür ging. Sie wartete daneben, drückte ihren Kopf seitlich gegen die Oberfläche und lauschte, um herauszufinden, was dort draußen geschah.

Cevin und der Fremde sprachen leise miteinander. Sie konnte ihre Worte nicht verstehen, aber es war deutlich, dass die Situation noch nicht eskaliert war. Ihr Herz hämmerte in ihrer Brust. Tief einatmend öffnete sie die Tür, trat hinaus und ließ sie hinter sich zufallen und automatisch verriegeln.

Die beiden Männer unterhielten sich weiterhin mit leisen Stimmen. Kera tat so, als würde sie sie ignorieren und ging auf Zee zu. Sie hatte vor, zunächst ihr Gepäck abzuladen und dann die Situation zu beurteilen, um zu sehen, ob Cevin ihre Hilfe brauchte.

Der Mann im Schatten hatte andere Vorstellungen. »Vielleicht«, sagte er laut und deutlich, »brauchst du noch ein wenig mehr Motivation, um dich zu überzeugen.«

Kera blieb etwa fünf Schritte von Zee entfernt stehen.

Die Stimme des Mannes änderte die Richtung, als ob er sich ihr zuwenden würde. »Ich weiß, dass es dir egal sein wird, wenn wir ein Exempel an deinem scheiß LKW statuieren, aber die junge Frau hier scheint ihr Motorrad wirklich zu mögen.«

Kera schwenkte ihren Kopf scharf herum. »Was ist mit *meinem Motorrad*?«, fragte sie, bevor sie sich davon abhalten konnte.

Cevin fing an, etwas zu sagen, aber die genauen Worte bekam sie nicht zu hören, denn die Antwort des Mannes im Schatten kam in Form von drei scharfen, krachenden Schüssen, die auf dem Bürgersteig widerhallten.

Kera zuckte erschrocken zurück, warf sich gegen die Wand und bedeckte ihr Gesicht und ihren Bauch mit ihren Händen. Da ihre Ohren klingelten und jegliche Geräusche um sie herum verstummt waren, konnte sie zunächst gar nicht beurteilen, ob Zeit vergangen war – oder ob sie Schmerzen verspürte.

Als sie merkte, dass sie das nicht tat, drehte sie sich um, um nach Cevin zu sehen. Er lag auf dem Boden, die Hände über dem Oberkörper, doch als sich ihr Mund zu einem Schrei öffnete, hörte sie das Tropfen einer Flüssigkeit.

Als sie zu der Quelle hinüberschaute, sah sie, was das eigentliche Ziel gewesen war. Zee's Benzintank.

Erleichterung, Angst, Adrenalin – all das traf sie schnell. Die Wut kam in einem langsamen Strom, genau wie das Benzin, das aus dem Tank tröpfelte. Kera starrte ihn an, ihr Atem ging schnell.

»Nun«, sagte der Mann, »sieht so aus, als bräuchtest du heute Abend noch eine Mitfahrgelegenheit nach Hause, Süße.«

Ich kenne diese Stimme, realisierte Kera und biss die Zähne zusammen. Es war der Idiot, der vorhin kein Nein als Antwort hatte akzeptieren wollen.

Sie sagte nichts. Alles, was sie jetzt sagen könnte, würde die Dinge nur noch schlimmer machen und sie wusste auch, dass sie keine unbekannte Waffe ziehen und mit ihr zielen und schießen können würde, bevor dieser Kerl sich auf sie stürzen würde.

Magie & Marketing

Er spielt sich auf, dachte sie sich. *Er will dir Angst einjagen und sich überlegen fühlen und danach wird er wieder verschwinden.*

Das machte es für sie allerdings nicht leichter, den Mund zu halten, vor allem, als der Fremde auf eine unangenehme, selbstgefällige Art kicherte.

»Überlegt es euch«, sagte er. »Ihr beide. Keiner muss verletzt werden, richtig? Als Zeichen meines guten Willens lasse ich euch beide zuerst gehen.«

Kera beobachtete, wie Cevin sich vom Boden erhob und zu ihr herüberkam, wobei er einen weiten Bogen um den Mann im Schatten machte. Ihr Boss stellte sich zwischen sie und den Angreifer und sie bemerkte, wie er der Kiste einen zweiten Blick zuwarf.

»Behalte die für heute«, flüsterte er. »Ich hole sie mir später bei dir ab.«

Keiner von ihnen sprach ein Wort, während sie in den Truck kletterten, doch Kera spannte ihre Schultern an. Es gefiel ihr nicht, zu wissen, dass der Mann hinter ihnen stand, seine Waffe immer noch im Anschlag, bereit und in der Lage zu schießen, sobald sie ihm den Rücken zukehrten.

Cevins Hände zitterten leicht, als er den Schlüssel ins Zündschloss steckte, aber er fuhr ohne zu Zögern aus der Parklücke und auf die Straße. Er nahm sich immer die Zeit, den Truck zu wenden, wenn er vor seiner Schicht ankam, sodass er leicht wegfahren konnte und Kera wusste das jetzt zu schätzen.

Sie blickte nicht zurück, auch nicht, nachdem der Truck in den Verkehr eingebogen war und ihre Hände entspannten sich nicht, während sie die Kiste weiterhin fest umklammert hielt.

Michael Anderle

Johnny blieb zurück und beobachtete, wie sie wegfuhren. Es war möglich, dass einige Bewohner der nahe gelegenen Wohnkomplexe die Schüsse gehört haben könnten.

Aber noch heulten keine Sirenen auf.

Er war bereit zum Gehen, als eine weitere Erinnerung auftauchte. Was hatte die Schlampe vorhin noch zu ihm gesagt? *Nein, danke?*

Er hob seine Pistole, eine Beretta 92FS, die einst dem LAPD gehört hatte und feuerte zwei weitere Schüsse ab, einen in jeden Reifen des Motorrads.

»Ohhh«, kommentierte er. »Jetzt wirst du das ganze Trinkgeld, das du heute Abend bekommen hast, für neue Reifen ausgeben müssen, Schätzchen. Zu schade.«

Er lächelte, als er in die Schatten schlüpfte und darin verschwand.

KAPITEL 9

Kera schaffte es, etwa einen Block lang zu schweigen, bis sie bemerkte, dass ihre Finger weiß wurden, weil sie die Box so fest umklammerte. Sie versuchte, ihren Kiefer zu öffnen, um zu sprechen, doch schaffte es nur, ein knurrendes Geräusch zu machen.

Cevin warf ihr einen Blick zu. »Bist du okay?«

»Natürlich bin ich nicht okay!«, platzte es aus Kera heraus. Sie starrte ihn an. »Willst du mich *verarschen*? Dieser Mistkerl hat auf *mein Motorrad geschossen*!« Mit jedem Wort wurde ihre Stimme lauter, bis sie schon fast brüllte und schlug mit einer Faust ergebnislos gegen die Tür. Sie wollte schreien.

Es könnte einer von ihnen gewesen sein. Sie hatte gedacht, es *wäre* einer von ihnen gewesen, was sie wütend machte, weil sie sich um Zee sorgte, doch sie sorgte sich jetzt immer noch um Zee, und …

»Es tut mir so leid, Kera.«

Sie schüttelte den Kopf und sah aus dem Fenster, um keinen Blickkontakt halten zu müssen. »Es ist nicht …«

»Ich wünschte, ich hätte eine Möglichkeit gehabt, dich zu warnen«, fuhr Cevin fort.

Sie schaute ihn scharf an. *Es tut mir so leid.* Das waren nicht bloß daher gesagte Worte, er gab sich selbst die Schuld daran, dass sie sich darin verstrickt hatte. Sie holte dreimal tief Luft und zählte dabei ihre Atemzüge. Demnach zu urteilen, was sie gesehen und gehört hatte, war sie sich ziemlich sicher, dass er für nichts davon verantwortlich war und außerdem war es auch nicht so, dass er in der Zeit zurückgehen und Zee retten konnte.

Sie ließ ihren Kopf zurück gegen den Sitz fallen.

»Hey«, murmelte Cevin.

Kera sah hinüber.

»Ich werde helfen, jemanden zu bezahlen, der das in Ordnung bringt«, fügte er hinzu.

»Cevin ...« Sie konnte es sich nicht leisten, Zee jetzt zu reparieren – verdammt, ihre Mutter hatte schon wieder recht gehabt – aber Cevins Angebot schien zu viel zu sein.

»Sollte nicht allzu viel kosten«, meinte er. »Außerdem gehören Sachschäden zum Geschäft dazu, wenn man ein Unternehmen besitzt. Ich möchte lieber ein Chef sein, der seine Leute gut behandelt. Außerdem hatte ich Angst, dass es komplett in die Luft fliegt, also haben wir wohl nochmal Glück gehabt.«

»Du weißt, dass das nicht wirklich passieren kann, oder?«

Er schenkte ihr ein Grinsen. »War ein Scherz, nur ein Scherz. Wie auch immer, ich bin sicher, die Profis kriegen das wieder hin.«

»Hör zu, ich weiß das Angebot zu schätzen«, sagte Kera zu ihm, »aber das ist ein verdammt großer Gefallen und der sollte wirklich nicht nötig sein. Ich *bin* ein Profi. Na ja, zumindest irgendwie. Ich muss nur die Löcher im Tank flicken und ihn neu streichen. Ich kann das meiste davon mit dem machen, was ich zu Hause habe. Das Modell hatte ich mir damals sogar extra in dieser Farbe ausgesucht, weil man da nicht jeden Kratzer sieht, anders als bei den glänzenden.«

»Das ist vorausschauendes Denken«, erwiderte Cevin grinsend. »Weißt du, wieso ich nie weiße Hemden trage? Aus demselben Grund.« Er räusperte sich. »Nur, weißt du, nicht so knallhart. Übrigens erinnere ich mich nicht mehr an deine Adresse, also musst du mir sagen, wo es hingeht.«

Ihm die Wegbeschreibung zu geben, erwies sich als gute Ablenkung und beide entspannten sich, während die Fahrt weiterging.

»Wo soll ich das eigentlich hinstellen?«, fragte Kera an einer Ampel und hielt die Zigarrenkiste hoch.

»Unter deinen Sitz.« Cevins Gesichtsausdruck war eine Mischung zwischen verlegen und schuldbewusst. »Es ist gut, dass du nicht versucht hast, sie zu benutzen. Sie ist nämlich, ähm, gar nicht geladen, um ehrlich zu sein.«

»Oh okay, aber er hatte ja auch sowieso seine Waffe auf mich gerichtet«, erklärte Kera ihm. »Es wäre nichts Gutes bei rumgekommen, wenn die eine Person ihre Waffe zückt und die der anderen noch verschlossen in einer Kiste liegt.«

Ihr Arbeitgeber gluckste. »Wahrscheinlich nicht. Es wäre noch weniger gut gewesen, wenn du den Abzug gedrückt und nichts als ein Klicken gehört hättest, aber ich bin beeindruckt, dass du sie überhaupt herausgebracht hast. Du bist krasser drauf, als ich erwartet hatte. Wenn mich jemand gebeten hätte zu raten, wer von meinen Mitarbeitern schon einmal mit einer Schusswaffe geschossen hat, hätte ich nicht auf dich getippt. Nichts für ungut.«

Kera zuckte bei seinem Kommentar die Schultern. »Meine Mutter wollte eine vornehme Prinzessin, aber mein Vater ließ mich ausprobieren, was ich wollte – Kampfsport, Holzarbeiten, Motorräder, Waffen. Ich habe aufgehört regelmäßig zu schießen, als meine Ohren danach zu sehr summten.« Sie sah, wie Cevin den Mund öffnete und schnitt ihm das Wort ab. »*Ja*, ich habe immer Ohrstöpsel getragen. Aber ich habe immer noch einen Tinnitus.«

Cevin nickte und folgte ihrem stummen Hinweis, in ihre Straße abzubiegen.

»Also, wer *war* der Typ?«, fragte Kera. »Vielleicht sollte ich nicht danach fragen, aber sagen wir mal, ich bin neugierig.«

»Ich bin mir nicht sicher«, gestand Cevin. »Er wollte eine Art Vereinbarung treffen, dass ich ihn ›sein Ding‹ machen lasse. Zuerst dachte ich, er wolle mich um Schutzgeld erpressen, aber er behauptete, das sei nicht sein Geschäft, also wollte er wahrscheinlich Drogen pushen können.«

»Uff«, stöhnte Kera. »Die Freuden, ein kleines Geschäft in einer großen Stadt zu führen. Bist du sicher, dass es nur ein Typ war?«

Cevin dachte darüber nach. »Ein Typ allein auf dem Parkplatz, soweit ich das erkennen konnte, aber ich bin sicher, er hat noch andere Leute, für die er arbeitet. Oder die für ihn arbeiten. Wer weiß? Vielleicht sind es bloß drei Arschlöcher einer armseligen Gang, vielleicht ist es die ganze verdammte Mafia.«

»Könnte sein«, pflichtete Kera bei. »Du kannst aber darauf wetten, dass die früher oder später zurückkommen und versuchen werden, das Thema zu erzwingen, besonders wenn es bereits *so* ausartet nach einer einzigen Diskussion. Ich habe keine schlauen Ideen, wie man damit umgehen kann, aber wenn mir eine einfällt, lasse ich es dich wissen.«

»Ebenso.« Er grunzte. »Aber denk bitte nicht, dass das dein Problem ist, das du lösen musst, okay?«

Kera äußerte sich nicht dazu.

»Kera ...«

»Gut.« Sie zuckte mit den Schultern. Sie wusste, dass Cevin seine Mitarbeiter in Sicherheit wissen wollte und sie wollte ihn nicht beunruhigen.

Doch Kera wollte auch nicht aufhören, daran zu denken. Es war das Einzige, was sie davon abhielt, von dem Gefühl der Machtlosigkeit übermannt zu werden.

Als sie an ihrem Lagerhaus ankamen, bestand Cevin darauf, draußen zu warten, um sicherzustellen, dass sie sicher hineinkam. Er wartete, bis sie die Tür geöffnet und gewunken hatte und erst als sie drinnen und die Tür fest verschlossen war, hörte sie, wie er den Motor wieder startete.

Als er weggefahren war, ließ sie ihren Rucksack auf den Boden fallen und starrte in ihr Zimmer. Als sie heute Morgen gegangen war, hatte sie sich noch über ihre Mutter geärgert, weil sie so sicher war, dass sie das Richtige mit ihrem Leben anfing.

Im Moment war sie sich nicht sicher, was sie über irgendetwas dachte. Nach dem Adrenalinrausch ihrer Konfrontation in der Gasse kam jetzt der Moment der Ernüchterung und sie war sich nicht sicher, was sie tun sollte, um weiterzumachen.

Sie rieb sich das Gesicht. »Scheiße«, murmelte sie, dann holte sie tief Luft. »Essen. Umziehen. Komm schon, MacDonagh, weitermachen.«

Sie trug ihren Rucksack zum Tisch und ging zum Kühlschrank, wo sich die Reste des Pad Thai befanden, das sie vor zwei Nächten bestellt hatte. Sie stellte es zum Aufwärmen in die Mikrowelle und wechselte dann aus ihrer Arbeitskleidung in ihr Nachthemd.

Als sie das Pad Thai aufgegessen hatte, zusammen mit zwei vollen Gläsern Wasser, erlaubte sie sich, nicht mehr weiter auf Autopilot zu funktionieren. Sie schaute sich um. Sie könnte die Fitnessgeräte endlich an der Wand anbringen, nur bräuchte sie danach sicher eine Dusche und wahrscheinlich auch ein paar Werkzeuge, die sie in einem Laden besorgen müsste ...

Was sie ohne Zee nicht tun könnte.

Sie könnte ein paar Kampfsportformen trainieren, überlegte sie, aber dafür war ihr Magen zu voll.

Kera rieb sich wieder das Gesicht und ging zum Bett hinüber, um ihr Handy auf Nachrichten zu überprüfen. Da sie es die meiste Zeit ihrer Schicht nicht verwendet hatte, war der Akku noch fast vollständig geladen. Als sie es entsperrte, war noch immer die Lese-App geöffnet, die sie zuletzt benutzt hatte.

»Ugh.« Sie hatte heute Abend keine Lust auf eine ernüchternde Lektüre.

Dann fiel ihr wieder ein, was es für ein Buch war. Grinsend setzte sie sich auf und lehnte sich an die Wand, damit sie gemütlich sitzen und lesen konnte.

Zu ihrer Überraschung gab es nicht viel in Form einer Einführung. Sie hätte gerne die Geschichte hinter diesem Buch gelesen, z. B. wo es gefunden worden war und wer es vermutlich geschrieben hatte. Der Titel schien modern zu sein, aber der Wortlaut einiger Zaubersprüche war archaisch, was sie zu der Annahme verleitete, dass es in einer Art Altenglisch geschrieben worden war.

»*Ye olde spelle booke*«, dachte sie bei sich, als sie zum Ende blätterte. Auch hier gab es keine Anhänge oder ›Über den Autor‹-Seiten. »Das wird immer kurioser und kurioser. Was denkst du, Zee? Dass jemand ein altes Grimoire ausgegraben, eingescannt und ihm einen schicken, modernen Titel gegeben hat?«

Sie sah auf, als sie zu Ende gesprochen hatte und ihr Lächeln verblasste. Zee war natürlich nicht da. Tatsächlich war Zee nicht einmal in einer Autowerkstatt und wartete warm und gemütlich auf die Reparatur. Nein, ihr Motorrad stand im Regen, mit einem durchlöcherten Benzintank.

Die Verrücktheit der Nacht drohte sie einen Moment lang zu überwältigen und ihr Kiefer zitterte stark.

Mit einer Sache hatte der Idiot allerdings nicht gerechnet. Jeder, der versuchte, Kera Angst zu machen oder sie einzuschüchtern, damit sie die Dinge auf seine Art und Weise tun würde, würde eine *große* Überraschung erleben. In der Grundschule hatte es nicht funktioniert, als Eva Lucas versucht hatte, jeden einzelnen dazu zu bringen, nicht mehr mit Amanda Maynor zu reden. In der Highschool hatte es nicht funktioniert, als ihre Mutter versucht hatte, sie davon abzuhalten, Schießen zu lernen. Im College hatte es nicht funktioniert, als mehrere Professoren *und auch* ihr Cheerleader-Trainer versucht hatten, Kera davon abzuhalten, Informatik als ihr Hauptfach zu wählen.

Und sie würde *ganz sicher* nicht zulassen, dass irgendein Idiot, der das Wort ›Nein‹ nicht verstand, die Bar in die Luft jagte. Cevin gab sich vielleicht selbst die

Schuld, aber Kera wusste, woher die Abneigung des Gangsters gegen die *Mermaid* stammte – und sie wusste, dass Leute wie er nicht bei einem Entgegenkommen bleiben würden. Sie würden über dich herfallen, wenn man ihnen die Chance dazu gab.

Wenn er zurückkam, wollte sie dafür bereit sein. Sie hatte natürlich keine Ahnung, wie, aber sie würde sich schon etwas einfallen lassen.

Vielleicht gab es irgendwo im Buch einen Zauberspruch dafür.

Das war die Dosis Humor, die sie brauchte, um wieder auf den Boden der Tatsachen zu kommen. Mit einem Grinsen tippte Kera zum Inhaltsverzeichnis hinüber und überflog die Zaubersprüche.

»*Um etwas zu vergessen* ... Oh, Scheiße, ist das *wirklich* Gehirn-Bleichmittel? Vielleicht hatten sogar diese alten Druiden Erinnerungen, die sie vergessen wollten.« Sie kicherte, als sie abermals auf die Seite tippte, um zu blättern. »*Wasser säubern*, wahrscheinlich nützlich. *Wasser finden*, auch nützlich. Ah, da haben wir was: *Feuerzauber*.«

Sobald sie beim entsprechenden Abschnitt angelangt war, überflog sie ihn schnell. Es gab Zaubersprüche zum Löschen von Feuer, Zaubersprüche zum Anzünden von Kerzen oder zum Erzeugen eines Funkens im Anzündholz und *mehrere* Warnungen über das Entfachen eines Feuers, welches man ohne magische Mittel nicht löschen konnte.

Wäre dies kein Buch über Zaubersprüche gewesen, würde Kera sagen, dass diese Warnungen aus Erfahrung hinzugefügt worden waren. Da es jedoch eines war, hatten die Verfasser vielleicht nur einen guten Sinn für Humor gehabt.

Magie & Marketing

Vor allem ein Abschnitt erregte ihre Aufmerksamkeit: *Feuer*. Kera brauchte nicht einmal eine Sekunde zu überlegen.

»Ja, Feuer klingt gut und ich weiß genau, wo dieses Arschloch es spüren soll! Also, altes Buch, wie mache ich das? Gibt es einen Zaubertrank oder ...?«

Es gab keinen Zaubertrank. Stattdessen sollte man bloß seine Finger so bewegen, als würde man mit ihnen schnippen, um das Bild eines Funkens, der aus einem Feuerstein schlägt vor seinem inneren Auge zu beschwören. Gleichzeitig sollte man versuchen, die eigene innere Kraft mit der umgebenden Kraft, die die Welt bedeckt, zu verbinden. In dem Buch wurde erwähnt, dass das, was man bisher vor allem als ›Ley-Linien‹ betrachtet hatte, gar keine Linien waren und festgestellt worden war, dass sie sogar dazu neigten, sich mit der Zeit zu verschieben.

»Wie auch immer«, murmelte Kera. »Es ist mir egal, wo diese Linien sind. Ich will nur den Schritt dieses Kerls in Brand stecken. Also gut. Eins, zwei ...«

Das Aufflackern des Lichts überraschte sie. Sie schrie auf und kletterte zurück auf das Bett, wobei sie sofort gegen die Wand prallte. Ihre Finger schmerzten. Sie schaute zuerst auf sie, dann auf die leere Stelle in der Luft, wo sie *wusste*, dass sie gerade ein Aufflackern von Magie gesehen hatte.

»*Nie im Leben*«, hauchte sie.

KAPITEL 10

Als James erwachte, war es nicht mehr der fahle Himmel eines frühen Wintermorgens, sondern die starken, direkten Strahlen der Mittagssonne, die vor seinem Fenster schienen.

Zum ersten Mal seit Wochen fühlte er sich gut ausgeruht. Er setzte sich auf und starrte mit einem Lächeln in den blauen Himmel, bevor er die Decke zurückschob und sich aufrichtete, um sich zu strecken. Dann zog er die Decke seines Bettes hoch und legte diese ordentlich zusammengefaltet wieder darauf. Er benutzte Magie für Dinge wie Zugluft, aber nicht für kleinere Dinge wie das Bettenmachen.

Außerdem war es immer besser, den Tag mit einer kleinen Aufmerksamkeit für Form und Detail zu beginnen.

Er ging gut gelaunt die Treppe hinunter und war fast fertig mit dem Frühstück, als Mutter LeBlanc in die Küche kam. Sie schenkte sich eine kleine Tasse Kaffee ein, füllte großzügig Zucker nach und gesellte sich zu ihm.

»Sie sehen erholt aus«, sagte sie zu ihm.

James, den Mund voll mit Ei und Toast, nickte.

»Es wird Sie freuen zu hören, dass die Aktivitäten auf der Pendelkarte nicht aufhören.« Sie nippte an ihrem Kaffee. »Und obwohl meine Augen mich täuschen könnten, glaube ich doch, einige wiederkehrende Orte gesehen zu haben.«

»Haben *Sie* überhaupt geschlafen?«, fragte James sie. Er war sich nie sicher gewesen, ob sie solche Dinge tat. Mutter LeBlanc existierte in seiner Vorstellung völlig ohne die Zwänge Normalsterblicher.

»Ja«, antwortete sie auf eine Weise, die ihn nur noch stutziger machte.

Er beendete sein Frühstück, während er über die Möglichkeit nachdachte, dass sich Unsterbliche als Menschen ausgeben könnten. Immerhin hatten die Volksmärchen manchmal recht. Vielleicht hatten sie ja auch mit den Geschichten über Vampire recht.

Hatte er jemals ihre Zähne gesehen? Er grinste mit vollem Mund.

»Ich nehme an, es gibt einen Grund für Ihre Heiterkeit«, kommentierte sie.

»Ich habe die Idee in Betracht gezogen, dass Sie unsterblich sein könnten«, erklärte er vergnügt.

»Ah. Nun, in diesem Fall hätte ich sehr viel Zeit mit unnötiger Vorsicht verschwendet.« Sie nippte an ihrem Kaffee. »Obwohl, in Anbetracht der bereits erwähnten Unsterblichkeit sollte mich die verschwendete Zeit vielleicht dann ja nicht allzu sehr beunruhigen.«

»Das ist die richtige Einstellung. Sollen wir mit der Modifikation unserer Pendelkarte beginnen?«

Sie nickte, stand auf und brachte ihre Tasse zum Spülbecken. Sie dankte James mit leiser Stimme, als er ihr diese abnahm und dann den Weg durch die abgedunkelten Gänge entlang lenkte.

Die Karte lag trügerisch still in der Ratskammer. Auf ihrer Oberfläche waren derzeit keine Lichtblüten zu sehen, was James gleichermaßen enttäuschte und ermutigte. Er wollte wissen, wo ihre neuen Rekruten sein könnten.

»Wir *sollten* in der Lage sein, sie so zu modifizieren, dass die Lichtblüten nicht nur dann aufleuchten, wenn der Zauber tatsächlich praktiziert wird«, überlegte James. Da er den ursprünglichen Zauberspruch entwickelt hatte, übernahm er die Hauptrolle bei der Optimierung. »Was ich gerne machen würde, ist, eine Zeitkomponente hinzuzufügen, wobei die Farbe sich verändert, um anzuzeigen, wie lange es her ist, dass der Zauber angewendet wurde.«

»Das ist sehr clever.« Mutter LeBlanc klang beeindruckt. »Daran hatte ich nicht gedacht, aber es wird uns natürlich helfen, festzustellen, wer am dringendsten unser Eingreifen benötigt.« Sie legte einen Finger auf ihren Mundwinkel. »Aber wie *genau* ist er?«

»Das ist die Frage«, erwiderte James. »Ich habe darüber auf zwei Weisen nachgedacht. Erstens, sollten wir genug Varianz zulassen, damit jemand, der auf der einen Seite seines Zimmers Magie praktiziert, als dasselbe Ereignis auftaucht als jemand, der sie auf der *anderen* Seite des Zimmers praktiziert? In meinen Augen sollten wir das zulassen.«

Mutter LeBlanc nickte bestätigend.

»Aber was ist mit Wohnblöcken?«, wies James auf diese Möglichkeit hin. »Mehrere Leute in verschiedenen Stockwerken desselben Gebäudes oder Leute, die sich eine Wohnung teilen?«

»Ich würde nicht denken, dass es davon viele gibt.«

»Ich auch nicht«, betonte James, »*außer*, dass wir jetzt viel mehr potenzielle Rekruten hatten, als sich einer von uns beiden hätte vorstellen können.«

Magie & Marketing

Madame LeBlanc nickte, ihre Augen waren weit geöffnet, während sie nachdachte.

»Wie *würde* man es denn mehr oder weniger genau machen?«, fragte sie schließlich. »Sie haben die Mechanik bei der Besprechung mal angeschnitten, aber nichts Tiefergehendes erwähnt.«

James machte sich für die Erklärung bereit und holte das Notizbuch hervor, das er verwendet hatte, um Diagramme für den Zauber zu erstellen. Nicht zum ersten Mal wünschte er sich, dass es mehr Fortschritte auf dem Gebiet der Thaumaturgie geben würde.

Magie war eine Kraft, eine Art Macht, welche die Menschen beschwören konnten und sie konnte erschöpft werden, genau wie menschliche Energie erschöpft werden konnte. Die Mechanik dessen war jedoch nicht bekannt. Es gab zwar zwei bemerkenswerte Thaumaturgen, die daran gearbeitet hatten, die Unterschiede in den Techniken der Zauberei zu kodifizieren, sowie einige, wie Madame LeBlanc, die die magischen Felder rund um die Erde studiert hatten, dennoch war die Zahl der Thaumaturgen verschwindend gering im Vergleich zur Zahl der Menschen.

Wo also die Wissenschaft einige hundert Koryphäen hatte, die die Fülle eines Studiengebietes verändert hatten, konnte sich die Thaumaturgie nicht mit demselben rühmen.

Natürlich war es auch nicht sicher, die Existenz der Magie zu enthüllen, um mehr Erkenntnisse zu gewinnen.

Während James weiterhin erklärte, holte Madame LeBlanc selbst ein Notizbuch und einen Füllfederhalter aus den Falten ihres Kleides und machte sich Notizen. In welcher Sprache sie waren, wusste James nicht, er erkannte das Alphabet nicht. Vielleicht war es ihre ganz eigene Schrift.

Die beiden hatten selten zusammengearbeitet und er freute sich über die Fragen, die sie ihm zu diesem Thema stellte. Es dauerte nicht lange, bis sie sich auf eine Methode zur Bestimmung der einzelnen Magieanwender und auf weniger als die übliche Anzahl von Versuchen einigten, um den Zauber zum Laufen zu bringen.

»Was wir wirklich brauchen«, bemerkte James am Ende, »ist jemand, der ... wie nennt man das nochmal in der Software-Entwicklung?«

»Ich bin wirklich nicht die richtige Person, um das zu beantworten, James.«

»Na gut.« James bewegte seine Hand in Kreisen, um zu zeigen, dass er nachdachte. »Diese Sache, bei der man etwas *kontinuierlich* testet, um sicherzustellen, dass es keine Probleme gibt? Qualitätsanalyst! QA, das war es. Ich glaube nicht, dass das schon mal jemand in der Thaumaturgie gemacht hat.«

»Da haben Sie recht«, räumte sie ein. »Vielleicht wird uns einer unserer neuen Rekruten dabei helfen können. In der Zwischenzeit brauchen wir beide Ruhe.«

James nickte. Er war erst vor zwei Stunden aufgewacht, doch er war zu erschöpft von den magischen Abläufen. Mit der Zeit wurde man besser darin, Magie zu nutzen, ohne auf die eigene Energie zurückgreifen zu müssen, aber komplexe Arbeiten waren immer anstrengend.

»Das einzige Problem, wenn man mitten im Nirgendwo lebt«, murmelte James, »ist, dass man nicht einfach eine Pizza bestellen kann. Ich könnte jetzt wirklich ... oh, ganze acht Pizzen oder so vertragen. Und Sie?«

»Barbecue«, erwiderte Mutter LeBlanc mit einem Lächeln. »Langsam gebratenes Fleisch, frisch gebackenes Maisbrot, etwas Gemüse, schwarze Erbsen ... oh und Sauerampfer.«

»Ich glaube nicht, dass ich das jemals gegessen habe.«

»Dann sollten Sie hoffen, dass einige unserer neuen Kandidaten auf Jamaika zu finden sind«, entgegnete Mutter LeBlanc sorglos. »Selbst die Köche in New Orleans schaffen es nicht auf die gleiche Weise.«

Sven sah zu, wie Pauline verschiedene Orte auf einer Karte markierte. Bisher hatte die Gruppe in Little Tokyo und Chinatown Erfolg gehabt, doch Sven war in dem Club, in welchen Johnny und er am Abend zuvor gegangen waren, nicht fündig geworden.

Aus Sorge um seine Statistik war er auch noch in zwei weitere Bars gegangen, um seine Zahlen in die Höhe zu treiben.

Leider konnte er an Paulines Verhalten nicht wirklich erkennen, ob sie wütend war. Ihre Gesichtszüge hatten nicht einmal gezuckt, als er ihr seine Statistik gegeben hatte.

Sie beendete eine Notiz und schaute auf. »Wo ist Mister Torrez?«

»Äh.« Sven sammelte sich gedanklich. Sollte er für Johnny einspringen? Das war die allgemeine Regel, jedoch hatte Johnny in dieser Hinsicht nichts erwähnt.

»Mister Jensen, die Frage ist nicht schwierig. Wissen Sie, wo Mister Torrez ist oder wissen Sie es nicht?«

»Ich ... nein.« Sven schüttelte den Kopf. »Wir haben uns nach der ersten Runde zur Nachbesprechung getroffen, dann haben wir Ihre SMS bekommen und sind wieder losgefahren.«

Sie beobachtete ihn noch eine Sekunde länger und nutzte das unangenehme Schweigen, um ihn dazu zu bringen, mehr zu erzählen.

Das funktionierte.

»Er hatte bei den meisten Erfolg gehabt«, erzählte Sven. »Nur ein Etablissement schien ein Fehlschlag gewesen zu sein. Die *Mermaid*.« Unter ihrem stählernen Blick fühlte er sich trotz seiner über 1,80 Meter Körpergröße deutlich kleiner. »Ich weiß allerdings nicht, wohin er danach ging.«

Pauline ging kommentarlos zu ihren Notizen zurück, aber sie warf Lia einen spitzen Blick zu.

Die andere Frau zückte ihr Handy und begann aufgebracht zu tippen. Sven nahm an, dass es sich um eine Business-Sprachen-Version von ›Wo zum Teufel bist du?‹ handelte.

»Mit diesen Orten *und* der Partei ...«, überlegte Pauline. »Ja. Mister Jensen, Sie werden zu Phase 3 übergehen. Ich glaube, Sie waren derjenige, der die Gangs in diesem Bezirk zuerst identifiziert hatte?«

»Ja.« Sven beschloss, die Andeutungen eines russischen Akzents, die aufgetaucht waren, nicht zu kommentieren.

»Gut. Sie werden Ihr Bestes geben, um Gewalt zwischen ihnen zu schüren.«

»Wollen Sie etwa, dass ich einen Bandenkrieg anzettle?« Sven war sich nicht sicher, was hier vor sich ging.

»Waren die Anweisungen unklar?«

Magie & Marketing

Er versuchte zu entscheiden, wie weit er bereit war zu gehen, um die Sache voranzutreiben.

Zu seiner Überraschung sprach Lia für ihn. »Ma'am, ein Teil des Grundes, warum er hier ist, ist Ihre Vision von einer friedlichen Stadt. Sie sind natürlich nicht verpflichtet, uns Ihre Gründe mitzuteilen, aber ich denke, er möchte verstehen, wie kurzfristige Gewalt zu langfristigem Frieden führen soll.«

Sven warf ihr einen dankbaren Blick zu.

Pauline nickte. »Sehr gut, obwohl ich es vorziehe, dass meine Mitarbeiter für sich selbst sprechen. Fragen Sie sich Folgendes, Mister Jensen. Wenn wir alle *hier* sind, um eine bessere Welt zu schaffen, warum arbeiten wir dann nicht einfach für die Polizei?«

Weil ich kein verdammter Drogenfahnder bin und es mir nur ums Geld geht? »Ich ... traue der Polizei nicht, Ma'am.«

»Das sollten Sie auch nicht«, erwiderte Pauline und nickte zustimmend. »Sie ist machtlos. Die Methoden, die ihr zur Verfügung stehen, sind nutzlos. Sie ist gelähmt durch ihre eigene Inkompetenz und durch die Schwäche der Politiker und das werden wir ihnen jetzt zeigen.« Sie hielt einen Moment inne. »*Sie beide* werden die Gewalt zwischen den Gangs anheizen. Nachrichtenberichte darüber werden veröffentlicht. Die Leute werden Angst haben. Die Polizei wird nichts tun können, um ihnen zu helfen und dann ... werden *wir* ihnen helfen. *Wir* werden den Frieden wiederherstellen.«

Sven nickte nur, als ob er verstanden hätte. Als ob das nicht alles völlig bescheuert wäre.

»Die Polizei kann sie nicht aufhalten«, fuhr Pauline fort, »also werden sie wissen, dass sie auch *uns* nicht aufhalten können. Sie werden auch wissen, dass, wenn sie uns ausschalten, sie zu dem Chaos und der Gewalt zurückkehren würden, was sie wiederum sehr schlecht aussehen ließe. Sie werden uns unser Ding machen lassen.«

Oh. Wenn sie es so ausdrückte, war es nicht die schlechteste Idee.

Sven wollte gerade etwas sagen, als die Tür aufgestoßen wurde und Johnny hereinspaziert kam. Er grinste, seine Kleidung war zerknittert und der Geruch von Parfüm haftete schwach an seinem Hemd. Es war offensichtlich, wegen was genau er zu spät gekommen war.

»Guten Abend«, verkündete er.

Sven spürte, dass Johnny im Begriff war, sich auf spektakuläre Art und Weise zum Affen zu machen. Er musste verhindern, dass das passierte. Immerhin hatte Lia *seinen* Arsch gerettet. Er könnte genauso gut den von Johnny retten.

»Es hört sich so an, als hätten wir beide gestern Abend gute Ergebnisse erzielt«, sagte er und versuchte mit seinem Gesichtsausdruck zu vermitteln, wie dringend es für Johnny war, wieder in die Spur zu kommen. »Wir werden bald mit Phase 3 beginnen.«

»Oh ja, wir haben gute Ergebnisse erzielt, ganz klar.« Johnny nahm Platz und legte seine Füße auf dem Tisch ab. Sven konnte immer noch den Alkohol in seinem Atem riechen.

»Nachdem diese kleine Schlampe in der *Mermaid* mich nicht rangelassen hatte, brauchte ich Ersatz, verstehst du? Hab' mich mit ein paar Models besoffen.«

Paulines Gesichtszüge verhärteten sich und sie schaute Johnny mit einem eisigen Blick an.

»Habe ich gesagt, dass die Blondine heiß war?«, fuhr Johnny fort. »Sie mag heiß sein, aber wenn man die Titten gar nicht erst zu sehen bekommt, können sie genauso gut nicht vorhanden sein, oder? Drei Models sind besser als ein hochnäsiges, reiches Weib.«

Pauline war fertig damit, darauf zu warten, dass er seine Erzählungen beendete. »Mister Torrez, haben Sie gestern Abend auch *etwas Produktives* getan?«

»Oh, sicher. Hab' Ihnen diese vier Bars besorgt, die ich erwähnt hatte. Nicht die *Mermaid*, aber da gehe ich heute Abend wieder hin. Der Typ da wird nicht mehr lange durchhalten und die Models sind bestimmt auch geil darauf, mitmachen zu wollen. Das ist ein ganzer Markt, den wir noch nicht angezapft haben.«

Johnny hatte sich mit knapper Not gerettet. Paulines Gesichtsausdruck veränderte sich zu etwas Nachdenklicherem. »Es ist wohl kaum ein unerprobter Markt«, stimmte sie zu, »aber ja. Vielleicht. Normalerweise werden sie bereits von ihren Dealern mit Drogen beliefert, aber bei denen, die jetzt neu nach LA kommen, haben wir vielleicht eine Zugangsmöglichkeit.« Lia hatte sich Notizen gemacht.

»Mister Jensen, erklären Sie Mister Torrez die Phase 3. Und Mister Torrez?«

»Ja?« Johnny fuhr sich mit den Fingern durch sein Haar.

»Ich erwarte von Ihnen, dass Sie pünktlich zu Besprechungen erscheinen und angemessen gekleidet sind.« Paulines Stimme klang durchaus sympathisch, dennoch ließ sie Sven frösteln. Sie ging ohne ein weiteres Wort, während Lia ihr folgte und einen spitzen Blick auf Johnny warf.

Als sie weg waren, ließ sich Sven in einen Stuhl fallen. »Weißt du, wie nah du dran warst, dir die Eier abschneiden zu lassen?«

»So eine Frau könnte mit meinen Eiern etwas Besseres anstellen.« Johnny grinste ihn an und machte eine grobe Geste. »Das könnte die Gute auflockern.«

»Johnny, ich mein's ernst. Sie ist *nicht* in der Stimmung, um herumzualbern. Wir haben Arbeit zu erledigen.«

»Verdammt richtig. Ich werde es der Blondine zeigen ...«

»*Nein*«, unterbrach Sven. »Im Ernst, Johnny, *lass* es. Wir haben eine Menge zu tun.«

»Was denn zum Beispiel?«

»Wir müssen einen Bandenkrieg anzetteln.« Sven stand auf und streckte seine Hand aus, um seinem Freund aufzuhelfen. »Nachdem du duschen warst.«

KAPITEL 11

Als Kera aufwachte, fühlte sie sich für einen kurzen Moment so, als hätte sie endlich mal ausgeschlafen.

Dann riss sie ein Auge auf, um die Uhrzeit zu überprüfen und wurde augenblicklich von den schlimmsten Kopfschmerzen heimgesucht, die sie je hatte.

»Auaaa!« Sie presste die Hände über die Augen, was ihr nur das Gefühl gab, von einem Lastwagen überfahren worden zu sein. Ihre Muskeln schmerzten. Ihre Hände schmerzten. Ihre Augen schmerzten.

Was hatte sie letzte Nacht *getan*? Sich ohne Ende betrunken und ein Pferd geärgert, von dem sie dann getreten worden war? Sie blinzelte auf ihre Arme und sah keine blauen Flecken, obwohl es bei der unheiligen Helligkeit des Sonnenlichts auch schwer zu erkennen war. Sie setzte sich auf und sah sich in ihrem Zimmer um.

»Ehrlich jetzt, *was zur Hölle*?«

Ihr erster Gedanke war, dass bei ihr eingebrochen und sie ausgeraubt worden war. Die Wände, der Tisch, der Kühlschrank ... alle Oberflächen waren mit Klebezettelchen bedeckt. Sie erinnerte sich genau daran, wie ihre Mutter ihr mal ein Starterpaket mit Material für ›das Büro, von dem ich einfach weiß, dass du es bald haben wirst, Schatz‹ geschickt hatte und Kera hatte damals gesagt, dass sie niemals so viele Haftnotizen benutzen würde, schon gar nicht solche mit Blumen darauf.

Auf den ersten Blick sah es nun so aus, als hätte sie doch alle benutzt. *Gestern Abend.*

»Gibt es etwa ein neues Medikament, von dem ich nichts weiß?« Ihre Augen gewöhnten sich langsam an das Licht, obwohl die Kopfschmerzen immer noch da waren. Sie konnte die Schlagzeilen in den Nachrichten schon hören: *Polizei verwirrt über das Auftauchen von OrganizeX, der Arznei, die Menschen zwanghaft Notizen machen lässt. OfficeMax meldet einen noch nie dagewesenen Umsatz im ersten Quartal.*

Sie bemerkte nicht, dass sie ein trillerndes Geräusch wahrgenommen hatte, bis es auf einmal aufhörte. Kera setzte sich ein wenig aufrechter hin, zuckte, als ihre Muskeln schmerzhaft krampften und sah sich um. Es war nicht der Wecker, auf dem 14:14 Uhr stand. Das bedeutete, dass es wahrscheinlich wieder ihr Handy war, das sie nirgends sah.

Sie betrachtete die Post-it-Zettel noch einen Moment lang, dann fiel ihr Blick auf den leeren Raum auf der anderen Seite des Zimmers.

Wo zum Teufel war Zee?

»*Was?*« Sie warf die Decke hoch und sprang aus dem Bett. Der Schmerz in ihrem Kopf und ihren Muskeln war *nichts* im Vergleich zu der Wut, die jetzt in ihrer Brust aufstieg. Jemand war in *ihre Wohnung* gekommen, hatte ihr Baby entführt und ...

Hatte mehrere hundert Haftnotizen aufgehängt?

Kera humpelte so schnell sie konnte zur Tür und riss sie auf, um sicherzustellen, dass sie Zee nicht draußen stehen gelassen hatte. Die schon zerbrechliche Hoffnung fiel sofort in sich zusammen, sobald sie das leere Stück Beton sah, welches als Auffahrt und Rampe diente.

»Scheiße.« Sie ließ sich gegen den Türrahmen sinken, nur um dann fast aus der Haut zu fahren, als von irgendwoher erneut ein Piepen ertönte. »Was zum ... oh, hey.«

Ihr Telefon lag zwischen ihren Schuhen.

Warum hatte sie es denn *dort* hingelegt?

Sie bückte sich, um es zu aufzuheben und zuckte wieder zusammen. Der Bildschirm zeigte einen verpassten Anruf und eine Voicemail von Cevin, worüber sie ihre Stirn runzelte. Sie wusste nicht mehr, ob sie heute arbeiten musste – sie wusste auch gar nicht mehr, welcher Tag es war – aber sie durfte dann nicht zu spät kommen. Nun, es war ja erst 14:15 Uhr. Die *Mermaid* hatte noch nicht einmal geöffnet.

Cevin. Sie hatte eine vage Erinnerung daran, wie sie hier in dieser Tür stand und ...

Sein Truck. Sie blinzelte auf die leere Straße. Warum sollte Cevin hier gewesen sein? Sie sortierte mehrere Möglichkeiten in ihrem Kopf durch, eine seltsamer als die andere.

Dann kam es in Windeseile zu ihr zurück, als ob sie die ganze Zeit bisher durch einen dichten Nebel gestolpert wäre und nur die Umrisse der Erinnerungen vor sich sehen konnte. Sie war in der *Mermaid* gewesen, als jemand Cevin zur Rede gestellt hatte. Da war eine Waffe gewesen. Zee ...

Das war der Grund, warum Zee nicht da war. Der Gedanke löste aber kaum Erleichterung aus. Es war sinnlos zu wissen, wo genau Zee war, wenn er Einschusslöcher in seinem Benzintank hatte.

131

»*Scheiße*«, wiederholte Kera und hatte nur wenig Freude daran, was ihre Mutter sagen würde, wenn sie sie so fluchen hören könnte.

Sie schloss die Tür hinter sich, ging zurück in den großen, offenen Raum und sah sich um.

»Okay. Irgendein Arschloch hat auf Zee geschossen, Cevin fuhr mich nach Hause und dann bin ich wohl durchgedreht. Aber auf eine organisierte Art und Weise.« Sie humpelte zum Tisch hinüber und sah sich die Post-it-Zettel an. Auf allen erkannte sie ihre Handschrift – kein Wunder, jetzt, wo sie wusste, was mit Zee passiert war – und sie schienen wie eine Checkliste für eine Qualitätssicherung angeordnet zu sein.

Ihr Gedankengang wurde von einem Knurren ihres Magens unterbrochen und sie merkte auf einmal, wie hungrig sie eigentlich war. Innerhalb einer Sekunde war sie am Kühlschrank angelangt, riss ihn auf und starrte mit einem frustrierten Stöhnen auf das Essen darin. Eier, die ihr Verfallsdatum überschritten hatten, eine Tüte mit geriebenem Käse und eine grüne Paprika, die ebenfalls nicht mehr ganz frisch aussah.

Sie hatte nicht einmal mehr die Willenskraft, sich Essen zu bestellen. Kera schnappte sich die Tüte mit dem Käse und der Paprika und begann, mit einer Hand den Käse in den Mund zu schaufeln, während sie mit der anderen die Paprika wusch. Sie verschlang die Paprika wie einen Apfel, spuckte gelegentlich Kerne ins Waschbecken und starrte dann verwirrt auf die leere Käsetüte und die Innereien der Paprika.

Das war nicht ihre Art. Sie versuchte eigentlich, gesund zu essen. Sie war noch nie vorher aus der Fassung geraten, wenn sie wütend war oder von einem leeren Magen gequält wurde.

Und sie machte sich zunehmend Sorgen, weil sie sich an vieles von letzter Nacht nicht mehr erinnern konnte.

Sie überlegte, dann nahm sie ihr Handy mit zum Bett, um die Nachricht von Cevin abzuhören, die sie auf den Freisprecher legte.

»Hi, Kera«, begann ihr Chef und klang dabei nicht gerade fröhlich. »Hör zu, du brauchst heute gar nicht erst zu kommen. Nachdem wir weg waren, hat der Kerl anscheinend auch noch die Reifen von deinem Motorrad zerschossen.«

»Dieses Arschloch!« Sie riss wütend ihre Augen auf und ihre Hände ballten sich zu Fäusten. »Diese Reifen waren brandneu!«

Cevins Stimme fuhr fort, seine Worte spiegelten ihre wider. »Eine echte Arschloch-Aktion. Es sah aus, als wären die Reifen neu gewesen. Jedenfalls habe ich dein Motorrad heute Morgen in eine Werkstatt gebracht, weil ich dachte, dass die Reifen zumindest leicht zu reparieren wären.«

Kera stöhnte und kniff sich in den Nasenrücken. »Das waren Spezialanfertigungen.«

»Aber«, fuhr Cevin fort, »es stellte sich heraus, dass es Sonderanfertigungen waren. Ich hätte wissen müssen, dass du da prima Sachen hast, weil du dein Motorrad so sehr liebst. Trotzdem habe ich sie in der Zwischenzeit die Größe anpassen lassen und die Bestellung aufgegeben. Einen Satz und noch einen Ersatzreifen. Wie auch immer, es wird noch drei Tage dauern, bis es fertig ist. Vielleicht auch mehr, aber sie hoffen auf drei.«

Kera stöhnte wieder und stützte ihre Arme auf die Knie. Wie sollte sie zur Arbeit kommen? Die *Mermaid* war nicht *so* weit weg, aber es war weiter, als sie realistischerweise laufen konnte.

»Also, ich dachte, ich gebe dir ein paar Tage frei. Nimm ein paar bezahlte Tage Urlaub. Ich decke dich für die Zeit. Da dieser Arsch *dein* Fahrzeug zerschossen hat, um *mir* eine Nachricht zu schicken, fühle ich mich wohl dafür verantwortlich.« Er seufzte.

Kera zog eine Grimasse und schaute auf das Handy, Schuldgefühle zerwühlten ihre Brust. Das Arschloch mit der Waffe hatte gehofft, auch *ihr* eine Lektion erteilen zu können.

»Alles, was ich sagen kann, ist, dass es mir leidtut wegen letzter Nacht«, schloss Cevin. »Ich habe noch mehr Überwachungskameras und zusätzliche Scheinwerfer für den hinteren Bereich besorgt. Wir werden nicht noch einmal mit heruntergelassenen Hosen erwischt werden, das verspreche ich. Wenn du, äh ...« Er hielt inne. »Wenn du überhaupt nicht mehr zurückkommen willst, verstehe ich das. Lass es mich einfach wissen. Pass gut auf dich auf.«

Er legte auf und das Handy piepte, als die Nachricht endete.

Kera saß da, starrte weiterhin auf den jetzt schwarzen Bildschirm und fühlte ein merkwürdiges Gefühl im Magen, das nichts mit dem Käse und der Paprika zu tun hatte. Obwohl Cevins Nachricht recht vorhersehbar gewesen war und alle Themen ansprach, die sie erwartet hatte, konnte sie sich des Gefühls nicht erwehren, dass sie das alles schon vorausgesehen hatte, bis hin zu den genauen Worten, die er benutzt hatte.

Magie & Marketing

»Das ist doch nicht immer noch ein Traum, oder?«, fragte sie sich laut. Sie gab sich selbst eine leichte Ohrfeige und stellte fest, dass sie tatsächlich wach war. »Hm. *Au*!«

Sie stand auf und ging ins Bad, wo sie eine weitere Überraschung erwartete. Sie blieb stehen und starrte auf den Zettel, der am Spiegel klebte, bevor sie sich ihm misstrauisch näherte und ihn abzog, um ihn zu lesen.

Schau auf deinen Handrücken. Du hattest da letzte Nacht einen Schnitt. Das Hexenzeug ist echt!

Sie bemerkte, dass das Wort ›echt‹ doppelt unterstrichen war. Am Spiegelrand klebten noch weitere Notizen.

Sei außerdem WIRKLICH vorsichtig mit dem Gedächtniszauber. Halte dich vielleicht einfach lieber fern von dem!

Ich wette, du kannst dich auch nicht mehr an das Gespräch mit Mom erinnern. Denn ich kann es gerade nicht und ich habe mir extra eine Notiz geschrieben, um sicherzugehen, dass ich mich daran erinnere, falls dieser Hirnbleichzauber wirklich funktioniert. Wenn wir daraus ein Produkt machen könnten, wären wir reich!

Kera hatte das Gefühl, als würde etwas in ihrem Magen rumoren. Sie rieb sich wieder die Augen. »Ich bin zu verkatert für so was«, murmelte sie an niemanden direkt gerichtet. »Oder ... was auch immer. Kopfschmerzen.« Sie schaute wieder auf den Zettel. »Wer ist *wir*?«

Von all den Dingen, die sie heute brauchte, stand ihr vergangenes Ich, das Notizen an ihr zukünftiges Ich schrieb, nicht auf der Liste.

Ihr Magen überschlug sich. *Das Hexenzeug ist echt.*

Das war lächerlich.

Warum hast du denn dann so viel Angst davor?, fragte sich ein abfälliger Teil ihres Verstandes.

Sie ignorierte die kleine Stimme entschlossen, öffnete stattdessen den Spiegelschrank, zog eine Packung Ibuprofen heraus und schluckte zwei Kapseln mit einem Schluck Wasser hinunter. Als sie fertig war, war sie immer noch nicht bereit, über das Buch und die Hexerei nachzudenken, also beschloss sie, ihr Gesicht zu waschen. Es mit Feuchtigkeit zu versorgen.

Ihr Magen hatte noch nicht aufgehört, seltsame Dinge zu tun und es fiel ihr ein, dass dies ein ausgezeichneter Zeitpunkt war, um Zahnseide zu benutzen. Sie tat dies mit äußerster Sorgfalt, putzte ihre Zähne volle zwei Minuten lang und spülte dann ihren Mund mit Mundspülung aus.

Danach fiel ihr nichts mehr ein, was sie hätte tun können, um das Unvermeidbare noch weiter vor sich herzuschieben.

Sie kehrte zum Bett zurück und betrachtete ihr Handy, als wäre es eine Giftschlange, die gleich zuschnappen würde. Zögerlich und fast ohne es eines Blickes zu würdigen, öffnete sie die Lese-App und wählte das Hexenbuch aus.

Sie erinnerte sich, es geöffnet zu haben. Sie erinnerte sich sogar daran, Witze darüber gemacht zu haben, dieses Arschloch von der *Mermaid* anzuzünden.

Woran sie sich *nicht mehr* erinnerte, war, dass sie einen Haufen Sätze und Absätze markiert hatte, eine Reihe von Notizen zu jeder vorgeschlagenen Körperhaltung und jedem Bild hinzugefügt hatte und dann folgenden Vermerk geschrieben hatte: »*Das wäre einfacher, wenn ich mir nicht immer die falschen Versuche merken und die richtigen vergessen würde.«*

Die Notizen waren über einen Zeitraum von mehreren Stunden gemacht worden. Wie viel Schlaf hatte sie dann überhaupt bekommen?

Sie ging zurück zum Tisch und begann, ihrem gestrigen Weg durch ihre Notizen zu folgen, indem sie diese mit Überschriften im Inhaltsverzeichnis des Buches verglich. In ihrem Wahnsinn hatte sie immerhin eine Methode verfolgt.

»Bin ich ernsthaft bis spät in die Nacht aufgeblieben, um eine Qualitätskontrolle davon zu machen, wie man *Zaubersprüche* ausführt?«

Wenn das der Fall war, eröffnete ihr das eine Menge Möglichkeiten – für die sie eigentlich im Moment zu müde war, um sie zu erkunden, aber doch zu neugierig, um sie in Ruhe zu lassen.

Der Handybildschirm verdunkelte sich und die Batterieanzeige wechselte auf Rot. Kera seufzte, als sie ihr Ladegerät aus ihrem Rucksack holte. Es war noch ein Rest des Studentenfutters übrig, das sie sich komplett in den Mund schüttete, wie ein Hamster in die Backen stopfte und genüsslich kaute.

Gott, war sie hungrig. Offenbar war es das, was Magie mit einem machte.

»Das ist doch lächerlich«, sagte sie fest zu sich. »Magie ist nicht real, Kera. Tatsache ist, dass du ein Drogenproblem entwickelt hast.«

Es war ein wenig besorgniserregend, dass ein Drogenproblem das beste Szenario war, aber sie konnte sich nichts anderes vorstellen, was es sein könnte. Denn wenn die Magie echt war, bedeutete das ...

Sie wollte nicht einmal darüber nachdenken, was das bedeutete.

Andererseits ... Sie schaute nach unten und beugte ihre Finger. Sie *hatte* tatsächlich einen Kratzer auf ihrem Handrücken.

KAPITEL 12

Im Großen und Ganzen war die Firma, für die Christian und Ted arbeiteten, ein Wirrwarr aus bürokratischem Unsinn, unnötig spezifischen Kleidervorschriften und einer Firmensprache, die nur von den obersten Führungskräften mit ernstem Gesicht vorgetragen werden konnte.

Allerdings gab es gelegentlich gute Prämien und Vorzüge, wie zum Beispiel die volle Stunde, die die Angestellten zum Mittagessen bekamen. Eine halbe Stunde gab den Leuten nicht annähernd genug Zeit, um rauszufahren, Essen zu bestellen, es dann zu essen und anschließend zur Arbeit zurückzukehren, *besonders* im Verkehr von Los Angeles.

Selbst dann, wenn man nicht verkatert war, was Ted heute aber definitiv war.

Christian hatte sie beide zu seinem Lieblings-Burgerladen in der Nähe gefahren – keine Kette, aber trotzdem genauso gut wie *In-N-Out* und weit weniger wahrscheinlich zur Mittagszeit überfüllt – und biss genüsslich in seinen Burger, während Ted ins Leere starrte und schlapp aussah.

»Wie fühlst du dich, Kumpel?«, fragte Christian mit vollem Mund.

Ted gab ein leises Stöhnen von sich und ließ seinen Kopf auf seine verschränkten Arme fallen.

Christian versuchte, nicht zu kichern. »Der Burger wird dir helfen, weißt du.«

»Da bin ich ganz anderer Meinung«, stöhnte Ted mit gedämpfter Stimme.

»Komm schon. Kohlenhydrate, Eiweiß, etwas Fett. Das wirkt Wunder.«

Ted gab einen Würgelaut von sich. »Warum sollte die Natur es so eingerichtet haben, dass man essen soll, wenn man das Gefühl hat, sich direkt übergeben zu müssen?«

»Ein Fehler in der Programmierung?« Christian versuchte, es sich nicht anmerken zu lassen, dass er über seinen Freund lachen musste. »Niemand hat je behauptet, dass die Natur ein Experte im Programmieren ist und sie hat wahrscheinlich keinen Wodka berücksichtigt, als sie das Betriebssystem geschrieben hat. Versuch doch zuerst mal, etwas Limonade zu trinken. Kohlensäure soll gut sein bei Magenverstimmungen.« Er nahm einen weiteren Bissen von seinem Burger und genoss die Mischung aus fettigem Rindfleisch, frischem Gemüse und würziger Soße.

Ted nickte resigniert, wobei er den Kopf kaum anhob. »In ... einer Minute.«

»Wenigstens geht es dir heute besser als gestern Abend«, bemerkte Christian.

»Stimmt nicht. Letzte Nacht hat es sich nicht so angefühlt, als hätte mir jemand einen Nagel ins Gehirn gerammt.«

»Ja, aber im Moment schaffst du es ja immerhin wieder, auf einem Stuhl zu sitzen, ohne umzufallen.«

»Un ... Irr ... *Nicht*. Nicht relevant.« Ted zuckte kraftlos mit den Fingern.

»Irrelevant.«

»Das ist es.«

Christian schüttelte den Kopf und nahm einen weiteren Bissen. Er kaute und schluckte, bevor er sagte: »Nö, *sehr* relevant. Ich musste dich immer wieder auf die Bar stützen, damit du nicht vom Hocker fällst ... was mich vor Kera wahrscheinlich fürsorglich und heldenhaft aussehen ließ. In gewisser Weise war unser Abend also ein voller Erfolg.«

»Ja gut«, murmelte Ted, hob den Kopf und starrte den Burger mit unverhohlenem Misstrauen an. »Gern geschehen.«

»Wie auch immer«, fuhr Christian fort und genoss die kostenlose Vorstellung, »du warst nicht derjenige, der bezahlt hat. Es hat mich über fünfzig Dollar gekostet, das zu ermöglichen. Schnaps umsonst macht etwas mit einem Mann, nicht wahr?«

»Jepp«, stimmte Ted zu. »Auf jeden Fall. Ich bin mir zwar nicht sicher, was, aber ich weiß, dass ich mich jetzt selbst hasse.« Er hob eine Pommes auf und untersuchte sie sorgfältig, bevor er einen vorsichtigen Bissen nahm. Er schob sich den Rest in den Mund und griff dann nach mehr. »Also, Kera.«

»Ja?«

»Das Supermodel, das programmieren kann. Hörte sich wirklich an, als würdet ihr euch schon lange kennen. Hat sie, äh, eine Schwester oder so?«

Christian lachte. »Ich bin mir nicht sicher«, gab er zu. »Ihre Familie kommt irgendwo von der Ostküste.«

»Gut«, bestätigte Ted. »Die beste Art von Familie. Weit weg.« Er aß eine weitere Pommes mit einem Ausdruck grimmiger Entschlossenheit.

Chris schob sich den letzten Rest seines Burgers in den Mund und zerknüllte die Serviette, bevor er sie in die Papiertüte stopfte. »Also, ich möchte noch einmal vorbeischauen, aber bloß nicht zu schnell. Ich glaube nicht, dass ich schon so weit bin. Ganz zu schweigen davon, dass es mich bedürftig und stalkerhaft aussehen lässt, wenn ich zwei Nächte hintereinander bei ihr in der Bar sitze. Das wollen wir nicht.«

»Richtig«, stimmte Ted zu. »Außerdem kannst du das unmöglich ohne mich machen und ich bin mir ziemlich sicher, dass ich noch einen Tag brauche, um mich zu erholen. Oder eher drei.« Er schaute auf sein Sandwich, schüttelte den Kopf und fuhr mit den Pommes fort. »Noch früher und ich glaube, meine Leber wird sich selbst von meinem Körper lösen.« Christian nickte. »Abgemacht.«

Sie hatten einen Platz in der Nähe eines Mülleimers ergattert und Christian warf seine Verpackungen hinein, während Ted versuchte, weiter zu essen.

Ein paar Bissen später sagte Ted nachdenklich: »Stephanie.«

»Hmm?«

»Die andere Kellnerin. Das schwarze Mädchen.«

»Ah, ja? Was ist mit ihr?«

»Ich kann nicht zulassen, dass du dich mit einer Göttin verabredest und mich einfach allein zurücklässt«, erklärte Ted.

»Oh. Nun, das nächste Mal werden wir dann an dir arbeiten.« Chris grinste und kippte den letzten Rest seiner Limonade hinunter. »Aber im Ernst, danke. Ich hätte die ganze Nacht nur nervös am Tisch gesessen, wenn du nicht da gewesen wärst. Stattdessen konnte ich mit Kera reden und das ... lief *gut*.«

Magie & Marketing

Er konnte diesen Teil immer noch nicht glauben. Kera hatte gewusst, wer er war. Sie hatte sich sogar an sein Lieblingsbier erinnert.

Sie hatte gesagt, dass sie ihm schon immer eins hatte ausgeben wollen.

Das konnte doch nicht wirklich passiert sein, oder?

Ted schien unterdessen ganz andere Sorgen zu haben. Er stöhnte und erschauderte. »Ich bin froh, dass meine Aufopferung nicht umsonst war.« Es schien, als ob ein zweiter Anfall von Übelkeit über ihn hereinbrach, aber bei Ted war es schwierig, sicher zu sein, wann die Dinge echt waren und wann sie nur gespielt waren.

»Ja, ja, deine Aufopferung.« Christian rollte mit den Augen. »Komm schon, Kumpel, lass uns auf dem Rückweg an einer Apotheke anhalten und dir ein paar Katerfly besorgen.«

Als Sven damit fertig war, Paulines Plan für einen Bandenkrieg und das Nichteingreifen der Polizei zu erklären, starrte Johnny, der in der Zwischenzeit immerhin geduscht hatte, auf die Karte auf Svens Handy und runzelte die Stirn. Er nahm eine Zigarette heraus, zündete sie an und nahm ein paar Züge, bevor er antwortete.

»Glaubst du, das ist so richtig ihr Ding?« Er schaute Sven mit einem fragenden Blick an.

Sven seufzte. »Ich … bin mir nicht sicher. Aber sie macht mir eine Heidenangst.« Er rieb sich über den Kopf. »Aber so ist das bei jedem, der eine Organisation leitet, oder? Sie sehen die Welt alle ein bisschen anders.«

Johnny nickte. »Ich will nur sichergehen, dass ich mich nicht für irgendeinen Sektenscheiß anmelde. Ich werde ihr in den Arsch kriechen und Respekt zeigen, aber sobald sie will, dass ich verrückten Scheiß mit Ritualen mache? Dann bin ich raus.«

»So etwas gibt es noch nicht.« Sven zog ein Bündel Bargeld heraus, das Lia vorbeigebracht hatte. »Nur ein paar gute altmodische Reden halten und Bestechung.«

»Sowas kann ich machen.« Johnny schnappte sich etwa die Hälfte der Scheine. »Willst du Chinatown oder Little Tokyo?«

»Ich übernehme Little Tokyo.« Sven wollte nicht, dass Johnny in der *Mermaid* noch mehr Scheiße anrichtete.

Als sich die beiden trennten, nahm sich Sven die Zeit, Johnny beim Losfahren zu beobachten. Manchmal machte er sich Sorgen um seinen Freund. Johnny behauptete, er sei bereit, einigen in den Arsch zu kriechen, aber die Wahrheit war, dass er ein zu großes Ego hatte, um das ohne einen verdammt guten Grund zu tun.

Sven war sich zweier Dinge sicher. Erstens, dass Pauline einen Grund dafür liefern konnte und zweitens, dass er nicht dabei sein wollte, wenn sie es tat.

Es war eine kurze Fahrt von der Autovermietung nach Little Tokyo, wo er etwas abseits parkte und herumschlenderte, um ein Gefühl für den Ort zu bekommen. Drei Gangs trieben sich hier rum, meist unbedeutende Spieler, die nach Größe strebten, ohne etwas dafür zu tun – die Art von Leuten, die große Töne spuckten, aber immer sofort den Schwanz einzogen, sobald es ernst wurde.

Es lag an Sven, sie dazu zu bringen, entschlossen zu handeln.

Magie & Marketing

Ich würde nicht damit anfangen, sie zu bitten, sich gegenseitig direkt anzugreifen, dachte er. Er wollte sie dazu bringen, ihr Selbstvertrauen aufzupumpen, indem sie zunächst die leichteren Ziele angriffen – normale Zivilisten.

Sobald sie high von Straßenkämpfen und Prügeleien geworden waren, würden sich die Spannungen von selbst lösen.

Die erste Gruppe von Kandidaten hatte er schnell ausgemacht. Drei junge Männer standen lässig neben einer Bushaltestelle, die ihre Gangfarben ein wenig zu offensichtlich trugen, die sowohl einen Kampf suchten, als auch Angst hatten, selbst einen anzuzetteln. Sven schlenderte näher an sie heran, die Hände in den Hosentaschen und machte eine Show daraus, sie zu beobachten.

Es dauerte nicht lange, bis sie ihn bemerkten, aber es war lange genug, um zu merken, dass sie in einem Kampf nicht die besten Chancen haben würden.

»Schaust du dir etwas an, Opa?«, fragte einer von ihnen.

Sven lachte sie an. »Ich beobachte euch.«

Die drei sahen sich gegenseitig an. Sie hatten wohl erwartet, dass er einen Rückzieher machen würde und jetzt, wo er es nicht getan hatte, wussten sie nicht, was sie tun sollten. Die beiden, die nicht gesprochen hatten, machten beide ihrem Freund ein Zeichen, abzuhauen, offensichtlich froh, dass sie nicht auf dem heißen Stuhl saßen.

Derjenige, der gesprochen hatte, räusperte sich, bevor er eine konfrontativere Haltung einnahm. Mit hochgezogenem Kiefer und einem spöttischen Lächeln im

Gesicht ging er auf Sven zu. »Hast du ein Problem mit mir?«

»Eh.« Sven fuhr sich mit der Hand durch die Haare, um eine verirrte Haarsträhne zu richten. Als er in diesem Geschäft anfing, wurde er ständig beleidigt, weil er ein Rotschopf war. Mit der Zeit hatte er gelernt, damit umzugehen. »War eine Weile nicht in der Stadt und wollte sehen, wer hier jetzt alles übernommen hat. Hab gehört, es sind die *Dreads*.«

Die letzte Bemerkung war kalkuliert. Diese jungen Männer waren keine *Dreads*, sie waren *Vox* und sie würden es nicht gut finden, wenn er sie als ihre Gegner betitelte.

»Du hast *falsch* gehört«, widersprach der erste Kerl wie aufs Stichwort. »Die *Vox* leiten diesen Ort.«

»Sieht eigentlich eher so aus, als ob niemand diesen Ort leitet«, entgegnete Sven und hob eine Augenbraue. »Das ist es, was jetzt als Leitung von etwas gilt? Ein Haufen Kinder, die mit ihren Farben auf ihren Jacken abhängen? Was steht ihr hier so rum?«

Sie starrten ihn verblüfft an.

Sven lehnte sich an der Außenseite der Bushaltestelle an und verschränkte die Arme. »Keine schwere Frage, Jungs. Macht ihr gerade Mittagspause? Und in einer Viertelstunde seid ihr wieder knallharte Kerle? Oder hattet ihr es einfach satt, euch beim Spielen von *Grand Theft Auto* einen runterzuholen und habt beschlossen, euch zu verkleiden und hier draußen rumzuhängen?«

Die Jungs sahen jetzt mörderisch wütend aus.

»Halt die Klappe«, befahl der erste. »Du hast deine besten Jahre hinter dir, alter Mann. Du willst dich doch nicht mit uns anlegen.«

»Mit euch anlegen? Ich könnte heute eine Crew zusammenstellen und morgen gehört mir der ganze Laden hier.« Sven hob die Hände. »Werde ich nicht, aber du solltest dich lieber zusammenreißen, bevor dich noch jemand mit heruntergelassener Hose sieht.«

»Der Grund, warum hier nichts abgeht, ist, weil wir alles unter Kontrolle ...«, begann der erste.

Seine Worte endeten in einem Glucksen, als er den Druck von Svens Pistole direkt unter seinen Rippen spürte. Hinter ihm erstarrten seine Freunde, die Hände griffen nach den Holstern unter ihren Jacken.

»Der Grund, warum ich hier nichts sehe«, sagte Sven gespielt freundlich, »ist, dass diese Gegend seit Jahren scheiße ist und die einzigen Leute hier zahnlose, alte Damen wie du sind. Aber jetzt geht's aufwärts. Ihr habt da drüben diese schönen, glänzenden Autos. Ihr habt diese schnöseligen Büroleute, die nicht auf ihr Portemonnaie aufpassen. Ihr habt die Neureichen-Babys.« Er zog übertrieben laut schniefend seine Nase hoch, um darzustellen, wohin deren ganzes Geld ging. »Wenn ihr überrollt werden wollt, spielt einfach weiter Gangster. Wenn ihr das, was auf euch zukommt, überleben wollt, dann reißt euch zusammen.«

Er trat zurück und seine Waffe verschwand im Holster unter dem Saum seines T-Shirts.

Die Jungs starrten ihn bloß an.

»Du hast Glück, dass ich dich zuerst gesehen habe«, ergänzte Sven, »und nicht einer von denen, wer auch immer diese andere Gang ist. Ihr könntet sie überrumpeln, wenn ihr jetzt die Kontrolle übernehmt.« Er gab einen spöttischen Gruß von sich und wechselte die Straßenseite. Er war nicht besorgt, dass sie auf ihn schießen würden. Sie hatten gerade ihren Arsch versohlt bekommen und würden es jetzt an jemand Schwächerem auslassen.

Wie zum Beispiel an einem dieser Büroangestellten, mit einer unbewachten Brieftasche.

Das würden auch die anderen Gangs tun, sobald Sven ihnen unter die Haut gegangen war. Little Tokyo war kurz davor zu explodieren, gerade so, um alle Geschäftsinhaber zu erschrecken.

Dann würde alles wieder schön ruhig werden, sobald Pauline die Kontrolle übernehmen würde. Sven lächelte vor sich hin. Er teilte einige von Johnnys Bedenken über ihren Boss, aber er war auch froh, nicht mehr in einer der Jungs-Gangs zu sein, mit denen er aufgewachsen war, mit all dem Macho-Gehabe und dem dummen Gerede.

Es dauerte ewig, etwas zu erledigen, wenn jeder versuchte, den anderen zu übertrumpfen. Pauline bekam alles in kürzester Zeit hin und es war schon langsam zu erkennen, wie sie die anderen Gangs hier draußen im Kreis laufen ließ. Bald würden ihnen ein paar coole Bezirke in LA gehören und dann würden sie in Geld schwimmen.

Sven bog in eine Gasse ab und steuerte auf das *Dreads*-Territorium zu.

KAPITEL 13

Kera steckte ihr immer noch nasses Haar unter eine Mütze und schnappte sich ihren Rucksack. Sie war ausgehungert und auf einen Spaziergang freute sie sich nicht wirklich, aber sie brauchte dringend etwas zu essen.

Außerdem würde es wahrscheinlich guttun, irgendwann ihre Wohnung zu verlassen. Der Bonus war, dass, wenn sie zurückkam, die Welt vielleicht wieder normal sein würde. Sie bezweifelte es, aber es war ja durchaus möglich.

Ihr Handy klingelte, als sie ging und sie zog es heraus, um eine Nachricht von Stephanie zu sehen, die fragte, ob es ihr gut ginge. Da Cevin sehr wortkarg war und eine Menge zusätzlicher Sicherheitskameras bestellt hatte, waren die anderen Kellnerinnen schon nervös gewesen, bevor er dann erwähnte, dass Kera für ein paar Tage ausfallen würde.

Um sie nicht zu beunruhigen, schrieb Kera so langweilig zurück, wie es ihr möglich war und ließ es so aussehen, als ob sie gerade eine schlimme Krankheit bekommen hätte. Sie endete mit: »**Der vergangene Tag war wie ein Nebel, ehrlich gesagt.**«

Es war schon irgendwie wahr, dachte sie. Nur war sie sich ziemlich sicher, dass es eher ein Dunst gewesen war, weil sie sich versehentlich selbst mit einem Gedächtnislöschungszauber getroffen hatte und dieser hatte das, was sie zu löschen versuchte, übersehen.

Natürlich konnte sie sich auch nicht daran erinnern, was sie zu löschen versucht hatte, also konnte sie nicht einmal sagen, ob es überhaupt wie beabsichtigt funktioniert hatte.

Dem gehen wir erst einmal aus dem Weg, sagte sie sich.

Im Laden der Kims winkte sie am Tresen und war überrascht, als sie nur ein abgelenktes Winken zurückbekam. In der Annahme, dass Mister Kim einfach nur müde war, machte sie sich an den Einkauf von Lebensmitteln. Da ihr Appetit so groß war, musste sie sich daran erinnern, nicht zu viele Lebensmittel einzukaufen. Schließlich würde sie die ja alle zurücktragen müssen.

Kera war seit heute Morgen so unglaublich hungrig gewesen, dass sie versuchte, etwas kalorienreiche Nahrung zu sich zu nehmen. Sie schnappte sich mehrere Päckchen Nüsse und Studentenfutter, etwas Müsli und Erdnussbutter, Cracker und einen Block Käse, zusammen mit Gemüse, das sie mehr aus Pflichtgefühl tat als aus anderen Gründen. Sie nahm auch einen Eierkarton mit zehn Eiern und eine Vollmilch mit, weil sie dachte, dass das irgendwie gesund sei.

Auf dem Weg zum Tresen schnappte sie sich auch noch drei Notizbücher. Sie war es leid, dass alles, was sie besaß, mit Post-it-Zetteln bedeckt war.

Mister Kim hob die Augenbrauen angesichts der großen Menge an Essen.

»Veranstaltest du eine Dinnerparty?«, scherzte er. »Und auf dieser wirst du auch Frühstück servieren?«

Kera lächelte, als er das alles aufzählte.

»Ich habe Zee nicht gehört, bevor du hereingekommen bist«, kommentierte Mister Kim.

»Oh.« Sie kämpfte damit, wie viel sie ihm angesichts der Umstände sagen sollte. »Zee ist ... in der Werkstatt.« Sie versuchte einen Weg zu finden, nicht zu erwähnen, was passiert war. »Es gab einen Unfall.«

»Oh, nein!« Seine Augen weiteten sich. »Du siehst aber nicht verletzt aus ...«

»Oh, nicht diese Art von Unfall.« Jetzt fühlte sie sich sowohl aufgeregt, als auch schuldig. »Es tut mir leid, dass ich Sie beunruhigt habe, Mister Kim. Jemand hat mein Motorrad beschädigt, aber mir geht es gut.«

»Nun, dann bin ich zumindest darüber froh.« Sein Gesicht entspannte sich und sie sah wieder diese seltsame Ruhe in seinen Augen.

»Mister Kim, geht es *Ihnen* gut?«

»Ich ... ja, Kera, vielen Dank. Es ist nett, dass du fragst.« Aber sie bemerkte, dass seine Hände leicht zitterten, als er begann, ihre Einkäufe zu scannen. Seine Bewegungen waren noch steifer als sonst, doch *das* schien nicht einmal das zu sein, was ihm Sorgen zu bereiten schien.

Sie sah zu Boden, unsicher, was sie sagen sollte. Dafür, dass er Schmerzen zu haben schien, versuchte er, sie sich nicht anmerken zu lassen. Doch sie hatte ihn noch nie so *verängstigt* gesehen. Verängstigt und traurig.

Während sie ihre Sachen in den Rucksack packte, lehnte sich Mister Kim über den Tresen, um auf den Parkplatz hinauszuschauen.

»Gehst du zu Fuß nach Hause?«, fragte er sie.

»Ja. Es ist schönes Wetter.« *Es war wirklich schön draußen*, sagte sie sich. Viele Einwohner von LA würden den Tag als kalt empfinden, aber nach einem Leben mit Wintern in New England empfand sie ihn als angenehm warm.

»Ich könnte Sam bitten, dich zu fahren«, sagte er ihr. »Er hat gerade erst seinen Führerschein gemacht, aber ich versichere dir, dass er sehr gut mit dem Auto umgehen kann. Ich erinnere mich, dass du einmal erwähnt hast, dass du drüben in diesem Lagerhaus wohnst, ja?«

»Ja.« Kera lächelte. Als sie neu hierher gezogen war, waren die Kims unglaublich hilfsbereit gewesen, um ihr die Nachbarschaft zu zeigen.

Es war lieb von ihm, dass er sich um sie sorgte, aber sie wollte nicht, dass sie ihm irgendwelche Umstände machte. Kera entgegnete mit einem Lächeln und mehreren Danksagungen, dann hielt sie unbeholfen inne. »Wenn ich noch irgendetwas tun kann, um zu helfen ...«

Mister Kim schenkte ihr ein Lächeln, das sowohl freundlich als auch herzzerreißend traurig war. »Deine Eltern haben dich sehr gut erzogen. Geh, sei jung und hab einen schönen Tag. Genieße deine Frühstücksparty, ja?«

Kera nickte und schlüpfte aus der Tür, aber auf dem Weg zurück zu ihrem Haus konnte sie nicht aufhören, über Mister Kims Gesichtsausdruck nachzudenken. Offensichtlich befand Sam sich nicht in irgendwelchen Schwierigkeiten und Mister Kims Arthritis schien anscheinend auch nicht die Quelle seiner Probleme zu sein.

War der Laden in Schwierigkeiten? Keras Eltern hatten im Laufe der Jahre mehrere Geschäfte geführt und sie hatten ihr beigebracht, dass alle Geschäfte mal Pech haben können. Vielleicht waren die Verkäufe nicht so, wie sie sein sollten. Vielleicht waren Reparaturen nötig.

Sie sagte sich, dass es nicht ihr Problem war, das sie lösen musste, aber die Wahrheit war, dass die Kims einige der nettesten Leute waren, die sie in LA kennengelernt hatte. Mit ihren ehemaligen College-Kollegen hielt sie keinen Kontakt mehr, und ...

Sie blieb wie erstarrt stehen.

Christian. Zwischen dem Idioten, der auf Zee geschossen hatte, Mister Kims Sorge und dem winzigen Detail, dass Magie anscheinend real war und sie *zaubern* konnte, hatte sie Christian völlig vergessen.

Es war schön gewesen, ihn zu sehen. Sie hatte ihn schon ein paar Mal im *Mermaid* gesehen, doch er war bisher nie vorbeigekommen, um Hallo zu sagen. Ehrlich gesagt hatte sie das schon erwartet. Wenn man eine Arbeitsuniform trug, neigte man dazu, unsichtbar zu werden, sogar für Leute, die man gut kannte.

Aber es schien, als *hätte* er sich an sie erinnert, da er sie gebeten hatte, sich an der Lösung seines Arbeitsproblems zu versuchen. Sie lächelte, als sie sich wieder auf den Weg nach Hause machte und ihre Daumen in die Riemen ihres Rucksacks einhakte. Es hatte sich gut angefühlt, wieder Code-Probleme zu lösen. Es war immer zu gleichen Teilen ärgerlich und befriedigend gewesen, aber der Rausch, den man verspürte, wenn man endlich etwas gelöst hatte, war einfach nicht zu übertreffen.

Als sie nach Hause kam, ging sie direkt zu ihrer Küchenzeile, stellte ihre Einkäufe darauf ab und nahm den Eierkarton aus dem Rucksack. Sie hatte sich dazu entschlossen, zuerst ein Omelett mit drei Eiern zu machen, bevor sie sich etwas anderem widmete.

Sie gab die drei Eier in eine Schüssel, verquirlte sie mit einer Gabel und fügte nach kurzem Überlegen zwei weitere Eier hinzu.

Dann schnitt sie Paprika und Zwiebeln, gab sie zu den Eiern, rührte noch mal kurz um und goss die Mischung kopfschüttelnd in eine heiße Pfanne. Nachdem das dampfende Omelett fertig war, ließ sie es auf einen Teller gleiten.

»Du wirst das niemals alles aufessen können, Kera«, sagte sie sich, nur um es danach so schnell hinunterzuschlingen, dass sie sich dabei mehrfach die Zunge verbrannte.

»Wer braucht schon einen Feuerteufelzauber?«, murmelte sie vor sich hin. »Wenn dieses Arschloch zurückkommt, werfe ich einfach ein Omelett nach ihm.«

Nachdem ihr Hunger vorübergehend gestillt war, machte sie sich daran, die Notizen zu sammeln, die sie auf Post-It-Zetteln notiert hatte. Sie hatte auf ihrem Spaziergang darüber nachgedacht und die Arbeit in drei Etappen eingeteilt: alle Notizen in einem Bereich sammeln, sie nach Themen sortieren und dann die Informationen ordentlich auf Papier bringen.

Als sie mit der ganzen Arbeit fertig war, hatte sie nicht nur eine gute Vorstellung davon, wo ihre Grenzen in Bezug auf verschiedene Zaubersprüche lagen, sondern sie hatte *auch* einen großen Stapel Notizen über die Dinge, die sie zu vergessen versucht hatte.

In Anbetracht der Tatsache, dass sie sich weder an irgendein Missgeschick bei einem Theaterstück aus der achten Klasse, noch an ein brenzliges Gespräch mit ihrer Mutter oder an ein, wie es in ihren Notizen hieß, ›verpfuschtes Date mit einem Silicon-Valley-Typen‹, erinnern konnte, konnte sie nur annehmen, dass es ihr mit dem Gehirnbleichzauber ziemlich gut ging.

Das einzige Problem war, dass es ein wenig zu ›bluten‹ schien, die Erinnerungslöschung breitete sich nämlich auf andere verwandte Erinnerungen oder Zeiten aus und dieser Effekt wurde ausgeprägter, je öfter er angewendet wurde. Bei einem zweiten Durchlesen ihrer Notizen konnte sie sehen, dass dieser Effekt langsam eskaliert war.

Und offenbar hatte sie es auch geschafft, die meisten ihrer Erinnerungen an die Nacht zu löschen.

Vermutlich würde das Leute, die nur eine Sache vergessen wollten, nicht beeinträchtigen, aber noch hatte sie gar keine Ahnung, wie sie das verkaufen konnte. Es war ja schließlich nicht so, dass *jeder* zaubern konnte, oder? Vielleicht würde sie als eine dieser Leute enden, die sich in wallende Kleider kleideten und viele Kristalle trugen und einfach nur sehr reichen, exzentrischen Berühmtheiten halfen.

Das gefiel ihr gar nicht. Natürlich würde sie einen Haufen Geld verdienen, aber sie wollte niemanden betrügen, auch wenn die meisten von ihnen es wahrscheinlich verdienten.

Sie hatte jetzt nun mal diese Fähigkeit und sie wollte etwas *Nützliches* damit machen.

In Anbetracht der Tatsache, dass der Gedächtniszauber bestenfalls problematisch war, beschloss sie, zu ihrer Arbeit an dem Feuerzauber zurückzukehren. Ihrer Meinung nach war es besser, ein paar wenige Techniken zu beherrschen, als viele zu lernen, die sie offensichtlich nicht sehr gut anwenden konnte.

Ihr ganzes bisheriges ›Training‹ hatte sich darauf bezogen, was sie das Feuer *tun* lassen konnte, aber jetzt wollte sie an den Gesten arbeiten, die das Feuer erscheinen ließen. Konnte sie die Geste auch von der Seite machen und nicht bloß mit der Hand von sich gestreckt? Konnte sie die Magie auch ganz ohne Geste ausführen?

Sie wusste es nicht, aber sie wollte es herausfinden.

Es stellte sich heraus, dass das Üben von Magie ähnlich wie das Programmieren war. Wenn man einmal angefangen hatte, war es schwierig, sich daran zu erinnern, wieder aufzuhören. Kera übte, während die Sonne am Himmel versank, hielt hin und wieder inne, um sich Notizen zu machen und gelegentlich den Heilzauber für Fingerspitzen nachzuschlagen, die einen verirrten Funken gefangen hatten.

Als sie innehielt, hatte sie eine ziemlich gute Vorstellung davon entwickelt, wo ihre Grenzen lagen. Der wichtige Teil der Bestimmung dessen, was Feuer fing, war, sich darauf zu konzentrieren, wo genau das Feuer sein sollte und wie es das Material entzünden sollte, das sie als Brennstoff verwenden würde. Die *Geste* konnte überall gemacht werden, aber der Spruch würde komplett ohne sie nicht funktionieren.

In diesem Fall wäre es sehr nützlich, einen Lehrer zu haben, überlegte sie. Sie hatte den Eindruck, dass die Visualisierung des Feuers deutlich wichtiger war als die Geste an sich, doch sie hatte nichts, worauf sie sich stützen konnte.

Als sich ihr Magen plötzlich mit einem Knurren meldete, merkte sie, dass sie wieder Heißhunger hatte. Nicht nur das, ihre Hose schien tatsächlich ein wenig lockerer zu sitzen.

Nur meine Einbildung, dachte sie sich, aber sie machte auch eine mentale Notiz, eine Waage zu kaufen, damit sie ihr Gewicht im Auge behalten konnte. Vielleicht war der Einsatz von Magie sogar effizienter als Intervalltraining, um Kalorien zu verbrennen.

Vergiss die Hirnbleiche. Hiermit würde man viel mehr Geld machen können!

Sie kochte die restlichen fünf Eier mit so viel Gemüse, wie nur in die Pfanne passte und rieb Käse darüber. So langsam wurde ihr schlecht von den Eiern, nachdem sie so viele an einem Tag gegessen hatte, aber das hielt sie nicht davon ab, das Essen mit grimmiger Effizienz in ihren Mund zu schaufeln.

Aus irgendeinem Grund wollte sie jetzt unbedingt Spinat, obwohl sie wusste, dass er nicht annähernd kalorienreich genug war.

War sie auf einmal anämisch geworden? Normalerweise aß sie ziemlich ausgeglichen und gesund, also wäre sie überrascht, mit einer Art von Nährstoffmangel zu enden, aber alles war möglich, besonders, nachdem sich schon herausgestellt hatte, dass sie eine Art Hexe war.

Gab es ein Internetforum, welches sie besuchen konnte? Ein FAQ, das sie sich durchlesen konnte?

»Häufig auftretende Nebenwirkungen, wenn man anfängt, Magie zu praktizieren?«

Sie schüttelte den Kopf und ordnete ihre Notizen über den Feuerzauber, während sie dabei fast eine ganze Tüte Studentenfutter aß.

Als sie fertig war, war sie auf einmal so müde, dass sie sich nur noch ins Bett legen konnte. Sie schlief ein, ohne auch nur den Pyjama anzuziehen und schlief einen traumlosen Schlaf der reinen Erschöpfung.

KAPITEL 14

Mit den verbesserten Pendelzaubern blieb nur noch, einen Weg zu finden, den angewendeten Zauber aus der Ferne zu überprüfen. Deshalb fand Mutter LeBlanc James am nächsten Tag auf einer rostigen Leiter hockend vor, wo er versuchte, mit einem Minimum an Aufwand eine drahtlose Webcam zu installieren.

Sie unterbrach ihn nicht. Tatsächlich war sie so still, dass James, als er mit seiner Arbeit fertig war und sie fragte, was er tat, vor Überraschung fast von der Leiter fiel.

»Ich bitte um Verzeihung«, entschuldigte sie sich mit ernster Miene. »Ich dachte, Sie wären sich meiner Anwesenheit bewusst.«

James wartete, bis das Hämmern in seinem Herzen nachließ, bevor er die Leiter hinunterkletterte. Auf festem Boden angekommen, streckte er ächzend seine Arme und Hände aus.

»Uff, das war schwierig.«

»Mir war nicht klar, dass die Installation dieser Geräte so schwierig ist«, bemerkte Madame LeBlanc.

»Das sollte es nicht sein.« James drehte seinen Hals, der laut knackte. »Die Sache ist die, dass man eigentlich Kleber oder Nägel benutzen soll und das wollte ich in diesem Haus nicht tun.«

»Ah. Sehr weise.« Sie setzte sich anmutig. »Obwohl ich gern Marys Gesicht gesehen hätte, wenn sie das erfahren hätte.«

James kicherte. »Wir könnten ihr ja sagen, dass ich das getan habe.«

»In der Tat, das könnten wir.« Sie schenkte ihm ein verschwörerisches Lächeln. »Aber womit haben Sie es dann befestigt?«

»Magie.« Als er ihren missbilligenden Blick sah, zuckte James mit den Schultern. »Ich musste schließlich sicherstellen, dass die Verbindung nicht unterbrochen wird, also musste ich sowieso so arbeiten. Wenn man bedenkt, war das eine sehr kleine Menge Magie.«

»Das weiß ich, aber wir werden bald wirklich all unsere Kräfte brauchen«, erinnerte sie ihn. »Wir haben keine Ahnung, auf was für Menschen wir treffen könnten. Es ist das Beste, auf alles vorbereitet zu sein.«

»Ich weiß.« James seufzte. »Wir müssen einfach einen Haufen Energydrinks einpacken und das Beste hoffen.«

»Warum ihr Leute immer wieder die unzivilisierteste Art wählt, um Nahrung und Energie aufzunehmen, werde ich nie erfahren.« Sie ließ ihre Hand in eine Art Tasche ihres Gewandes gleiten und als sie wieder zum Vorschein kam, hielt sie einen frischen Beignet, komplett mit Puderzucker bestäubt. Sie lächelte selig. »Ich habe diese Dinge vermisst«, sagte sie ihm, bevor sie hineinbiss. Der Puderzucker rieselte nach unten und verschwand, noch bevor er den Stoff ihres Kleides berührte.

James starrte sie verwundert an. Er erwog sie zu fragen, ob ihr Kleid Lebensmittel mit Markennamen wie *Kinder Joy Überraschungseier* oder die mythischen und streng gehüteten elf Kräuter und Gewürze von *Kentucky*

Fried Chicken reproduzieren konnte, entschied sich aber dagegen.

»Ich nehme nicht an, dass Sie mehr davon haben?«, fragte er schließlich.

»Doch, das tue ich in der Tat.« Sie kramte einen hübschen Porzellanteller, auf dem sich weitere Beignets stapelten und dann zwei Tassen Kaffee, die, wenn man dem Geruch glauben durfte, ungefähr so stark waren wie Kerosin, hervor.

James nahm einen Bissen und glaubte kurz, Engelsgesang hören zu können. Der Beignet war himmlisch, perfekt gegart, nur einen Hauch zu heiß und knusprig, ohne fettig zu sein. Der Puderzucker schmolz in seinem Mund und er kaute langsam, um dieses Geschmackserlebnis in vollen Zügen zu genießen.

»Das ist unglaublich«, sagte er, während er kaute.

»Danke.« Sie lächelte. »Obwohl meine bei weitem nicht so gut sind wie die im Café Du Monde. Wenn wir in New Orleans Halt machen, haben wir vielleicht Zeit, dort vorbeizuschauen.«

James nickte zustimmend, sein Mund war zu voll, als dass er hätte sprechen können. Als er fertig gekaut hatte, wies er auf etwas hin, das ihm auf der Pendelkarte aufgefallen war: »Wie Sie wahrscheinlich bemerkt haben, haben wir einen ständigen Strom blinkender Lichter in der Gegend von New Orleans gesehen.«

Madame LeBlanc lächelte zurück. »Natürlich. Ich würde nichts anderes erwarten.«

»Und«, fügte James hinzu, »einer, der in Arizona immer wieder auftaucht. Möglicherweise ein Ausreißer aus Kalifornien? Oder es könnte die Art von Person sein, die in Sedona lebt. Die glauben ja an alles.«

»Sie übersehen eine Möglichkeit«, erinnerte ihn Madame LeBlanc. »Ein Navajo-Schamane, vielleicht?«

»Stimmt, aber es ist doch eher unwahrscheinlich, dass es dann mit unserem Buch zu tun hat.«

»Vielleicht, aber dann haben wir anscheinend bisher nicht von ihnen gewusst und wir täten gut daran, uns an andere Verbände im ganzen Land zu wenden.«

»Mmm.« James nickte und dachte nach. Seine Augen waren auf die Karte gerichtet und schließlich sagte er: »Erinnern Sie sich an den Film *Men in Black*?«

»Mm, nein.« Madame LeBlancs Nase rümpfte sich. »Ich bin kein Fan von Will Smith.«

»Was?« James rückte seine Brille zurecht. Er hätte erwartet, dass Madame LeBlanc den Film nicht kannte, aber er war nicht darauf vorbereitet, dass sie eine Meinung über den Star des Films haben würde. »Warum mögen Sie ihn nicht? Ich dachte, *jeder* mag ihn.«

Sie hob elegant die Schultern. »Er kommt mir arrogant vor. Er ist schon zu lange in Hollywood, seit dieser Bel-Air-Show, was auch immer das damals war.«

»*Das* haben Sie sich angeschaut?«

»James, ich versuche, mit der Popkultur Schritt zu halten.«

»Das ist mir neu«, erwiderte James. »Wie auch immer, manche finden ihn arrogant, andere wiederum selbstbewusst und einfach nur *cool*. Für mich ist er *cool*.«

»Sie haben ein Recht auf Ihre Meinung«, bemerkte die Oberhexe. »Aber *mich* spricht er nicht an. Wie auch immer, ich glaube, Sie wollten eigentlich noch auf etwas hinaus?«

»Oh. Richtig. Nun, es gibt eine Szene im ersten Film, wo sie verschiedene Boulevardmagazine kaufen, um über seltsame Ereignisse auf dem Laufenden zu bleiben. Niemand nimmt diese ernst, also ist es eine einfache Quelle für nützliche Informationen nur für diejenigen, die sich auskennen. Ich würde vorschlagen, wir gehen online und machen etwas Ähnliches. Wir machen uns auf die Suche nach Websites, die über seltsame oder paranormale Ereignisse oder verrückte Verschwörungstheorien berichten. Das könnte eine Goldgrube an Informationen sein, während wir unterwegs sind.«

Nachdem sie darüber nachgedacht hatte, gab Madame LeBlanc ein anerkennendes Nicken von sich. »Das könnte funktionieren. Wir wissen, in welchen Staaten sich unsere Kandidaten befinden und in welchem Gebiet. Es wäre schön, wenn wir das Pendelverfahren verbessern könnten, aber es wäre eine Verschwendung unserer Zeit, nur hier zu bleiben.« Sie nahm einen Schluck von ihrem Kaffee und ließ langsam den Atem ausströmen. »Ja. Ich glaube, es ist nun an der Zeit, dass wir uns auf die Suche machen.«

»Ja, das ist es.« James sah sich um und spürte einen unerwarteten Stich von etwas wie Nostalgie. Natürlich würde er wieder hierhin zurückkehren, doch das würde eine Weile dauern. Diese Reise würde ihn weit weg von dem Ort führen, den er sein Zuhause nannte.

Natürlich könnte bei ihrer Rückkehr auch jemand dabei sein, der das Herrenhaus zum allererstten Mal sehen würde.

Würden sie es zu schätzen wissen? Würden sie die Geschichte des Ortes verstehen oder wären sie zu sehr an modernere Lebensweisen gewöhnt?

»Was passiert«, fragte er Madame LeBlanc also, »wenn wir jemanden finden und sie nicht kompatibel sind? Wenn die Welt schon zu weit fortgeschritten ist, um neue Rekruten nach den alten Lehren ausbilden zu können?«

Mutter LeBlanc verzog ihre vollen Lippen zu einem weiten Lächeln. »Sie sind noch sehr jung, James.«

»Sie sehen nicht annähernd alt genug aus, um so etwas zu sagen«, bemerkte er.

»Ich weiß, doch es ist so. Unser Beruf war noch nie ein Beruf mit Tausenden von Anhängern und die Welt um uns herum hat sich schon viele Male unermesslich verändert. Trotzdem haben wir uns nicht unterkriegen lassen.«

James dachte über ihre Worte nach. »Doch was, wenn es dieses Mal fehlschlägt?«

Sie zog ihre Pfeife heraus und ein Hauch von Rauch kräuselte sich durch die Luft, der Geruch war süß und angenehm. Wie der Puderzucker von ihren Beignets würde auch dieser Rauch nichts beflecken.

»Als ich jung war«, erzählte Madame LeBlanc schließlich, »glaubte ich, dass die Welt komplett neu gestaltet werden muss. Dann wurde ich älter und ich glaubte genauso fest daran, dass die Generationen vor uns ebenso große oder größere Prüfungen durchgemacht hatten und ihre Weisheit die Gesellschaft besser leiten würde als unser Wunsch nach etwas Neuem und Anderem.«

James nickte verständnisvoll.

»Nun, ich denke, dass die Gesellschaft vielleicht funktioniert wie ... oh, wie nennt man das nur? Die Art, wie sich die Dinge mit der Zeit angleichen. Materie füllt den leeren Raum. Ein Farbstoff mischt sich mit Wasser. Wir halten uns für die Bewahrer einer großen Tradition,

James, aber wir sind anders als die, die vor uns kamen, so wie die Welt nun anders ist.«

James wartete, unsicher, worauf genau sie damit hinauswollte.

»Wenn unsere Linie ausstirbt, dann vielleicht, weil wir bereits unseren Zweck erfüllt haben«, schlussfolgerte Madame LeBlanc schließlich.

»Nein.« Er weigerte sich, das zu akzeptieren.

Sie lächelte. »Ich glaube nicht, dass es geschehen wird, aber diese Fragen müssen gestellt werden.«

»Die Welt braucht uns«, entgegnete James. »Wir haben uns viel zu lange zurückgelehnt und jetzt sehen wir, wie sich das Chaos ausbreitet. Die Welt ist instabil. Sie braucht das Gleichgewicht, das wir ihr bringen können. Oder, wie Sie vor Wochen schon sagten, es könnte eine Zeit kommen, in der es eine Krise gibt, die nur wir lösen können und das auch *nur*, wenn wir mit voller Kraft dabei sind.«

»Ich stimme zu«, sagte sie bereitwillig. »Ich glaube fest, dass es uns sehr geholfen hat, dass Sie einen neuen Weg gewählt haben, um Rekruten zu finden. Diejenigen, die wir als Nächstes finden, *werden* uns verändern, so wie Sie und ich und jedes Mitglied des Rates uns verändert haben.«

James nickte bei diesen Worten.

»Und wenn es doch in die falsche Richtung geht, könnten wir dann immer noch ihre Erinnerungen an uns löschen.« Sie lächelte verschwörerisch.

Mister Lovecraft zuckte zusammen. »Ich habe diesen Zauber immer gehasst. Als ich den verdammten Spruch zum ersten Mal gelernt habe, wusste ich nicht, wie ich ihn kontrollieren sollte, während ich an mir selbst experimentierte und es ist vollkommen außer Kontrolle geraten. Am Ende musste ich überall in meiner verdammten Wohnung Nachrichten hinterlassen, damit ich mich wenigstens an irgendetwas erinnern konnte.«

Seine Begleiterin lachte. »Ich glaube, das haben wir alle getan. Ich habe sie mit Holzkohle auf meinen Fußboden geschrieben.«

Sich wieder auf die anstehende Aufgabe konzentrierend, grinste James und wandte sich seinem Laptop zu. »Okay, fangen wir mal auf dem Forum *Reddit* an und schauen, was wir für Verschwörungsartikel finden.«

Madame LeBlanc beäugte ihn. »Gerade, wenn ich denke, dass es nichts mehr geben könnte, womit Sie mich überraschen können, holen Sie etwas aus Ihrer eigenen kleinen Version meines Rocks. Wie auch immer, denken Sie nicht, dass Sie besser anfangen sollten zu packen?«

»Packen.« James schauderte. »Ich hasse packen. Außerdem werden wir nicht viel Platz im Phantom haben.«

»Wie bitte?« Sie sah ihn stirnrunzelnd an.

»Oh, habe ich es Ihnen nicht gesagt? Ich dachte, anstatt irgendeinen Mietwagen zu nehmen, könnten wir einfach meinen *Rolls* nehmen.« James hatte es in seiner Karriere damals sehr weit gebracht und war noch dazu bereits mit einem Vermögen geboren worden. Einer seiner wertvollsten Besitztümer war ein Rolls Royce Phantom VI, den er in mühevoller Kleinarbeit mit einer Klimaanlage aufgerüstet hatte.

»Ich verstehe«, erwiderte Madame LeBlanc. »Nun, wenn das so ist, werde ich dementsprechend packen. Kommen Sie mit, James. James. *James.*«

»Aber das Forum ... die ganzen Beiträge ...«, entgegnete James, ließ sich aber trotzdem aus dem Raum führen. »Wie soll ich eigentlich für den Winter im Süden packen? Niemals wird es dort auch so kalt sein wie bei uns.«

»Als ob man nicht bei jeder Gelegenheit von Eis und Schnee überrascht werden könnte, besonders auf unserer Mission.« Madame LeBlanc schauderte, als sie aus dem Fenster sah. »Übrigens, seien Sie darauf gefasst, dass Sie sehr gute Argumente brauchen werden, um jemanden aus einem schönen Teil des Landes zu überreden, *hierher* zu kommen, um Magie zu lernen.«

»Es *ist* schön hier«, protestierte James.

Dieser Aussage würdigte sie keine Antwort.

KAPITEL 15

Johnny und Sven saßen an gegenüberliegenden Enden der Bar. Svens Haare waren schon an sich ein unverwechselbares Merkmal, zusammen würden die beiden also ein auffälliges Paar abgeben.

Sie waren immerhin nur zum Beobachten hier. Niemand sollte erkennen, dass sie zusammengehörten.

Ihre ganzen Bemühungen vom Vortag hatten sofortige Ergebnisse hervorgebracht. Johnnys Abhören des Polizeifunks hatte mehrere hysterische Anrufe von Schnöseln aufgefangen, die nicht wussten, was sie tun sollten, nachdem ein gemeines Kind ihnen ihr Geld geklaut hatte.

Die Polizei konnte dagegen natürlich nicht viel tun. Sie tauchten auf, um Details zu notieren und dann verschwanden sie wieder, die Schnösel gingen und die Gangmitglieder kamen wieder aus ihren Gassen und Wohnungen heraus. Jetzt war eine neue, andere Energie in ihnen, ein Hunger nach Konfrontation.

Johnny kannte das alles. Er war elf gewesen, als er zum ersten Mal jemanden überfallen hatte und er war danach tagelang high gewesen. Sobald man merkte, dass man sich einfach nehmen konnte, was man wollte, war die Welt eine ganz andere. Man lernte den Geruch der Schwäche kennen. Man lernte sogar, einen hasserfüllten Blick zu genießen. Schließlich fühlte es sich gut an, sich zu nehmen, was man wollte, aber es fühlte sich noch besser an, wenn die Person dich hasste und es dich trotzdem machen ließ. Das war ein viel größerer Gewinn.

Du würdest für den Rest deines Lebens diesem Hochgefühl hinterherjagen.

Das war der Grund, warum Johnny Pauline immer noch nicht traute. Seiner Meinung nach konnte man Menschen nach zwei Dingen beurteilen. Erstens, was sie wollten und zweitens, was sie bereit waren zu tun, um es zu bekommen. Er konnte einfach nicht herausfinden, was sie denn wollte.

Eine friedliche Welt? Das war Blödsinn, sie wollte etwas mehr. *Macht* war auch nicht das, was die Leute wollten. Sie wollten Macht, damit sie etwas damit *machen* konnten – meistens reich sein.

Aber alles an Pauline war unscheinbar. Sie kaufte keine Diamanten oder Drogen. Er hatte sie noch nie ein Essen genießen sehen. Sie schien alles zu tun, um nicht aufzufallen. Ihm blieb eine Chefin, die nichts Bestimmtes zu wollen schien, aber auch vor nichts zurückschreckte, um sicherzustellen, dass sie ... was immer es war, bekam.

Das war gefährlich. Sie würde wahrscheinlich irgendwann ausgeschaltet werden müssen.

Johnnys Aufmerksamkeit wurde erregt, als zwei junge Männer zusammenstießen, als sie den Raum durchquerten. Beide hatten den Zusammenstoß kommen sehen und keiner von ihnen hatte zurückweichen wollen. Sie traten beide einen Schritt zurück, um sich gegenseitig aufgebracht anzustarren und Johnnys

Augen trafen für einen kurzen Moment auf die von Sven.

Es war so einfach, das Gleichgewicht zu kippen.

Es wurden Worte ausgetauscht. Johnny konnte nicht hören, was genau gesagt wurde, aber die Einzelheiten waren auch nicht wichtig. Wichtig war nur, dass es gleich eskalierte. Die beiden Typen starrten sich mit versteinerten Gesichtszügen an, während langsam die Hände zu den versteckten Waffen glitten.

Es brauchte nur einen Freund, der aufstand, damit die Seiten deutlich sichtbar sein würden.

Johnny blieb, wo er war. Sie würden keine Notiz von ihm nehmen, es sei denn, er kam ihnen in die Quere und das hatte er diesmal nicht vor. Er wollte sehen, wer versuchte, die Dinge zu deeskalieren.

Denn das waren die Stimmen, die zum Schweigen gebracht werden mussten.

Sicher genug, sie kamen aus dem Gebälk, zwei oder drei Typen auf jeder Seite, die versuchten, die Leute zurückzuhalten. Sie sprachen leise und eindringlich auf ihre Freunde ein.

Sie waren nicht erfolgreich. Der erste Schubser kam schnell, dann schon der nächste. Die Freunde, die versuchten, zu deeskalieren, sahen jetzt nur noch besorgter aus. Einer der Mutigeren stellte sich in die Mitte und versuchte, beide Seiten zu beruhigen, nur um von einer Person der anderen Seite mit einem Schlag niedergestreckt zu werden.

Danach ging das reine Chaos erst richtig los. Johnny lehnte sich zurück und nippte an seinem Drink, ohne sich die Mühe zu machen, sein Lächeln zu verbergen. Der Barkeeper schrie, die Gangmitglieder schrien und diverse Leute kamen zu Hilfe geeilt, aber all das war zu wenig, zu spät.

Die Seiten waren gewählt worden. Die Gangmitglieder hatten ihren ersten Vorgeschmack auf das Erzeugen von Angst und Gehorsam bekommen und sie würden es nicht dulden, dass jemand ihre Macht leugnete. In Kürze würde in diesem Bezirk das totale Chaos herrschen.

Eine Schlägerei war eine Sache, doch fliegende Kugeln dagegen kümmerte es nicht , welche Farben man trug. Als jetzt also Schusswaffen hervorgeholt wurden, stellte Johnny seinen Drink ab, legte ein paar Scheine auf den Tisch und schlüpfte mit Sven hinaus. Die beiden blieben auf dem Bürgersteig stehen.

»Läuft gut«, meinte Johnny.

Sven nickte zustimmend.

»Ich muss sagen, ich war schon ein paar Mal auf deren Seite.« Johnny ruckte mit dem Kopf in Richtung der entfernten Schreie. »Aber ich habe noch nie eine Schlägerei von außen angezettelt. Hat mehr Spaß gemacht, als ich erwartet hatte.«

»Ich habe dir gesagt, dass dir der Job gefallen wird«, betonte Sven.

»Ich fange an zu glauben, dass du doch wusstest, wovon du redest.«

»Ja und apropos, heute Abend nach dieser Party findet noch ein Treffen statt. Schwänz' nicht, komm' nicht zu spät und tauch' ja *nicht* betrunken auf.«

Johnny gab einen ironischen Gruß als Antwort und ging zu seinem Auto.

Es war an der Zeit zu sehen, wie es in Chinatown aussah. Er wollte zurück zur *Mermaid*, aber er wusste, je länger er wartete, desto befriedigender würde es sein.

Am besten lernst du ein paar Manieren, während ich warte, Blondie.

★ ★ ★

Wäre er kein Thaumaturg gewesen, würde James gar nicht erst einen Oldtimer fahren. Sie hatten zwar eine stattliche Eleganz, die ihresgleichen suchte, doch sie waren absolut empfindlich und anfällig für Pannen.

Da er jedoch ein Thaumaturg *war*, verfügte er über alle notwendigen Fähigkeiten, um zu verhindern, dass sich Rost absetzte und Einzelteile kaputt gingen. Wie bei den meisten thaumaturgischen Fähigkeiten benötigten diese Sprüche ebenfalls weniger Magie, je mehr man über das Thema wusste. Ein Glückszauber auf einen ganzen Motor würde schnell Energie abziehen, doch sehr gezielte Zauber auf bestimmte chemische Reaktionen und die Wärmeverteilung erzielten ein gleichmäßigeres Ergebnis mit deutlich weniger Aufwand.

All das bedeutete, dass James eine beliebig lange Autofahrt in seinem Phantom in unübertroffenem Komfort unternehmen konnte, ohne sich Sorgen machen zu müssen, dass irgendwelche Teile des Autos kaputt gehen könnten.

Er wollte so viel Vergnügen wie möglich aus dieser Reise herausquetschen.

Mutter LeBlanc hatte ihre eigenen Befürchtungen. »Glauben Sie nicht, dass es viel Aufmerksamkeit erregen wird, in einem solch luxuriösen Fahrzeug zu reisen?«, hatte sie sich erkundigt, nachdem sie es zum allerersten Mal gesehen hatte.

»Wahrscheinlich«, erwiderte James daraufhin fröhlich.

»Plötzlich beginnen die Berichte über seltsame Vorkommnisse«, schlussfolgerte sie. »Dann taucht ein auffälliger Oldtimer mit nördlichem Kennzeichen auf und jemand aus der Stadt verschwindet.«

»Bei Ihnen klingen wir wie Serienmörder.«

»Eher wie Leute, die auf dem Radar von Geheimdiensten landen«, entgegnete sie streng, während er ihre Koffer in den Kofferraum lud.

»Sie sind nicht lustig, wissen Sie?« James ging nach vorn, um ihr die Tür aufzuhalten.

Sie bewegte sich nicht sofort, um in den Wagen zu steigen. »James, ich muss Ihnen doch sicher nicht meine Gründe dafür erklären?«

»Natürlich nicht.« James nickte. »Beim ersten Anzeichen von übermäßigem Interesse werden wir einen Platz finden, wo wir das Auto abstellen können und mit etwas Unauffälligem weiterfahren. Ein Kombi vielleicht.« Er erschauderte.

Sie lächelte, als sie in den *Rolls* einstieg. »Ich glaube nicht, dass wir ganz *so* weit gehen müssen.«

Sie fuhren los, als die Sonne kurz vor ihrem Höchstpunkt am Himmel stand und James nahm sich ein paar Augenblicke Zeit, um das Haus im Rückspiegel zu studieren, als es sich langsam zwischen den Hügeln und Bäumen außer Sichtweite schob. Wie viele alte Herrenhäuser, lag auch dieses am Ende einer langen Auffahrt, weit von der Straße entfernt … und war bei Schnee oder Regen schwer zu erreichen.

Magie & Marketing

Wenn es darum ging, Aufmerksamkeit zu vermeiden, half ihnen jede Kleinigkeit.

Ihr erster Halt würde Charleston sein. James war zwar überrascht gewesen, in New York City keine Lichter zu sehen – die schiere Anzahl der Menschen ließ vermuten, dass eigentlich *irgendjemand* Qualifiziertes dort sein müsste – doch er freute sich auf eine gemächliche Fahrt die Küste hinunter. Er wollte südlich von Philadelphia abkürzen und durch Delaware fahren, anstatt die eher zweckmäßige *Route 95* zu nehmen.

»Ich nehme nicht an, dass Sie einen richtigen Zwischenstopp in New Orleans einlegen wollen?«, fragte er Mutter LeBlanc.

»Da wir dort einige Kandidaten gesehen haben, sollten wir das auf jeden Fall tun.« Sie nickte ihm zu.

»Nein, ich meine einen *richtigen* Stopp. Nicht geschäftlich.« Er schenkte ihr ein Lächeln. »Ich war noch nie da.«

»Und?«

Er sah sie an. »Und was?«

»Hinter Ihrer Frage steckt noch etwas anderes.« Sie lächelte ihn an.

»Und ich würde gerne mehr über Sie wissen«, gab er wahrheitsgemäß zu.

»Ich glaube nicht, dass Sie so viel erfahren werden, wie Sie hoffen«, antwortete sie ihm mit einem Lächeln. »Die Stadt verbirgt viel mehr Geheimnisse, als ich selbst weiß. Das ist einer ihrer Reize.«

Er beschleunigte, als er auf die Autobahn fuhr und lächelte zufrieden. Dieses Auto fuhr wie ein Traum.

Er verbrachte einen Moment damit, es zu genießen, bevor er zum eigentlichen Thema zurückkehrte. »Warum sind Sie in den Norden gekommen?«

Sie antwortete nicht sofort. Dann fragte sie: »Warum haben Sie denn die Großstadt verlassen?«

»Um ehrlich zu sein, ich schätzte die Einsamkeit.« Gelegentlich vermisste er die Dinge in New York City, aber das frenetische Tempo hatte ihn immer erschöpft. »Ich bin viel eher dazu geeignet, eine Art Einzelgänger zu sein als ein Geschäftsmann und ich schätzte das langsamere Ausmaß der Arbeiten, die wir erledigen, sehr.«

Sie nahm seine Worte mit Interesse auf. »Tatsächlich? Das hätte ich nicht vermutet.«

»Seltsam, wie viele Jahre man in unmittelbarer Nähe von jemandem leben kann, ohne einzelne Details seines Lebens zu erfahren.«

»Sehr seltsam, in der Tat. Um Ihre Frage zu beantworten, ich bin gegangen, weil Magie im Bayou eine einsame Sache ist. Es wird einem nicht der Weg gezeigt, nicht einmal ein kleinster Trampelpfad. Ich kam von selbst zur Magie, um einer Frage in meiner Seele nachzugehen, aber ich war nicht damit zufrieden, sie bloß allein auszuüben.«

James, der sie bisher immer für sehr eigenbrötlerisch gehalten hatte, begann sich zu fragen, ob er sie all die Jahre lang missverstanden hatte.

»In gewisser Weise habe ich wohl immer erwartet, dass ich unser Herrenhaus mal für eine lange Zeit verlassen werde«, fügte sie nach einem Moment hinzu. »Nur nicht, dass ich so weit weg sein würde.«

»Und jetzt wollen Sie also anderen helfen, ihren Weg zu finden, anstatt sie allein gehen zu lassen«, erwiderte James leise.

»Ja.« Ihre Antwort war knapp.

»Und wenn diejenigen, die wir finden, doch keine geeigneten Kandidaten für uns sind?« James hatte bereits alle Möglichkeiten in seinem Kopf durchgespielt.

»Dann ist dennoch nichts verloren und die Welt ist ein bisschen sicherer.«

Magische Explosionen waren selten und wurden oft mit Erdbeben, Gaslecks oder seltsamen Fehlfunktionen von Geräten erklärt. Sie waren ein Symptom der Destabilisierung des Äthers um eine magienutzende Person herum. Es war nicht ungewöhnlich, dass stärkere Thaumaturgen begannen, sich zu destabilisieren, wenn sie zu weit in ihre Macht eindrangen, wobei dann nur noch eine Gedächtnislöschung und eine Machtblockade als letzte Lösungen blieben.

Solche Maßnahmen waren sowohl notwendig, als auch schmerzhaft für diejenigen, die sie durchführten.

»Mach dir keine Sorgen um etwas, für das momentan noch gar nicht die Zeit gekommen ist, James«, murmelte er beruhigend zu sich selbst.

»Hmm?« Madame LeBlanc blickte ihn verwundert an.

»Etwas, das meine Großmutter immer sagte: ›Mach dir keine Sorgen um etwas, für das momentan noch gar nicht die Zeit gekommen ist.‹«

»Eine weise Frau.« Sie lehnte sich in ihrem Sitz zurück. »Und weise Worte. Wir sollten die Fahrt genießen.«

★ ★ ★

Während Sven und Johnny auf den Straßen und in den Bars beschäftigt waren, war Pauline in den Netzwerken zugegen, in denen die Aufsteiger, die Erfolgreichsten der Stadt, verkehrten. Sie lächelte höflich, lachte gestellt mit, schüttelte Hände, umarmte Leute und küsste sie bei Bedarf auf die Wange. In ihrem Auftreten war sie angenehm und unauffällig. Jeder mochte ihr Gesicht erkennen, aber es war ihr Ziel, dass wenn die Stadt erst einmal ihr gehörte, die Leute gar nicht wissen würden, dass sie alles leitete. Sie würde immer noch eine von ihnen sein, sich unter sie mischen und mit Bedacht ihre Meinungen anhören.

Sie würden wissen, dass Pauline sie mit genau den Dingen versorgte, die sie wollten, aber sie würden nie erkennen, dass sie das benutzte, um sie und alles in der Stadt zu führen.

Die Party – oder das Networking-Event, wie die Gastgeber es lieber nannten – war größtenteils auf den ersten Stock des Hochhauses beschränkt. Ein paar Leute hatten sich in die Gärten verirrt, aber die Nacht war recht kühl, sodass sie nach kurzer Zeit wieder ins Warme wollten. Die oberen Stockwerke waren tabu, abgesehen von einem sorgfältig markierten Treppenweg, der zu einer zweiten Toilette führte.

Pauline hatte dies alles mit Zustimmung zur Kenntnis genommen, als sie das erste Mal hier gewesen war, alle zusammenzuhalten würde es einfacher machen, die Menge zu bearbeiten. Die Gastgeber wussten sogar, dass sie in etwas ›nicht-ganz-Legales‹ verwickelt war und ihre Einladung bedeutete daher umso mehr, dass sie die Zustimmung hatte, Beziehungen zu den Gästen zu pflegen.

Und das tat sie auch, schüttelte Hände und stellte sich vor, ließ sich von anderen deren Freunden vorstellen oder ließ sich von diesen Freunden finden. Viele waren leichtsinnig, einige jedoch waren nervös und hatten Angst vor ihrer eigenen Neugier.

Magie & Marketing

Pauline hatte ihren Prozess gestrafft. Sie alle hatten ihre Entscheidung bereits getroffen, bevor sie zu ihr kamen und alles, was blieb, war, ihnen zu helfen, die Hindernisse zu beseitigen, die ihnen noch im Weg standen. Sie hörte ihnen zu und sie beruhigte sie, wenn sie nervös waren. In manchen Fällen drückte sie ihnen unauffällig kleine Päckchen in die Hand, während sie ihnen die Hand schüttelte und in anderen Fällen ließ sie während einer Umarmung ihre Waren in ihre Taschen fallen. Pauline genoss ihre dankbaren Blicke. Sie wollten Pauline. Sie brauchten das, was sie für sie tun konnte.

Nachdem sie die Runde gemacht und sich von einigen ihrer mitgebrachten Vorräte befreit hatte, verschwand Pauline aus dem Getümmel und schlüpfte in eine angenehm gemütliche kleine Nische, wo ein paar unechte griechische Büsten von einem mit Efeu bewachsenen Geländer herabblickten. Sie zückte ihr Telefon.

Die Banking-App, die sie benutzte, war außerordentlich gut darin, ihre Informationen minutengenau zu aktualisieren, immer, wenn sich etwas auf ihrem Konto änderte. Als sie die Details ihres Kontostands überprüfte, nickte sie zustimmend. Alle hier hatten sie bereits bezahlt.

Außer einer.

Doch sie war geduldig. Sie nahm sich einen Moment, um den Kopf freizubekommen und sich zu entspannen, während sie in ihren Gedanken bis sechzig zählte und die App dann noch einmal aktualisierte.

Nichts.

Der Name des Delinquenten war Darius Landham und Pauline fand ihn bereits nach einem kurzen

Augenblick in der Menge. Er lungerte in einer der Ecken herum und unterhielt sich mit einem kurvigen, naiv aussehenden Mädchen.

Wahrscheinlich war er abgelenkt und hatte nicht die Absicht, sich zu verspäten, also würde es keinen Grund für Unannehmlichkeiten geben, es sollte nur eine Erinnerung sein. Pauline trug diese Gewissheit mit sich, als sie sich auf ihn zubewegte. Sie ging mit einem gleichmäßigen, bedächtigen Schritt, jetzt ganz anders als ihre Bewegungen vorhin.

Sie wusste genau, wie sie sich so zu nähern hatte, dass sie ihm trotz seines Gegenübers auffallen würde und es dauerte nicht lange, bis sein Blick nach oben schnellte, um zu sehen, wer denn gerade in seiner Nähe stand.

Der Ausdruck in seinem Gesicht sagte alles. Von dem zunächst vorsichtigen Zusammenkneifen der Augen bis hin zu der Art und Weise, wie sein Atem innehielt – es war klar, dass er sofort den Fehler erkannte, den er gemacht hatte.

Er hustete, räusperte sich und nickte dem Mädchen zu. »Entschuldige mich einen Moment, meine Gute.« Dann wandte er sich von ihr ab, zückte sein Handy und tippte eifrig auf dem Bildschirm herum. Während er sich wieder umdrehte, nickte er fast unmerklich in Paulines Richtung. Er nahm seine potenzielle Eroberung wieder auf, doch die Anspannung schien nicht von ihm abzufallen.

Pauline schlüpfte zurück in den Schatten und überprüfte erneut ihr Handy. Die letzte Zahlung war eingegangen und ihr Kontostand war nun genau so, wie er sein sollte. Sie lächelte zufrieden.

Als ihr Geschäft abgeschlossen war, verabschiedete sie sich vom Rest der Party. Sie hatte schließlich noch im Büro zu tun. Pauline würde den Rest der Gäste ihren Abend genießen lassen, jetzt da alle gut versorgt mit ihren Produkten waren.

Sie alle würden für mehr zurückkommen.

KAPITEL 16

Kera lag mit dem Gesicht nach unten in ihrem Bett. Sie schlief nicht, aber es wäre auch nicht richtig zu sagen, dass sie bei vollem Bewusstsein oder funktionsfähig war.

»Oh, Mann«, stöhnte sie und rieb sich die Seite ihres Gesichts und den Nacken. »Ich hätte lieber mit Marathonlaufen oder so etwas anfangen sollen. Ich schwöre, ich hätte danach weniger Muskelschmerzen als bei diesem Magiezeug.« Sie setzte sich auf und rieb sich die Stirn, wobei sie weder den Anfangspunkt noch das Ende ihrer massiven Kopfschmerzen aufspüren konnte.

Sie konnte nur hoffen, dass das bald ein Ende hatte.

Kera stolperte zur Kaffeemaschine, um sich eine Kanne mit extrem starkem Kaffee zuzubereiten und kehrte wieder ins Bett zurück, während der Kaffee brühte.

Der Boden neben dem Bett war mit Notizbüchern übersät. Sie hatte zu den drei Notizbüchern aus Kims Laden noch ein paar über Schnellversand bestellt und wie es schien, bereits über die Hälfte davon gefüllt. Sie blätterte durch die Seiten, einige mit Wasser verschmiert oder vage angesengt, ihre Schrift wurde abwechselnd ordentlicher und dann wieder krakeliger. Einige der Notizen sollten sie an Dinge erinnern, die in letzter Zeit passiert waren oder Dinge, die man nicht ignorieren konnte, ganz banale Dinge.

Andere hatten mit den Zaubern zu tun, die sie ausprobiert hatte – insbesondere damit, auf welche Effekte sie besonders achten musste. Es waren gute Informationen dabei, nur beinahe unmöglich, alle Notizbücher schnell danach zu durchsuchen. Selbst jetzt, da sie von den schlimmsten Auswirkungen des Gehirnbleichzaubers befreit war, wurde sie während ihres Trainings einfach mit viel zu vielen Daten konfrontiert, die sie unmöglich alle auf einmal im Kopf behalten konnte.

Sie hatte gedacht, dass die Notizbücher hier besser wären als die Haftnotizen, aber sie würde *eine ganz andere* Ablagemethode brauchen. Vielleicht eine App auf ihrem Handy, welche sie nach Stichworten durchsuchen konnte.

Dafür hatte sie im Moment aber definitiv nicht die Energie. Im Moment hatte sie etwas, das sich wie ein schlimmer Sonnenbrand auf ihren Schultern und ihrem unteren Rücken anfühlte. Letzte Nacht vor dem Einschlafen hatte sie den stärksten Heilzauber auf sich gewirkt, den sie zustande bringen konnte, doch das hatte nicht gereicht. Sie war jedoch so erschöpft gewesen, dass sie dann trotzdem eingeschlafen war.

Sie seufzte, als sie zu dem entsprechenden Vermerk auf der letzten Seite eines Notizbuchs kam.

Führ den Fireflyzauber NICHT aus! Er setzt deinen Arsch in Brand. Nicht lustig!

Die anderen Feuerzauber waren immer relativ einfach gewesen, es ging mehr darum, die Art und Intensität des Feuers zu verändern.

Doch *Firefly* war anders.

»Gott, ernsthaft?«, hatte sie sich selbst gefragt. »Was für ein sadistisches Arschloch schreibt Zaubersprüche in ein Buch, mit denen Anfänger sich selbst in Flammen stecken könnten?«

Nachdem sie nämlich genau das letzte Nacht erreicht hatte, hatte sie sich auf dem Boden herumgewälzt, bis die Flammen erloschen waren.

Danach war sie für den Rest dieser Nacht völlig erledigt gewesen.

Sie holte sich eine Tasse Kaffee und kehrte ins Bett zurück, um die Notizen der Nacht noch einmal genauer durchzulesen.

Sobald sie auf einem Gebiet eine gewisse Grundkompetenz erreicht hatte, wandte sie sich direkt neuen Zaubern zu. Der Zauber, der eine schillernde Kaskade von farbigen Lichtern erzeugte, war interessant, auch wenn er wahrscheinlich nur als Taschenspielertrick nützlich sein würde. Er könnte sich sonst vielleicht noch als Ablenkungsmanöver eignen, falls sie sich mal unbemerkt davonschleichen musste. Immerhin war es einer der wenigen Zauber, welche keine unerwünschten Nebenwirkungen oder potenzielle Gefahren mit sich brachte.

Ein anderer Zauber erzeugte lebensechte Nachahmungen von Tiergeräuschen, die immer gleich um die Ecke zu sein schienen, stampfend und kratzend und schnaubend, während jeder in der Nähe versuchte herauszufinden, wo sie waren, sie aber nie finden konnte. Als Kera es ausprobiert hatte, hatte es sie zu Tode erschreckt, obwohl sie wusste, dass es nur vorgetäuscht war. Sie konnte sich nur zu gut vorstellen, welchen Effekt es auf jemanden haben würde, der unvorbereitet war.

Magie & Marketing

Die vielleicht nützlichste war jedoch eine kleine Verzauberung, deren Wirkung am besten als glücksverstärkend beschrieben werden konnte.

Nachdem sie die Beschwörungsformel rezitiert und die notwendigen Handgesten – und so weiter – ausgeführt hatte, war Kera von einer manischen Zuversicht übermannt worden, welche ihr das Gefühl gab, dass alles gut funktionieren würde. Um es zu testen, hatte sie mehrmals eine Münze geworfen und bei jedem Wurf Kopf gewählt.

Sie hatte bei siebzehn von zwanzig Würfen Kopf bekommen. Technisch gesehen war das nach den normalen Quoten durchaus möglich, aber eben nicht sehr wahrscheinlich.

Dann hatte sie einen weiteren Test durchgeführt, indem sie ein mit Wasser gefülltes Glas in die Luft geworfen hatte, mit dem Versuch, es in einem ungünstigen Winkel zu fangen. Irgendwie hatte ihre Hand es perfekt gegriffen, bevor es abrutschen und auf dem Boden aufschlagen konnte, obwohl ein kleiner Teil des Wassers herausgeschwappt war.

Kera fragte sich allerdings, ob der Zauber vielleicht auch schlechte Nebenwirkungen haben könnte, wie die meisten anderen eben auch. Vielleicht würde er sie in riskanten Situationen übermütig machen, sodass sie ihr ganzes Glück dann verspielen würde.

Ungefähr ein Drittel aller Zauber brachte überhaupt keine Ergebnisse, was sie als persönliches Versagen abtat. Sie schien ein Händchen für Magie zu haben, genauer gesagt *Thaumaturgie,* wie das Buch es manchmal nannte, aber sie war immer noch eine Anfängerin. Vielleicht waren die Zauber später noch einen Versuch wert, wenn sie geübter war.

Natürlich würde sie vielleicht später nicht mehr die Chance dazu bekommen, da sie nämlich immer wieder erwartete, aus diesem Traum aufzuwachen, in dem Magie real war. Ihr Blick wanderte zu ihrem Handy auf dem Nachttisch. Sie hatte bisher noch niemandem erzählt, was mit ihr los war, obwohl es für sie ein ständiger Kampf war, nicht einfach jemanden anzurufen – wirklich einfach irgendjemanden – und die ganze Geschichte auszuplaudern.

Wenn eine Barkeeperin allein in ihrer Wohnung zauberte und es niemand sah ...

Zu diesem Zeitpunkt war ihr ganz klar, dass dies real war und keine Einbildung, aber sie wusste nicht, wie sie das verarbeiten sollte. Wie konnte es sein, dass Magie existierte und niemand sonst davon wusste? Wieso war ausgerechnet sie auf das Buch gestoßen?

Kann das sonst noch jemand?

Oder waren das etwa diese ›besonderen Gene‹, von der ihre Mutter immer gesprochen hatte? Kera lachte und schüttelte den Kopf. Auf keinen Fall würde ihre Mutter, mit ihren ständigen Empfehlungen für langweilige Bürojobs, jemals glauben, dass es Magie gab.

Der Schmerz in ihren Schultern brachte sie zurück in die Gegenwart. Ein tiefer Atemzug entkam ihrer Lunge und sie konzentrierte sich fest darauf, den Schmerz wegzuzaubern. Auf einmal war er nicht mehr so schlimm.

Nachdem ihr Gehirn wieder komplett aufgeholt hatte, auf welchem Stand sie sich jetzt befand und sie merkte, dass sie sich geringfügig besser fühlte, kam sie zu dem Schluss, dass ihre Wohnung verdammt noch mal aufgeräumt werden musste und dass sie dringend etwas zu essen brauchte.

Doch anscheinend half Magie nicht bei der Hausarbeit. Zu sich grummelnd, dass es wahrscheinlich trotzdem besser war, als bei der Arbeit mit ekelhaften Sprüchen angemacht zu werden, stürzte sich Kera direkt auf die lästige Aufgabe, die herumliegenden Kleiderhaufen zu ordnen, den kleineren Müll, also die verbrannten Überreste und zerbrochenen Objektsplitter, die von ihren magischen Experimenten übrig geblieben waren, aufzusammeln, die großen Oberflächen abzuwischen und den Boden zu fegen.

Es dauerte nur etwa vierzig Minuten, um die Dinge wieder auf ein akzeptables Maß an Ordnung zu bringen und in dieser Zeit wurde die Haut auf ihrem Rücken spürbar besser. »Fertig!«, murmelte sie zufrieden und wischte sich die Hände aneinander.

Sie suchte nach ihrem Tablet, das sie auf ihr Bett geworfen hatte. Ärgerlicherweise zeigte ihr ein rot blinkendes Licht wieder mal an, dass der Akku fast leer war.

Seufzend schloss sie ihr Tablet an das Ladegerät, setzte sich in Reichweite des Ladekabels und suchte nach einer Webseite von *So wird man eine knallharte Hexe*. Ein paar schnelle Klicks und Wischbewegungen später, war eine gebundene Version auf dem Weg zu ihr nach Hause.

»Friss das, du ach so modernes Stück Technik«, keifte sie ihr Tablet an. »Ab morgen muss ich mich nicht mehr mit deinem beschissen schwachen Akku beschäftigen.«

Es wäre wahrscheinlich auch einfacher, sich in einer physischen Version des Buches Notizen zu machen. Als Kera sich streckte, erinnerte ein vages Grummeln in ihrem Magen sie daran, dass sie ja noch vorgehabt hatte, nach dem Wohnungsputz etwas zu essen. Es gab einen guten Chinesen hier, der nur etwa zehn Minuten zu Fuß entfernt war und sie konnte die Bewegung und die *frische* Luft jetzt gut gebrauchen.

Soweit die Luft in LA als frisch bezeichnet werden konnte natürlich.

Ihr Magen wollte, dass sie sofort losging, doch ein kurzer Blick in den Spiegel zeigte ihr, dass das keine kluge Idee war. Sie sprang kurz unter die Dusche, ohne sich überhaupt erst die Mühe zu machen, ihre Haare zu waschen oder irgendetwas anderes zu tun, das zu viel Zeit in Anspruch nehmen könnte, zog sich dann frische Kleidung an und holte ihr Handy. Einen kurzen Anruf später bereiteten die Besitzer des Restaurants mongolisches Rindfleisch und Gemüse sowie zwei Frühlingsrollen und eine Portion Krabben-Rangoon vor. Sie warf einen Blick aus dem Fenster, um das Wetter zu überprüfen. Draußen war es leicht bewölkt, aber es waren keine Anzeichen von Regen zu sehen.

»Super.«

Kera versteckte ihr goldenes Haar unter einer schwarzen Baseballkappe. Diese würde ihr einen gewissen Schutz bieten, falls es zu regnen beginnen sollte und natürlich waren Blondinen in der Stadt der Engel heutzutage in der Minderheit, also zog sie es vor, keine übermäßige Aufmerksamkeit auf sich zu ziehen, während sie ihre ganz gewöhnlichen Besorgungen machte. Die Tatsache, dass der Fireflyzauber ihre Haarspitzen zu einem unregelmäßigen Durcheinander verbrannt hatte, war noch ein weiterer Grund, sie zusammengebunden unter einer Mütze zu verstecken.

Sie achtete auch darauf, ein Hemd mit langen Ärmeln und hochgeschlossenem Ausschnitt zu tragen, was die verbleibenden Verbrennungen von ihren kleinen Experimenten mit der Feuermagie verdecken würde.

Die Luft draußen war angenehm mild. Die Winter in Südkalifornien hatten nicht immer das Sonnenlicht, das man mit der Region assoziierte, aber die lauwarmen Temperaturen waren nach Keras Meinung ziemlich angenehm – ein sehr willkommener Kontrast zu den Hitzewellen von gefühlt hundert Grad im Sommer.

Sie schritt den Bürgersteig hinunter und überquerte die Straßen in einem zügigen, aber dennoch gemäßigten Tempo. Es gab keinen Grund zur Eile, aber sie wollte sich ordentlich bewegen. Außerdem, je langsamer sie ging, desto leichter war es für irgendwelche uninteressanten Kerle, ein Gespräch anzufangen, weil sie einfach ›nur reden‹ wollten.

Seltsam, wie oft ›nur reden‹ auf das Thema ›Könnte ich deine Handynummer bekommen‹ hinauslief.

Nach genau neun Minuten, in denen sie an mit Wandmalereien geschmückten Gebäuden und belebten Straßenkreuzungen vorbeilief, kam Kera bei *J's Peking Küche* an. Das Lokal war beliebt genug, sodass regelmäßig viel Betrieb herrschte, doch glücklicherweise hatten sich die trendigen Hipster-Typen noch nicht darauf gestürzt.

Noch nicht.

Drinnen stellte sich Kera hinter zwei Pärchen in der Schlange an, bevor sie endlich den Tresen erreichte und der jungen Frau dahinter ihre Daten gab, die diese prompt ihrer Bestellung zuordnete. Kera bewunderte die schlichte, traditionell chinesische Einrichtung, während sie in ihren Taschen nach ihrer Kreditkarte kramte. Das Ambiente des Lokals passte zu dem Essen hier: kein Schnickschnack, aber dennoch verdammt gut.

Als sie daran roch, nachdem sie bezahlt und ihre Bestellung erhalten hatte, grummelte ihr Magen unfassbar stark vor Verlangen und sie nahm sich vor, auf dem Rückweg deutlich schneller zu laufen als auf dem Hinweg.

Und das hätte *fast* geklappt.

Auf halbem Weg nach Hause musste sie an einer Ampel anhalten, während sich um sie herum langsam eine Menschentraube von anderen wartenden Personen bildete. Darunter zwei junge Männer, deren lästige Blicke sofort auf ihr ruhten und auch dort blieben.

Tja, Scheiße, dachte sie.

Einer der Jungs, der kleinere und dünnere der beiden, ging voran, sein Freund folgte ihm. Er blieb direkt bei ihr stehen und stellte sich vor ihr Gesicht.

»Hey, Mädel«, eröffnete er seinen Flirtversuch. »Warum trägst du das ganze schwere Essen allein? Willst du, dass dir dabei jemand hilft und es mit dir nach Hause bringt? Oder vielleicht brauchst du einen Drink …«

Keras Gesichtszüge versteinerten sich. »Nein, danke«, entgegnete sie. »Ich bin beschäftigt und *wirklich* nicht in Stimmung.«

Ihre Schultern und ihr Rücken begannen jetzt wieder zu stechen.

»Oh!« Der Hauptdarsteller der Show grinste, nicht beunruhigt oder abgeschreckt von ihrer Unnahbarkeit. »Also, du sagst, du hast dann *morgen* Abend Zeit? Ich habe nämlich noch nichts für morgen geplant und ich kenne diesen neuen Laden in der Alvarado Street, der dir gefallen würde. Wir würden *viel Spaß* haben, du würdest ein paar meiner Freunde kennenlernen …«

Kera seufzte. »Nein, *das* will ich damit *nicht* sagen. Ich meinte, ich bin *überhaupt nicht* interessiert. Lass mich in Ruhe, Junge und such' dir jemand anderes, vielen Dank der Nachfrage.«

Der größere Kerl runzelte die Stirn auf eine Weise, die vermuten ließ, dass er ihre Aussage richtig verstanden hatte. Er legte seinem Freund eine Hand auf die Schulter und versuchte, ihn von ihr wegzulenken. »Sie geht nicht mit dir aus, Mann. Komm schon.«

Der andere schüttelte die Hand seines Kumpels mit einer scharfen Bewegung ab und blickte Kera herausfordernd an.

»Siehst du«, begann er, »jetzt kotzt du mich an, weil du Dinge *annimmst,* die ich aber nie gesagt habe. Ich wollte nur mal mit dir reden und vielleicht etwas trinken gehen. Du ziehst aber direkt alle möglichen Schlüsse ...«

Die Ampel sprang auf Grün und Kera war die erste Person in der Gruppe, die begann, die Straße zu überqueren. Sehr zu ihrem Leidwesen folgte der störrische junge Mann dicht hinter ihr und plapperte einen Strom von wütendem Unsinn, während sein Freund gelegentlich versuchte, ihn davon abzubringen.

Sie verfolgten sie fast einen ganzen Häuserblock lang, bevor sie sich schließlich umdrehte und ihn zur Rede stellte.

»Lass mich *jetzt* in Ruhe! Ich werde dich nicht noch einmal bitten.« Obwohl sich ihr Magen zusammengezogen hatte und ihre Haut vor Anspannung kribbelte, hatte sie keine Angst vor dem Kerl und ihr Mangel an Furcht ließ ihn innehalten.

Er blieb stehen und erkannte, dass die Situation eskaliert war, weigerte sich aber, einen Rückzieher zu machen. Stattdessen machte er einen Schritt auf sie zu, sodass sein Gesicht nur wenige Zentimeter von ihrem entfernt war.

»Schwachsinn«, spottete er. »Du hast *keinen* Grund, dich so zu verhalten. Ich denke, du schuldest mir und meinem Kumpel hier eine Entschuldigung. Wir gehen erst, nachdem du dich entschuldigt hast, weil du unsere Zeit verschwendet hast. Als du gerade ›Lass mich in Ruhe‹ sagtest, hast du etwas vergessen. Du hast nämlich nicht gesagt, wonach ich jetzt frage: ›Oder sonst passiert was?‹«

Kera blieb stehen und starrte ihn an. Vorhin hatte sie die braune Papiertüte mit ihrem Essen noch mit beiden Händen getragen, aber jetzt nahm sie sie in eine Hand, um ihre andere Hand frei bewegen zu können, aber das ließ sie vor den Augen des Kerls versteckt.

»Du willst dich nicht mit einer Hexe anlegen!«, knurrte sie ihm direkt ins Gesicht. Unter anderen Umständen hätte es vielleicht lächerlich geklungen, das war ihr klar, aber sie sagte es mit voller Überzeugung.

So viel dazu, niemandem zu sagen, dass Magie real war. Selbst wenn sie je mit jemandem darüber gesprochen hätte, dieser Typ wäre nicht ihre erste Wahl gewesen.

Der junge Mann brach in Gelächter aus, aber sie glaubte, einen ängstlichen Unterton wahrzunehmen. Möglicherweise hielt er sie für verrückt.

Es war aber egal, was er dachte.

»Oh«, spottete er, »du bist also eine von diesen kleinen Wicca-Schlampen mit lila Sternen auf ihrem Profilbild und versuchst dich damit vor einer Entschuldigung zu drücken. Nun, du machst mir und meinem Kumpel hier *keine* Angst. Wir bleiben hier, bis du ...«

Magie & Marketing

Während er plapperte, die Augen auf ihr Gesicht gerichtet, führte Kera mit ihrer freien Hand eine schnelle Geste aus. Eine Sekunde später erschien ein winziger, kaum wahrnehmbarer Lichtblitz auf Hüfthöhe, dann stieg eine Rauchfahne aus dem Schritt der Hose des jungen Mannes.

Seine Augen schossen abrupt nach unten und als sein Freund sich wieder zu ihm umdrehte, um zu sehen, was passiert war, schrie der Kerl auf einmal auf. Flammen kräuselten sich an seinen Hosenbeinen.

Kera nickte. »Ich schlage vor, du versuchst so schnell wie möglich, das irgendwie zu löschen. Das hinterlässt sonst noch unschöne Narben. Glaub mir, ich weiß, wovon ich spreche.«

Sowohl der Typ mit der großen Klappe als auch sein Kumpel versuchten unüberlegt, mit ihren Händen das Feuer auszuklopfen, doch die Flammen erloschen nicht. Kera drehte sich weg, als der Kerl panisch zu Boden fiel, sich verzweifelt die Hose auszog und sie weit von sich warf, während sich eine Menschenmenge um die beiden bildete, um zuzusehen. Viele zückten ihre Handys, um den Vorfall zu filmen.

Kera überquerte die nächste Straße und hoffte, dass diese Unterbrechung nicht dafür sorgen würde, dass ihr Essen kalt sein würde, wenn sie nach Hause kam. Sie ertappte sich dabei, wie sie grinste, während sie eilig nach Hause ging. Der Schmerz in ihren Schultern störte sie nicht mehr so sehr wie noch vor ein paar Minuten.

»Ich habe ihn ja gewarnt«, murmelte sie zu sich selbst.

KAPITEL 17

Kera wachte ruckartig auf, als ihr Handy schrill klingelte. Ein verschlafener Blick auf ihre Uhr zeigte, dass es 11:02 Uhr war, zu früh, als dass es Cevin sein könnte. Er wusste schließlich, dass sie aufgrund ihres Jobs eine Nachteule war.

Sie nahm das Handy in die Hand und seufzte, als sie las, wer es war. Sie hatte keine Lust auf eine weitere mütterliche Belehrung zu dieser Stunde, *vor allem*, wenn sie todmüde vom Zaubern war.

Was sie ihren Eltern natürlich nicht erklären konnte.

»Womit habe ich das verdient?«, fragte sie niemanden speziell. Dann wischte sie mit dem Finger über ihr Smartphone, um den Anruf entgegenzunehmen. »Hallo, Mama.«

»Hallo, Kera, meine Liebe.«

Kera ließ sich zurück aufs Bett fallen und schloss die Augen. »Mhm.«

»Ich wollte nur mal Hallo sagen und nachsehen, wie es dir geht«, fuhr ihre Mutter fort. »Da wir so weit weg wohnen, können wir dich leider nicht mehr jede Woche sehen.«

Ja, das ist ja so furchtbar. »Uh-huh. Ähm, ich habe bis gerade eben geschlafen, also ... gib mir noch einen Moment, um klarzukommen, okay?«

Ihre Mutter seufzte laut. »Es ist schon nach elf in Kalifornien, das weiß ich. Ist es wirklich nötig, dass du so lange schläfst? Kera, wenn du hoffst, einen Job in einem Büro zu bekommen, wie willst du dann Anrufe bezüglich Vorstellungsgesprächen beantworten? Wie willst du ein professionelles Bild abgeben?«

Kera starrte ausdruckslos an die Decke. »Was ... weiß ich ...« *Ich will wieder schlafen.*

»Hast du zum Beispiel *irgendwelche* Fortschritte in Bezug auf das gemacht, worüber wir letzte Woche gesprochen haben?«, fragte ihre Mutter.

Kera zermarterte sich das Hirn und versuchte, ihrer aufsteigenden, verwirrten, niederen Panik nicht zu erliegen.

Die magischen Kräfte der thaumaturgischen Gedächtnisbleiche schienen nämlich wieder zugeschlagen zu haben. Sie konnte sich nicht daran erinnern, letzte Woche mit ihrer Mutter telefoniert zu haben. Sie konnte nicht mit Gewissheit sagen, worüber sie gesprochen haben könnten.

»Kera, meine Liebe?«

Die Antwort kam wie ein gleißender Sonnenstrahl begleitet von einem Chor von Engeln. Ihre Mutter war mehr oder weniger eine kaputte Schallplatte, was bedeutete ...

Dass es entweder um einen Freund – ein langweiliger Freund – oder berufliche Dinge ging.

»Ich mache Fortschritte, Mom. Ich mache es nur in meinem eigenen Tempo. Es ist noch so viel Zeit.«

»Kera, du verstehst nicht, wie schnell die Zeit vergehen kann.« Ihre Mutter seufzte. »Wenn du so weitermachst, wirst du mit dreißig immer noch in der Bar arbeiten, dein Trinkgeld wird nicht besser werden und alle Leute aus deiner Klasse werden dich weit hinter sich gelassen haben. So muss es nicht sein. Jemand mit deiner Intelligenz und deinem Potenzial kann es zu viel größeren Dingen bringen.«

»Ja, ich weiß es doch.« Kera unterdrückte ein Stöhnen.

»Ich war ermutigt, als du sagtest, du würdest versuchen, ein Produkt zu entwickeln«, sagte ihre Mutter zu ihr.

Was für ein Produkt nochmal? So ein Mist. »Äh ...«

»Ich kann mir nicht vorstellen, wie du dein ›Mind Bleach‹ zum Laufen bringen willst, aber ich würde es gerne ausprobieren, wenn du es dann erfunden hast.«

Ihre Mutter scherzte eindeutig, was Kera zum Lächeln brachte.

»Eigentlich habe ich da schon gute Fortschritte gemacht.«

»Oh.« Ihre Mutter schien gar nicht zu wissen, was sie sagen sollte. »Nun, warum hast du das denn nicht gleich gesagt, meine Liebe?«

»Ich bin gerade erst aufgewacht und musste erstmal klarkommen«, erinnerte Kera sie.

»Ich verstehe.« Ihre Mutter klang nicht überzeugt. »Also, was ist denn jetzt mit einem Freund, hmm?«

Diese Frau war unerbittlich. »Also wenn du es *unbedingt* wissen *musst*...«, entgegnete Kera. »Ich habe mit einem Typen gesprochen, der damals in einer meiner Studiengruppen am College war und wir sehen uns vielleicht wieder, also wer weiß. Das ist doch was, oder?«

Sobald die Worte ihren Mund verließen, wusste sie, dass sie einen schrecklichen Fehler begangen hatte.

»Kera! Wie wunderbar! Erzähl mir alles über ihn.« Die Stimme ihrer Mutter steigerte sich stetig in Lautstärke und Tonfall.

Kera hielt ihr Handy mit einer Grimasse von ihrem Ohr weg. »Ähm ...«

Es war sinnlos. Es gab jetzt kein Zurück mehr. Sie schickte eine mentale Entschuldigung an das Universum für alles, was sie getan hatte, um dies zu verdienen und beschrieb Christian ihrer Mutter. Mit ihrer Beschreibung und den Fragen ihrer Mutter dauerte die ganze Sache fast zehn Minuten. Kera war noch nie zuvor gebeten worden, so viele Dinge über eine Person zu beschreiben.

»Okay«, sagte sie schließlich. »Es war nett mit dir zu reden, aber ich muss jetzt noch ein paar Besorgungen machen.«

Ihre Mutter stieß einen Seufzer aus. »Ich verstehe dich, meine Liebe, aber bitte nimm dir alles, was ich gesagt habe, zu Herzen, okay? Ich weiß, ich klinge wie eine Nervensäge, aber vergiss nicht, es geht um *dein* Leben und dein Glück und das ist alles, was mir wichtig ist. Mach's gut, meine Süße.«

»Tschüss, Mom«, murmelte Kera, nachdem ihre Mutter bereits aufgelegt hatte und starrte genervt auf ihren Handybildschirm. »Wie schafft sie es bloß *immer wieder,* das letzte Wort zu haben?«

Sie trank das Glas Wasser auf ihrem Nachttisch in einem Schluck leer und ging ins Badezimmer. Sie war jetzt wach, also konnte sie genauso gut duschen gehen und in den Tag starten. Das einzige Problem war ...

»*Verdammte Scheiße*!« Sie starrte mit weit aufgerissenem Mund in den Spiegel.

Ihr Haar glich jetzt einem weitgehend ausgereiften Weizenfeld am fünften Juli, nachdem eine Gruppe von Dumpfbacken am Abend davor eine Batterie illegaler Feuerwerkskörper in kommerzieller Qualität gezündet hatte. So strohig und durcheinander waren ihre Haare.

Kera eilte zum Tisch und begann, in Notizbüchern zu blättern und Post-Its zu überfliegen. Es dauerte eine Weile, bis sie zusammensetzen konnte, was genau passiert war, aber es sah so aus, als hätte sie die Nacht mit einem Gedächtniszauber begonnen, um zu prüfen, wie schlimm die Ausmaße des Zaubers mit der Zeit werden würden.

Die Antwort schien weit über ›Schlimm genug, um es nicht wieder zu tun‹ hinauszugehen und voll in den Bereich von ›Wirklich verdammt schlimm!‹ vorzudringen.

»Verdammt noch mal.« Sie konnte sich nicht nur nicht erinnern, welchen Gedächtniszauber sie gestern ausprobiert hatte, sondern auch nicht, welcher Flammenzauber genau ihr Haar so aussehen ließ.

Kera seufzte, öffnete das Inhaltsverzeichnis des Buches auf ihrem Handy und scrollte durch die Zaubersprüche, um einen zu finden, der den Schaden beheben konnte. Leider stach nichts Besonderes heraus. Es gab eine Menge Zauber, die man verwenden konnte, um Dinge vor dem Zerbrechen zu bewahren, aber keinen, um etwas zu reparieren, nachdem es zerstört worden war. Das Einzige, was sie finden konnte, war ein Heilungszauber, aber da Haare kein lebendes Gewebe waren, war sie sich nicht sicher, ob dieser Zauber überhaupt funktionieren würde.

Nun, es einmal auszuprobieren, würde ja nicht schaden, oder?

Fünf Minuten später konnte sie zwei Dinge mit Gewissheit sagen. Erstens, dass der Heilzauber bei Haaren *wirklich nicht* funktionierte und zweitens, dass sie wieder einmal Heißhunger verspürte.

Sie nahm sich eine Handvoll Walnüsse und stopfte sie sich alle auf einmal in den Mund, bevor sie sich anzog und ihr ruiniertes Haar wieder zusammengeflochten unter ihre Baseballkappe schob. Sie hielt sich selbst nicht für übermäßig eitel, aber sie konnte sich nicht dazu überwinden, mit diesem Vogelnest auf dem Kopf rauszugehen.

Kera wünschte, sie könnte jemanden bezahlen, der dieses Chaos für sie behob, aber sie hatte im Moment einfach nicht das Geld dafür. Sie wusste, dass sie Glück hatte, weil Cevin den Anstand hatte, ihr bezahlten Urlaub für die letzten Tage zu geben. Doch ihr Stundenlohn war ein Hungerlohn im Vergleich zu dem ganzen Trinkgeld, welches sie eigentlich verdient hätte.

Wenn sie momentan arbeiten würde, hätte sie das Ganze natürlich auch gar nicht erst mit ihren Haaren angestellt. Sie schüttelte den Kopf, schlüpfte aus ihrer Wohnung und steuerte einen Salon in der Nähe an, der auch preiswerte Do-it-yourself-Produkte verkaufte.

Als sie wieder zu Hause war, lud sie den kompletten Inhalt aus den Tüten auf dem Tisch ab und öffnete die Anleitung, die sich als wahnsinnig dickes Informationspaket mit deutlich mehr Schritten herausstellte, als sie sich je hätte vorstellen können. Grummelnd schaltete sie den Fernseher ein, um ein paar Hintergrundgeräusche zu haben und begann, sich durch das Mischen und Vorbereiten zu arbeiten, das notwendig war, um die Farbe dann am Ende korrekt auf den Kopf zu bringen.

Keras Augen wanderten kurz zum Bildschirm, als die Moderatoren die einleitenden Höflichkeiten hinter sich ließen und begannen, sich auf die Hauptgeschichte des Tages zu konzentrieren.

Nämlich die Tatsache, dass die Welt auf einmal völlig am Ende war.

»In ganz Los Angeles und seinen Vororten und Kleinstädten in Südkalifornien«, eröffnete der Moderator auf der linken Seite, »haben die Spannungen aufgrund eines plötzlichen Anstiegs der Gewaltkriminalität, insbesondere Überfälle und bewaffnete Raubüberfälle, zugenommen. Nach Angaben des LAPD stellt der Anstieg der Raubüberfälle vorerst nur einen marginalen Anstieg im Vergleich zu den Statistiken des letzten Jahres dar. Nichtsdestotrotz hat Chief Alvarez einen Plan skizziert, um in Zusammenarbeit mit Gemeindeorganisationen und anderen städtischen Behörden die schlimmste und schnellsteigenste Verbrechenswelle der letzten Jahre zu stoppen und die Zahlen wieder zu senken.«

Kera nickte, runzelte die Stirn und sah wieder auf ihr Anweisungsblatt. Sie versuchte, ihre Gedanken zu unterdrücken, um nicht an den Vorfall auf dem Parkplatz der *Mermaid* zu denken, doch es war unmöglich. Die Stimme des Arschlochs und das hallende Echo seiner Schüsse stiegen wieder in ihrem Kopf auf und verdrängten für einen Moment das Geschwätz der Moderatoren und die obligatorischen Kommentare von Augenzeugen auf der Straße.

Sie erlaubte sich, kurz darüber zu fantasieren, was passiert wäre, wenn das Arschloch, das ihr Motorrad zerschossen hatte, in dieser verhängnisvollen Nacht seine Waffe fallen gelassen hätte und sie die Gelegenheit gehabt hätte, ihm die Scheiße aus dem Leib zu prügeln. Ich *darf ja wohl noch träumen, oder?*

Virtutis gloria merces, dachte sie und musste kichern. Es war das Motto der Familie MacDonagh und bedeutete ›*Ruhm ist der Lohn der Tapferkeit*‹. Sie hatte es fast jeden Tag ihres Lebens gesehen, seit es auf dem Banner an der Spitze des MacDonagh-Wappens gedruckt war, von dem ihre Eltern eine Kopie im Wohnzimmer hängen hatten.

Kera hatte die Idee eines Familienmottos immer für wahnsinnig eitel und angeberisch gehalten. Dies war Amerika im einundzwanzigsten Jahrhundert. Aristokratische Wurzeln in Irland oder irgendeinem anderen ›alten Land‹ zu haben, war von geringer Bedeutung. In Wahrheit redete oder kümmerte sich niemand um solche Dinge.

Aber im Moment fragte sie sich, ob sie damals auf dem Parkplatz etwas mutiger hätte sein sollen. Sie wusste, dass der allgemeine Ratschlag zur Selbstverteidigung lautete, Situationen nicht eskalieren zu lassen, aber das bedeutete, dass Leute wie der Mann, der Zee angeschossen hatte, oft ungeschoren davonkamen.

Er und all diese anderen Leute, die offenbar Teil dieser neuen Verbrechenswelle waren.

Die Nachrichten hatten sich von der Geschichte über die Verbrechenswelle entfernt, aber ihre anderen Berichte waren nicht fröhlicher. Eine Versicherungsgesellschaft hatte ihren Kunden zu viel berechnet, korrupte lokale Beamte waren in den sich ausbreitenden Skandal verwickelt und eine weitere Dürre wurde für den kommenden Sommer erwartet. Unerklärliche Phänomene waren hier und da in den Vereinigten Staaten ausgebrochen und im Internet tauchten schnell völlig an den Haaren herbeigezogene Verschwörungstheorien auf, um sie zu erklären. Es gab auch das übliche politische Geschwätz in Bezug auf die bevorstehenden Zwischenwahlen.

Kera seufzte. »Die einzigen Neuigkeiten sind schlechte Neuigkeiten, wie es scheint. Ich habe aber auch nicht gerade Lust, auf die herzerwärmende Geschichte des Tages zu warten. Ich habe hier Wichtigeres zu tun.«

Sie schaute auf die Flasche in ihrer Hand und auf den seltsam violetten Schleim darin und hoffte, dass sie damit die richtige Wahl getroffen hatte und dass ihre neue Haarfarbe nicht zu unecht aussehen würde, oder dass sie sich nicht aus Versehen die Ohren schwarz färben würde, oder etwas ähnlich Dummes.

Vor ein paar Tagen hätte sie sich darüber noch keine Gedanken gemacht, aber vor ein paar Tagen hatte sie eben auch noch nicht verschiedene Teile ihres Körpers angezündet und dann ihre Erinnerungen daran gelöscht, wie sie es getan hatte.

»Los geht's«, motivierte sie sich selbst, ging ins Bad und zog sich dort die beigelegten Plastikhandschuhe an.

Eine Stunde später stellte sie erfreut und erleichtert fest, dass das Färben gut geklappt hatte oder zumindest so gut, wie es eben möglich war. Zu ihrer Überraschung wirkte der schwarze Farbton, den sie ausgewählt hatte – mit warmen, braunen Untertönen statt kalten, blauen, wie die Frisörin ihr geraten hatte – weder störend, noch ließ er sie übermäßig blass aussehen.

Das war die gute Nachricht des Tages. Die schlechte Nachricht war dagegen, dass sie fast keine Lebensmittel mehr im Haus hatte. Sie kippte den letzten Rest aus der Studentenfutter-Tüte hinunter und überlegte, was sie jetzt tun sollte. Sie konnte nicht weiter täglich Essen bestellen, zumindest nicht, solange sie nicht wieder arbeitete.

Kera hatte nichts dagegen, Mister Kim wiederzusehen, so konnte sie auch überprüfen, ob es ihm wieder besser ging.

Sie zog ihr dreckiges Arbeitsshirt aus, das nun passend zu den Fettflecken auch Haarfärbemittel aufwies und zog sich ein schlichtes Hemd, eine Hose und eine Jacke an und bewunderte abschließend noch einmal ihre neue Haarfarbe im Spiegel. Das Färben war wirklich ein lästiger Kampf gewesen, aber sie hatte es hinbekommen. Es gab keine offensichtlichen blonden Flecken und der Ansatz war auch nicht heller als die Spitzen. Wenn sie ihr Haar anhob und es zu einem Pferdeschwanz zusammenband, waren einige winzige Flecken im Nacken zu sehen, aber das war ja nun nicht wirklich auffällig.

Auf dem Weg zum Gemischtwarenladen genoss Kera die frische Luft – der chemische Geruch der Haarfarbe hatte ihre Wohnung ziemlich verpestet – und freute sich darauf, den Inhaber hinter dem Tresen zu sehen.

»Hallo, Mister Kim«, rief sie erfreut, sobald sie den Laden betrat und sich einen Einkaufskorb schnappte.

Er schenkte ihr ein Lächeln, weniger abgelenkt als noch am Tag zuvor. »Hi, Kera, wie geht's? Du hast deine Haare gefärbt?«

»Ja.« Sie schenkte ihm ein Lächeln. »Ich dachte mir, es würde nicht schaden, mal anders auszusehen.«

Er gluckste, während sie sich daran machte, die dringend benötigten Lebensmittel zu holen. Mehr Eier, ein paar Salate und Eistee aus dem Kühlschrank, eine

Packung Toast und mehr von dem Studentenfutter. Sie warf auch ein paar Tafeln dunkler Schokolade in ihren Einkaufskorb. Normalerweise war sie keine große Naschkatze, aber sie war so hungrig und müde, dass Junkfood aller Art im Moment verlockend wirkte.

Als sie mit dem Aussuchen fertig war, legte sie ihre Einkäufe auf den Tresen. Sie breitete sie leicht aus, damit Kim einen klaren Blick darauf werfen konnte. Er nickte und überflog schnell die Artikel, dann hob er eine Hand, um sie in die Kasse einzutippen.

Sein Gesicht verzog sich kurz vor Schmerz, als er seine Finger beugte. »Wieder Arthritis«, brummte der alte Mann. »In den letzten zwei Tagen dachte ich, es würde wieder *aufflackern* – wie du mal gesagt hast, weißt du noch? Normalerweise lässt es mich zwischen den Zeiten, in denen es schlimm wird, eine Woche lang in Ruhe, aber dieses Mal hatte ich nicht so viel Glück. Das macht mir Sorgen, dass es schlimmer wird. Ich nehme an, ich hätte damit rechnen sollen. Ich werde ja auch nicht jünger.«

Kera runzelte besorgt die Stirn, als Mister Kim in die Tasten schlug und die Summe abrechnete. Er schien heute nicht so angespannt zu sein, aber er *litt* dennoch.

Sie bezahlte und zog die Lebensmittel vom Band zu sich, um mit dem Einpacken zu beginnen, damit Mister Kim der Schmerz erspart blieb. Er streckte seine rechte Hand aus, während er mit der linken mürrisch winkte und ihr damit zu verstehen gab, dass sie die Einkäufe nicht selbst eintüten musste. Als seine Hand kurz die ihre berührte, kam ihr eine Idee.

»Hey«, warf sie ein. »Könnte ich, äh, mal etwas ausprobieren?« Sie zeigte auf seine Hand.

Magie & Marketing

Er drehte seine Hand um, dann kicherte er schief. »Wenn du daran denkst, mir die Hand abzuschneiden, dann kann ich dir sagen, dass ich das schon in Erwägung gezogen habe.«

Sie lächelte ihn an. »Nein, das nicht. Äh, *Reiki*.« Ja, das war eine gute Tarnung. »Sie haben bestimmt schon mal davon gehört, oder? Ich habe es in meiner Freizeit gelernt. Es könnte Ihrer Arthritis helfen.«

»*Reiki*? Ich arbeite in Little Tokyo.« Er schenkte ihr ein schiefes Lächeln. »Viele Leute haben versucht, mir ihre Dienste zu verkaufen. Ich glaube, es kommt hauptsächlich von hier oben.« Er tippte sich an die Schläfe. »Aber wenn du glaubst, dass es helfen kann, lasse ich es dich mal versuchen.«

»Das tue ich«, sagte Kera. »Das Schlimmste, was passieren kann, ist nichts, oder? Es kostet ja auch nichts.«

»Ha!« Mister Kim lachte. »Wenn es funktioniert, muss ich dir bei deinem nächsten Einkauf vielleicht einen Rabatt geben.«

Sie atmete tief ein, klärte ihren Geist und murmelte die Beschwörungsformel für den Heilungszauber vor sich hin, wobei sie ihre rechte Hand über Mister Kims Handgelenk legte, während sie mit der linken Hand seine Handfläche sanft hielt. Wie sie es in den letzten Tagen mit sich selbst gemacht hatte, kanalisierte sie die wohltuenden Kräfte, die im Universum am Werk waren – zumindest stand das so im Buch ›Wunderbare Mächte‹ – in eine Person, die von Schmerzen geplagt war und versuchte mithilfe der Kräfte, diesen Schmerzen entgegenzuwirken.

Wie schon zuvor, nahm sie ein schwaches, warmes Licht wahr. Nicht irgendwo, wo sie es wirklich *sehen* konnte, aber irgendwo in der Nähe, versteckt und doch überall um sie herum.

Dieses Mal war es anders. Sie spürte nicht das angenehme, beruhigende Kribbeln, weil sie nicht der Empfänger war. Stattdessen fühlte sie sich, als hätte jemand eine Vene in ihrem Arm angezapft und würde etwas aus ihr herausziehen.

Ihre Sicht trübte sich und alles vor ihren Augen verschwamm. Kera ließ Mister Kims Hand los und stolperte gegen den Tresen, wobei sie sich verzweifelt daran festhielt, um nicht auf den Boden zu fallen. Benommene Schwäche übermannte sie fast.

»Kera! Was ist denn los mit dir?« Mister Kim lehnte sich panisch über den Tresen, um ihre Hand zu ergreifen.

»Urgh.« Sie schob sich aufrecht, blinzelte und schüttelte den Kopf. »Ich ... ich bin mir gar nicht sicher ... was gerade passiert ist.« Das Schwindelgefühl ließ langsam nach, aber sie fühlte sich immer noch stark geschwächt. Ihre Hände und Beine zitterten stark.

Mister Kim beobachtete sie weiterhin eindringlich, während sie die zwei Plastiktüten mit den Vorräten aufhob. Die Glocke läutete auf, als ein junges Paar den Laden betrat.

Kera wedelte sich mit der Hand Luft zu und versuchte, sich auf der Stelle eine Notlüge auszudenken. »Ich schätze, ich hätte etwas zu Mittag essen sollen. Aber jetzt geht es mir schon wieder viel besser.«

Mister Kim lehnte sich zurück und sah sie besorgt an – mit viel mehr Eindringlichkeit, als sie in dem Moment von ihm sehen wollte.

»Mir geht's gut, wirklich«, versicherte sie ihm. »Tut mir leid, dass ich Sie beunruhigt habe. Ich hoffe, Sie fühlen sich besser.« Sie drehte sich mit ihren Einkäufen um, ging vorsichtig Richtung Ausgang und bemühte sich, das Zittern zu unterdrücken. Ihre Hände, insbesondere ihre Finger, fühlten sich schwach an, was es schwierig machte, die Tüten zu tragen.

Als sie den Laden verließ, sah sie in der Spiegelung der Glastüren, wie Mister Kim seine Hände betrachtete, sie beugte und dann nur noch verwunderter anstarrte.

Draußen erlaubte sie sich dann, das Geschehene zu verarbeiten. Andere zu heilen war eindeutig schwieriger, als sich selbst zu heilen, etwas, das sie dringend im Hinterkopf behalten musste. Außerdem vermutete sie, dass Mister Kims Arthritis sehr schlimm gewesen war, viel schlimmer als sie zunächst angenommen hatte und deutlich schlimmer als die relativ kleinen Verbrennungen, mit denen sie es zuvor zu tun gehabt hatte.

Um ihn zu heilen, hatte sie eine große Menge ihrer vitalen Essenz spenden und mehr Kraft kanalisieren müssen, als ihr bewusst gewesen war. Sie hatte nicht daran gedacht, eine Grenze zu setzen, wie viel der Zauber von ihr nehmen und ihm geben konnte, also hatte sie einfach so viel genommen, wie die Aufgabe erforderte.

Könnte sie die Menge an Energie begrenzen, die ein Zauber benötigt? Das würde sie nun herausfinden müssen.

Lass dir das eine Lehre sein, Kera, dachte sie sich und zuckte zusammen, als sie sich die Ermahnung in der Stimme ihrer Mutter vorstellte. *Lies das ganze Kleingedruckte eines Zaubers, bevor du ihn anwendest, besonders bei jemand anderem.*

Der Heimweg war ein Kampf. Die zwei Einkaufstüten fühlten sich an, als würden sie jeweils vierzig Pfund wiegen und die halbe Meile, die ihr Haus von Kims Laden trennte, hätte genauso gut ein Marathon sein können.

Dennoch, wenn sie nicht so müde wäre, hätte Kera laut gelacht und wenn sie nicht Einkaufstüten schleppen würde und völlig erschöpft wäre, hätte sie siegessicher mit ihrer Faust in den Himmel geschlagen. Das, was sie getan hatte, hatte auch etwas Gutes. Sie hatte ihre Kraft nicht nur benutzt, um Dinge in Brand zu setzen oder ihr Gedächtnis zu löschen, sondern um jemandem *zu helfen*.

Andererseits zitterte sie so stark, dass sie drei Versuche brauchte, um ihren Schlüssel ins Schloss zu bekommen. Als sie durch die Tür stolperte, ließ sie eine der Taschen fallen und musste einen Teil der Vorräte aufheben. Jetzt, wo ihr Körper und ihr Geist wussten, dass sie sich endlich in Sicherheit befand, stand sie kurz vor dem Zusammenbruch.

Kera stellte die Tüten auf den Boden neben ihrem Kühlschrank und stopfte hastig die kalten oder verderblichen Sachen hinein. Sie schaffte es gerade noch, die Milch an ihren gewohnten Platz im Türregal des Kühlschranks zu stellen, bevor sie auf die Knie sank.

»Vergiss es«, murmelte sie. Das trockene Zeug konnte bis morgen warten.

Schwerfällig zog sie sich wieder auf die Füße und ging auf ihr Bett zu, mit der Absicht, sich wie gewöhnlich umzuziehen, aber sobald sie den Rand erreicht hatte, sackte sie auf die Matratze und schlief in ihrer Kleidung ein, ohne dass es sie weiter kümmerte.

KAPITEL 18

Kera war sich fast sicher, dass sie geträumt hatte, dass ihr Handy mal wieder klingelte. Es hätte sein können, dass der Traum das Klingeln ihres Mobiltelefons als besondere Note hinzufügte, sobald es *tatsächlich* klingelte.

Wie auch immer, sie wurde wieder einmal von einem Piepen geweckt.

»Scheiße!«, platzte sie heraus und rüttelte sich wach. Sie fühlte sich verschlafen, verwirrt und unglaublich hungrig. Sie riss den Kopf in Richtung ihres Nachttisches. Der Bildschirm des Handys leuchtete auf und der Klingelton schien in ihrem Gehirn widerzuhallen, was darauf hindeutete, dass sie es gerade so verpasst hatte, den Anruf entgegenzunehmen. Sie rieb sich die Augen, wischte sich hastig die Haare aus dem Gesicht und wartete ab, ob der Anrufer eine Nachricht hinterlassen würde.

Ein oder zwei Minuten später piepte das Handy erneut auf. Das Symbol des Anrufbeantworters erschien auf ihrem Bildschirm und sie erkannte die Nummer – die von Cevin.

»Nun...«, murmelte Kera, »das sind jetzt entweder die guten Nachrichten, auf die ich gehofft hatte oder *wirklich* schlechte Nachrichten. Nicht wahr, Zee?« Sie warf einen Blick auf Zees leeren Platz und zuckte zusammen.

Sie konnte sich nicht daran gewöhnen, Zee nicht um sich zu haben und wenn man bedenkt, dass dieser Anruf ihr womöglich sagen könnte, dass Zee nicht mehr zu retten war, war die Erinnerung an seine Abwesenheit besonders unwillkommen.

Kera überlegte, ob sie frühstücken und duschen sollte, bevor sie die Nachricht abhörte, aber sie entschied, dass sie beides nicht genießen konnte, wenn die Möglichkeit einer schlechten Nachricht noch über ihr schwebte. Sie tippte auf den Bildschirm und kaute auf ihrer Lippe, als die Nachricht in der Warteschlange erschien.

Cevins Tonfall war erstaunlich fröhlich. »*Hey, Kera. Cevin hier. Ich habe gute Neuigkeiten.*«

»O Gott sei Dank«, murmelte Kera.

»*Du kannst kommen, wann immer du bereit bist, dein Motorrad abzuholen. Alles ist repariert und wie gesagt, ich habe die Kosten übernommen. Du musst keinen Cent bezahlen. Der einzige Haken ist, dass ich dich heute nicht abholen kann. Ich muss unbedingt in der Mermaid aushelfen, also musst du den Bus nehmen oder so. Oder einfach bis morgen warten. Sag mir Bescheid, wenn du dich entschieden hast. Oder du tauchst einfach auf, in dem Fall sehe ich dich wohl, wenn ich dich sehe.*«

Das Handy piepte auf und meldete sich wieder mit der automatischen Stimme, die Kera mitteilte, dass sie keine ungehörten Nachrichten mehr hatte.

Sie lehnte sich zurück, schloss die Augen und lächelte. »*Endlich.*« Sie seufzte. Der Dunst des Schlafes löste sich aus ihrem Kopf und abgesehen von dem nagenden Hunger war sie überrascht, wie gut sie sich fühlte. Sechzehn – oder so – Stunden Schlaf konnten das mit einem Menschen machen.

Magie & Marketing

Kera rollte sich vom Bett auf die Füße und beschloss, so schnell wie möglich aktiv zu werden. Der nagende Hunger schien jetzt eine Konstante zu sein, aber sie wollte sich nicht die Zeit für eine große Mahlzeit nehmen. Je eher sie Zee zurückhatte, desto besser und sie konnte sich dann immer noch etwas zu essen holen, sobald sie wieder mobil unterwegs war.

Sie zog sich eilig an, ging ins Bad, um sich die Haare zu kämmen und trug dann aus einer Laune heraus etwas dunklen Lidschatten auf. Irgendetwas an der Art, wie ihr neues Haar ihr Gesicht umrahmte, ließ vermuten, dass es gut aussehen würde.

Als sie fertig war, blinzelte sie sich im Spiegel an. Es sah *wirklich* gut aus. *Wirklich gut, in der Tat.*

Ganz zu schweigen davon, dass der Look für eine Hexe mehr als angemessen war.

Nur einen Block entfernt war eine Bushaltestelle und soweit sie sich an die Fahrpläne erinnerte, sollte in den nächsten fünfzehn oder zwanzig Minuten einer der Shuttlebusse vorbeikommen. Sie schnappte sich ihren Rucksack, stopfte ihren Motorradhelm hinein und machte sich auf den Weg.

Der Tag heute war mal wieder sonniger und wärmer als die Tage zuvor. Wie immer drehten sich Köpfe in ihre Richtung, doch diesmal sprach sie niemand an. An der Bushaltestelle war nur eine weitere Person – ein älterer *Latino-Gentleman*, der wahrscheinlich nicht flirten wollte. Kera überließ ihm die Bank, während sie sich gegen das Bushaltestellenschild lehnte.

Während sie wartete, zog sie ihr Tablet heraus und öffnete wieder einmal *So wird man eine knallharte Hexe*. Sie wollte nicht nur die Details des Heilungszaubers durchgehen, sondern auch nach Notizen suchen, die sie vielleicht zu einem früheren Zeitpunkt hinzugefügt und vergessen hatte.

Der Gedächtniszauber erwies sich erneut als eine echte Belastung.

Natürlich enthielt das Kapitel mit dem Titel ›Wie man kleinere Verletzungen heilt und chronische Beschwerden lindert‹ einen Hinweis auf Übertreibung.

Kera biss sich auf die Lippe und kniff die Augen zusammen, als sie las. Sie ärgerte sich über sich selbst, weil sie die Warnungen in dem Buch übersehen hatte. Zugegeben, als sie es damals gelesen hatte, war sie in Eile gewesen, um ihre Verbrennungen zu lindern, sodass das Kleingedruckte und die Vorbehalte ihrer Aufmerksamkeit entgangen waren.

Die Autoren des Buches wiesen deutlich darauf hin, dass der Zauber nur bei relativ geringfügigen und nicht lebensbedrohlichen Wunden eingesetzt werden sollte. Bei langwierigen Krankheiten oder chronischen Schmerzen war es wichtig, ihn innerhalb bestimmter vorsichtiger Grenzen einzusetzen.

Hier hatte die Vergangenheits-Kera eine Notiz hinzugefügt. Sie lautete: ›*Siehe letzte Seite des Intros. UND VERSUCHE BLOSS NICHT, KREBS ZU HEILEN!*‹

Sie schnaubte. *Ich hätte schreiben sollen: ›Versuche bloß nicht, Arthritis zu heilen.‹ Wenn es gefährlich ist, die zu heilen, dann ist das ja bei Krebs schon fast eine Selbstverständlichkeit.*

Als Kera zum Ende des Einführungskapitels des Buches zurückblätterte, fand sie bald die Stelle, auf die sich ihre Notiz bezog. Hier hatten die Autoren einen Haftungsausschluss unter dem Wort ›WICHTIG‹ eingefügt, fett gedruckt und in Großbuchstaben.

Magie & Marketing

Ein höherstufiger Zauber, so wurde erklärt – oder in manchen Fällen schon ein niedrigstufiger Zauber, der zu sehr gestreckt oder bei dem zu viel verlangt wurde – konnte den Thaumaturgen ernsthaft überfordern und in extremen Fällen zu Verletzungen, mentalen Gesundheitsproblemen und zum Tod führen. Solche Wunderwerke erforderten einen enormen Energieaufwand und der Zaubernde wäre für alles verantwortlich.

Dies sei der Grund, warum das Buch nicht auf sehr mächtige Zaubersprüche eingehe und warum offene Zaubersprüche wie der Heilungszauber mit der Ermahnung versehen seien, dass man sich selbst *vor* Beginn der Beschwörungen vorsichtige und vernünftige Grenzen zu setzen hatte, wie viel Energie verbraucht werden sollte.

Kera ärgerte sich darüber, dass die Unannehmlichkeiten in Mister Kims Laden hätten vermieden werden können. »Das werde ich mir für die Zukunft merken«, murmelte sie zu sich selbst, leise genug, dass der Mann auf der Bank sie nicht hören würde.

Der Bus hielt an. Kera steckte ihr Tablet in ihren Rucksack und stieg ein. Sie war erleichtert, als sie sah, dass das Fahrzeug vorerst nur zu etwa zwei Drittel gefüllt war. Überfüllte Busse waren nie lustig.

Nachdem sie sich gemütlich auf einen Platz in der hintersten Ecke des Busses gesetzt hatte und sich sicher war, dass keine anderen Passagiere versuchen würden, sie zu stören oder ein Gespräch anzufangen, holte Kera ihr Tablet wieder heraus. Sie hatte bisher vielleicht nur ein Drittel des Zauberbuchs gelesen und war neugierig, welchen Unfug das Grimoire noch enthalten würde.

Michael Anderle

Ein paar Haltestellen später, als sie die Hälfte der Strecke bereits hinter sich hatte, hatte sich der Bus schnell fast bis zum Anschlag gefüllt. Trotzdem hielt er auf seiner Route an, um noch eine alte Dame aufzusammeln, die langsam hineinhumpelte.

Kera sah, dass der wahrscheinlichste Kandidat für das Aufstehen und Abgeben seines Platzes ein junger Mann auf einem Sitz einige Reihen vor ihr und auf der anderen Seite des Ganges, direkt am Eingang, war. Die ältere Frau stand zögerlich vor ihm und gab ihm einen Moment Zeit, seinen Platz freizumachen, während sie ihre Brille zurechtrückte und Verwunderung vortäuschte.

Zu ihrer Verärgerung sah Kera, dass der Typ eindeutig so tat, als würde er die Frau gar nicht sehen und nur darauf wartete, dass sie vorbeigehen würde, in der Annahme, dass ihre Notlage unmöglich sein Problem sein konnte.

Der Fahrer schaute irritiert über seine Schulter, er würde nicht losfahren, bevor die alte Frau einen sicheren Platz gefunden hatte. Die Gesichter der anderen Fahrgäste strahlten Unruhe und Ungeduld aus.

Sie könnte natürlich aufstehen und der Frau *ihren* Platz überlassen, aber Kera hatte eine bessere Idee, eine, die den jungen Mann nicht glauben lassen würde, dass er mit diesem Verhalten durchkommen würde.

Sie lehnte sich leicht zur Seite und tat so, als würde sie ihren rechten Arm strecken müssen, während ihre Finger sich in die Bewegungen für einen kleinen Zauber hin- und herbewegten. Der Zauber war als ›Stich‹ oder kleiner, betäubender Schlag konzipiert, um gegen eine feindliche Person eingesetzt zu werden. Er verursachte eine leichte, aber schmerzhafte Muskelzuckung einer kleinen, konzentrierten Stelle des Körpers.

Natürlich enthielt es eine strenge Warnung, es nicht an der Kehle, dem Augapfel, dem Zwerchfell, den Hoden oder sonst etwas Empfindlichem zu benutzen, aber Kera hatte ein anderes Ziel im Sinn. Sie war der Meinung, dass der Gesäßmuskel in diesem Fall ohnehin besser geeignet war.

Sie schnippte ein letztes Mal mit dem Zeigefinger und der junge Mann sprang reflexartig auf die Füße, die Hand ging zurück, um seinen Hintern zu massieren.

»Oh!«, sagte die alte Frau überrascht. »Ich danke Ihnen, Sir.« Sie legte ihm eine Hand auf die Schulter, um sich abzustützen und auch, um ihn wegzuschieben, als sie in seinen Sitz sank.

Die anderen Fahrgäste in der vorderen Hälfte des Busses applaudierten zaghaft für den guten Willen und den Anstand des Mannes und der Fahrer fuhr weiter.

Der junge Mann sah sich verwirrt um. »Äh, ja«, antwortete er, »gar kein Problem. Es ist nur das Richtige, das zu tun.« Er nickte einigen seiner neugewonnenen Bewunderer zu.

Kera wandte unterdessen ihre Augen wieder ihrem Buch zu.

Sie stieg an der Haltestelle *Alameda and 3rd Street* aus, die kaum einen Block von der Arbeit entfernt war. Obwohl sie sich rüstig genug fühlte, um noch etwas weiter zu laufen, war sie lange genug von Zee getrennt gewesen. Schneller unterwegs zu sein war eindeutig die bessere Alternative.

Da sie heute nicht zur Arbeit eingeteilt war, schob sich Kera durch die Vordertür, anstatt sich um den

Hintereingang zu kümmern. ›Vorsichtig‹ war nicht ihr üblicher *Modus Operandi*, aber sie würde sich vorerst daran halten, da sie nicht wusste, was für neue Sicherheitsmaßnahmen Cevin vielleicht eingeführt hatte. Sie würde ihn danach fragen müssen, wenn sie Zee zurückhatte.

Im Inneren war das Lokal fast ausgestorben, da sie erst vor weniger als einer Stunde geöffnet hatten und die Sonne noch nicht untergegangen war.

Einer der männlichen Kellner, ein Typ namens TJ, bemerkte Kera zwar sofort, schien sie aber nicht zu erkennen.

»Hallo«, begrüßte er sie über seine Schulter. »Bitte setz dich, ich bin gleich bei dir. Es ist auch noch genug Platz an der Bar, wie du siehst.«

Kera grinste. »Danke.«

TJ war damit beschäftigt, einen Tisch mit Gläsern und Tellern abzuräumen, also schritt sie an ihm vorbei zum Tresen, wo Cevin alles für den Abend vorbereitete. Er warf einen kurzen Blick auf den Neuankömmling.

»Guten Tag, Ma'am«, begrüßte er sie. »Nimm' Platz. Was darf's sein?«

Kera beschloss, dass sie das Wiedersehen mit ihrem Baby um eine weitere Minute verzögern konnte, um mitzuspielen. »Hmm. Wie wäre es denn mit einem Motorrad?«

Cevin blinzelte überrascht und sah wieder auf, jetzt starrte er ihr direkt ins Gesicht, sein Mund stand vor Verblüffung offen. Sie versuchte, nicht in Gelächter auszubrechen, während sich die Zahnräder in seinem Kopf drehten. Er überlegte offenbar krampfhaft, ob sie einen *Blue Motorcycle Cocktail* meinte oder aber, ob er die Person vor ihm erkannte.

»Kera?«, fragte er nach einigen Sekunden schließlich.

Sie lachte laut auf. »Ja, ich bin's. Ich hätte nicht gedacht, dass ich wirklich *so* anders aussehe.«

Er schüttelte den Kopf und errötete. »Ich nehme an, du weißt es jetzt. Du hättest mich warnen sollen. Du hast dich ... sehr verändert. Nicht auf eine schlechte Art, aber auch echt nicht so, wie ich es erwartet habe.« Seine Augen musterten sie und sie erwog die Möglichkeit, dass ihr schwarzes Haar vielleicht auch mehr Aufmerksamkeit auf ihre Figur lenkte.

»Ach«, antwortete Kera. »Es sind nur die Haare und ein bisschen Make-up.«

Cevin kam hinter der Bar hervor. »Also, deine Haare sehen *ganz* anders aus. Hast du sie auch geschnitten? Und ich schätze mal, das ist mehr als nur ein ›bisschen‹ Make-up. Versteh' mich nicht falsch, du siehst toll aus. Nur ... vollkommen anders als dein normaler Look.«

Sie zuckte mit den Schultern. »Danke.«

Er gestikulierte in den Seitenflur und sie gingen auf sein Büro zu. »Ist das wegen dieses Trottels? Willst du etwa sicherstellen, dass er dich nicht erkennt, wenn er wieder hier auftauchen sollte?«

»Nee«, antwortete die junge Frau. »Wenn ich ihm noch einmal in einer dunklen Gasse oder auf einem leeren Parkplatz begegne, wird er derjenige sein, der sich Sorgen machen sollte. Ich habe mir beim Kochen meine Haarspitzen verbrannt, also dachte ich mir, ich könnte sie auch ganz schwärzen. Meine fehlende Begabung auf dem Gebiet war auch der Grund, warum ich mich damals für die Bar und nicht für die Küche beworben habe.«

Cevin gluckste. Er lachte nicht oft und sie musste zugeben, dass es schön war, ihn ausnahmsweise einmal in besserer Stimmung zu sehen. »Das passiert den Besten von uns, nehme ich an.«

»Wie auch immer«, fuhr Kera fort, »wer weiß? Vielleicht behalte ich es bei, damit ich nicht ständig die blöden Blondinenwitze abkriege. Die wurden irgendwann alt, so um die neunte Klasse herum.«

Ihr Chef öffnete die Bürotür und sofort fiel ihr ein kompletter Satz schwarzer Lederklamotten, der auf dem freien Stuhl lag, auf. Schutzkleidung für Biker.

Sie gestikulierte. »Sind die für mich?«

»Na ja«, bemerkte Cevin. »Für *mich* wäre die ein wenig klein, oder?«

Sie lächelte. »Das hättest du nicht tun müssen, weißt du. Nicht, dass ich mich beschweren würde, aber ... wow. Danke, Cevin. Für alles.«

Er nickte. »Gern geschehen, Kera. Ich fühle mich verantwortlich. Du hättest nie in diesen Vorfall verwickelt werden dürfen. Wo wir gerade davon reden, lass uns nach Zee sehen.«

Etwas schwoll in ihrer Brust an. Sie wollte auf und ab springen wie ein Kind, zwang sich aber, es nicht zu tun. Immerhin hatte Cevin sie vorhin noch ›Ma'am‹ genannt. Es hätte nicht zu ihrem neuen Image gepasst.

Cevin führte sie zur Hintertür hinaus und sie bemerkte, dass er die Kamera ausgetauscht und ein paar neue Lampen angebracht hatte.

»Hast du den Sicherheitscode geändert oder so?«, erkundigte sie sich.

»Ja.« Er winkte sie durch, während er sich um das Schließen und Verriegeln der Tür kümmerte. »Wenn du das nächste Mal arbeitest, gebe ich dir den neuen. Fürs Erste steht dein Motorrad auf der Ladefläche meines

Trucks. Ich habe es vorhin auf meinem Weg hierher abgeholt.«

Sie hielt inne beim Anblick des schnittigen, schwarzen Motorrads, das auf der Seite lag, mit seinen zwei neuen Ersatzreifen.

»Mann.« Sie seufzte. »Du hast gar keine Ahnung, wie sehr ich dieses verdammte Ding vermisst habe.« Sie winkte Richtung Ladefläche des Trucks. »Ist schon gut, Zee, wir fahren gleich nach Hause.«

Cevin gluckste, als er auf die Ladefläche des Trucks kletterte und die Heckklappe öffnete. Kera stieg neben ihm hoch, löste die Verzurrung und stellte das Motorrad auf, während ihr Vorgesetzter eine metallene Auffahrrampe anbrachte, damit sie es herunterrollen konnten, anstatt zu versuchen, es hochzuheben.

Als Zees Reifen wieder auf dem Asphalt waren, wo sie hingehörten, startete Kera den Motor und gab für ein paar Umdrehungen Gas. Das Knurren ihres Motorrads war das beste Geräusch, das sie seit Tagen gehört hatte.

»Alles gut?«, rief Cevin, während der Motor aufheulte.

»Alles wunderbar!«, rief Kera zurück. Sie stellte das Motorrad ab und tätschelte den Lenker, dann lehnte sie sich dicht an es heran und flüsterte: »Ich bin gleich wieder da, Zee.«

Cevin legte das Gestell zurück auf die Ladefläche und schloss den Truck. »Lass uns dein neues Outfit holen und dann muss ich wieder an die Arbeit.«

Er tippte den Code ein, um sie wieder in das Gebäude zu lassen und reichte Kera die Lederhose, die er über den Arm gefaltet hatte.

»Ach Mist, mir fällt gerade auf ...«, bemerkte Kera. »Ich habe nicht genug Stauraum, um die Sachen mitnehmen zu können, aber da ich ja sowieso nach Hause fahre, na ja, dann entschuldige mich mal kurz.«

Cevin gluckste. »Nimm dir so viel Zeit, wie du hier brauchst, Kera. Geh einfach vorne wieder raus, damit ich mich nicht wieder mit dem ganzen Sicherheitskram beschäftigen muss.«

Kera nahm die Lederausrüstung mit auf die Mitarbeiter-Toilette. Die untere Hälfte des Outfits – so stellte sie fest – würde noch über ihre Jeans passen, obwohl es dann eng sein würde. Ihre Jacke allerdings musste sie ausziehen. Sie legte sie rasch ab, bevor sie das neue Oberteil überstreifte und stopfte die Jacke in ihren Rucksack.

Als sie wieder die Toilette verließ, schnappte sie sich ihren Helm und ging zum nächstgelegenen Spiegel, um sich kurz zu begutachten, bevor sie ihn aufsetzte.

Verdammt, ich bin mir nicht sicher, ob ich mich an diesem Punkt wiedererkenne. Es geht jetzt weit über die Haarfarbe hinaus. Etwas ist wirklich komplett anders, aber was? Bin ich vielleicht durch die Magie gealtert? Das ist ein beunruhigender Gedanke. Ich schwöre, ich sehe ein paar Jahre älter aus. Aber auf eine gute Art, na ja, bis jetzt noch.

Es kam ihr auch in den Sinn, dass, wenn sie ihr eigenes Bild im Spiegel nicht erkennen konnte, der Mistkerl, der auf Zee geschossen hatte, es auch nicht tun würde und ihm jetzt aus dem Weg gehen zu können, war ein eindeutiger Bonus ihrer magischen Wandlung.

Über diese Tatsache zufrieden nickend verließ sie das Hinterzimmer und schritt an der Bar vorbei. »Tschüss, Cevin. Bin ich morgen dabei?«

»Sicher.« Er sah auf und starrte ihr nach. »Du, ähm, kannst auch noch einen Tag freihaben, wenn du willst, aber ich kann dich auch morgen gebrauchen, wenn du Lust hast.«

Sie lächelte. »Das werde ich wahrscheinlich. Ich sage dir dann noch einmal Bescheid. Bis dann.«

Während Kera mit leichten Schritten durch das Lokal ging, beobachtete Cevin sie so lange, bis sie durch den Vordereingang verschwunden war. Irgendwie hatte er ihren Körper gar nicht so richtig zu schätzen gewusst, bis er ihn in enges, schwarzes Leder gehüllt gesehen hatte. Sicher, er hatte bemerkt, dass sie sowohl schlank als auch kurvig war und das an den sprichwörtlich richtigen Stellen, aber er hatte versucht, nicht aufdringlich zu wirken, da so etwas schließlich unprofessionell und respektlos war.

Auf jeden Fall war er sowieso viel zu alt für sie, schon alt genug sogar, um die lächerlich verzweifelten Versuche von irgendwelchen Kerlen, die alles taten, um Kera zu beeindrucken, mit Belustigung zu beobachten.

Er schüttelte den Kopf darüber und ging zurück an seine Arbeit. »Eines Tages werden Leute Unfälle bauen, weil sie ihr beim Autofahren hinterherschauen.«

Es würde amüsant sein, falls es passiert.

KAPITEL 19

Ursprünglich hatte Kera geplant, Zee einfach nach Hause zu fahren und dann wieder mit Zaubereien aus ihrem Grimoire zu experimentieren, aber irgendwie kam es nicht dazu. Sie musste einfach noch etwas umherfahren.

Sie musste *nachdenken*. Erst in den letzten Tagen war ihr bewusst geworden, wie sehr ihre täglichen Fahrten zu ihrer Routine gehörten und wie gut sie ihren Tag verarbeiten konnte, während sie nach Hause fuhr. Auf dem Motorrad zu sitzen, machte ihren Geist auf eine Weise frei, wie nichts anderes es tun konnte.

Sie hatte nicht die Chance gehabt, die letzten Tage auf diese Weise zu verarbeiten und es war *viel zu viel* passiert, was sie dringend verarbeiten *musste*. Vage, halb geformte Gedanken und Ideen, die ihr in den letzten drei oder vier Tagen in den Sinn gekommen waren, begannen sich jetzt in ihrem Kopf zu sammeln und ihr mitzuteilen, was sie wirklich tun wollte.

Was sie wirklich tun *musste*.

In ihrem Kopf wirbelte so vieles herum. Das Gefühl der Hilflosigkeit, das den Angriff auf sie, Cevin und Zee begleitet hatte, die unerschütterliche Überzeugung, dass sie in der Lage hätte sein müssen, etwas dagegen zu tun, obwohl sie rational gesehen wusste, dass es quasi Selbstmord war, eine Waffe auf jemanden zu richten, der bereits eine Schusswaffe bereithielt ...

Da war auch noch der nagende Verdacht, dass ihre Mutter recht hatte, dass Kera mehr aus ihrem Leben hätte machen sollen, obwohl ihre Mutter es natürlich bisher heruntergespielt hatte, indem sie ihr einfach immer wieder sagte, sie solle sich einen besseren Job suchen.

Und dann war da noch die Art und Weise, wie ihr das historische Motto ihrer Familie vor ein paar Tagen aus dem Nichts in den Sinn gekommen war. *Ruhm ist der Lohn der Tapferkeit.*

Es waren auch nicht nur ihre eigenen Erinnerungen und Erfahrungen, die sich in ihrem Kopf festsetzten. Da war dieser Nachrichtenbericht, den sie gesehen hatte, kurz bevor sie sich die Haare schwarz gefärbt hatte, über den Beginn einer Verbrechenswelle, die die Stadt terrorisierte. Andere Menschen machten genau das durch, was sie hier erlebt hatte oder möglicherweise noch viel Schlimmeres.

Und natürlich die Tatsache, dass sie, seit sie dieses verhängnisvolle, albern anmutende Buch gelesen hatte, entdeckt hatte, dass Magie real war und dass sie, die ganz gewöhnliche Kera MacDonagh, ein natürliches Talent dafür zu besitzen schien.

Sie wollte mit diesem Talent helfen. Sie wollte *etwas* tun können.

Der Himmel färbte sich tief rot-orange, während Kera durch die Straßen von LA sauste, die hohen Gebäude der Innenstadt wichen den niedrigeren, bescheideneren auf der anderen Seite des Flusses. Immer mehr der allgegenwärtigen Palmen kamen in Sicht.

Kera merkte, dass sie unbewusst auf einige der ›mittelmäßigen‹ Viertel der Stadt zusteuerte. Diejenigen, die nicht als schlecht galten, aber nahe genug an den schlechten waren, dass die Leute, die dort lebten oder arbeiteten, recht vorsichtig sein mussten.

Sie befand sich jetzt an einem Ort, an den Kriminelle kamen, um Beute zu machen. Sie spürte ein Flattern der Sorge in ihrer Brust und unterdrückte es. Ihre Begegnung damals im Hinterhof der *Mermaid* hatte ihr die Augen für einen Teil der Welt geöffnet, dem sie bisher immer ferngeblieben war. Einen, von dem sie gewusst hatte, dass es ihn gab, den sie aber nie hatte sehen müssen.

Wenn sie helfen wollte …

Musste sie sehen, wie die Dinge wirklich waren.

Kera fuhr zurück nach Westen, wieder über den Fluss und um die Peripherie der Innenstadt herum, dann nahm sie eine Seitenstraße, die den Rand eines Wohngebietes bildete. Die Straße grenzte an eine halb verfallene Zone mit Lagerhäusern und verwilderten Grundstücken.

Die Schatten vertieften sich neben den Gebäuden, während der Himmel zunehmend verblasste. Zuerst sah sie nichts Ungewöhnliches, aber als die letzten Sonnenstrahlen zu verschwinden begannen, fuhr sie an etwas vorbei, das ihr ins Auge fiel.

Ein sehr schöner Mercedes-Benz, E-Klasse. Weiß, fünfte Generation. Der Besitzer hatte den Wagen am Straßenrand geparkt, weil er dachte, dass der Standort hier sicher genug war, damit dem Wagen nichts passierte, aber auch, weil er keine Polizisten anlocken wollte, die nichts Besseres zu tun hatten.

Magie & Marketing

Das Auto hatte jedoch auch drei junge Männer angezogen, die Kera sofort als Gangmitglieder erkannte. Sie könnte sich dabei irren, aber das bezweifelte sie.

Sie fuhr vorbei, tat und sagte erst einmal nichts. Das Trio warf ihr einen scharfen Blick zu, ignorierte sie dann aber, als sie weiterfuhr. Sie untersuchten ganz offensichtlich das Fahrzeug, die Gegend und die Gesamtsituation.

Niemand sonst schien in der Nähe zu sein und Kera ahnte, dass sie bald zuschlagen würden.

Was ich jetzt tun sollte, dachte sie, *ist weiterfahren. Vielleicht die Bullen anrufen, damit sie mal vorbeischauen. Ja, das wäre das Klügste.*

Doch sie wollte nicht das ›Klügste‹ tun. Das ›Klügste‹ war nämlich, die Welt sich einfach weiter drehen zu lassen und das erlaubte den Dingen, gleich zu bleiben.

Doch sie war hier, weil sie nicht wollte, dass die Dinge so blieben, wie sie momentan waren.

»Scheiß drauf«, sagte sie laut. Sie fuhr um die nächste Ecke, parkte Zee neben einem Baum und stieg ab. Den Helm ließ sie allerdings auf, während sie zügig zurück zu dem Mercedes ging.

Es war keine große Überraschung, zu sehen, dass die drei Bandenmitglieder das Auto mittlerweile eingekreist hatten, wobei einer an der Motorhaube lehnte und ein anderer an die Seite gelehnt lümmelte. Die beiden hielten Ausschau, während der dritte am Schloss der Fahrertür arbeitete.

Derjenige am vorderen Ende des Fahrzeugs bemerkte sie sofort, reagierte aber zuerst nicht. Er wartete, um zu sehen, ob sie eine echte Bedrohung darstellte oder nur ein Auge auf sie warf.

Sie hatte vor, jeden Zweifel sofort zu beseitigen. Sie stürmte geradewegs auf das Trio zu, die Hände an ihrer Seite zu Fäusten geballt.

»Hey!«, rief sie und verstellte ihre Stimme, um sie tiefer klingen zu lassen. »Ist das euer Auto? Denn wenn es das nicht ist, habt ihr keinen Grund, euch darauf zu stürzen wie die Fliegen auf einen Müllcontainer.«

Alle drei drehten ihre Köpfe und sahen sie an. Zwei von ihnen fielen die Kinnladen herunter vor Schreck über ihre Naivität und Dämlichkeit.

Derjenige, der sich auf die Motorhaube gestützt hatte, richtete sich jetzt auf und machte einen Schritt auf sie zu. Er war klein und dünn, seine Augen waren stumpf, aber bösartig. »Hau ab, *maricón*. Bevor du verletzt wirst, ja?«

Keras Blut schien zu kribbeln, als es durch sie gepumpt wurde. Sie alle wussten, wie das ablaufen sollte. Sie würde nachgeben, weil sie es schmerzhaft machen würden, wenn sie es nicht tat, dann bedeutete das, dass sie danach einfach davonkommen würden.

Doch sie würde die Spielregeln ändern.

»Nein«, erwiderte Kera. »Das ist nicht euer Auto. Es gehört euch nicht. Wenn ihr eine Mitfahrgelegenheit sucht, besorgt euch eine auf die altmodische Art. Je schneller ihr hier wegkommt, desto eher könnt ihr das tun.«

Der Kerl, der versucht hatte, das Schloss zu knacken, mittelgroß und korpulent, trat neben seinen Freund vor die Motorhaube. »Warum kümmerst du dich denn nicht einfach um deinen eigenen Kram?«, schlug er vor.

Der dritte der Gruppe folgte den beiden anderen. Obwohl er der größte und am muskulösesten aussah, mit

Tätowierungen überall auf seinen wulstigen Armen, schien er am wenigsten daran interessiert zu sein, Kera Angst einzujagen.

»Hey«, sagte er zu seinen Partnern, »sie könnte die Bullen rufen. Lasst uns lieber abhauen.«

Die anderen beiden ignorierten ihn.

»Nein«, beharrte der Schlossknacker und deutete auf Kera. Sie hielt ihn für den Anführer. »*Sie* ist diejenige, die geht. Jetzt sofort, Schlampe, oder du wirst verletzt.«

Kera konnte nicht sehen, ob sie bewaffnet waren. Wenn sie es nicht waren, hatte sie vielleicht eine Chance gegen sie, aber wenn eine Pistole oder ein Messer zum Vorschein kam, würde sie ihre Strategie schnell überdenken müssen. Sie zögerte.

Der Anführer bemerkte das. Er warf einen Blick auf die anderen beiden und schnippte mit den Fingern. »Schnappt sie euch.«

Sie sprangen alle auf einmal los und griffen sie aus drei verschiedenen Richtungen an.

Kera hob ihre Hände, sprach die Beschwörungsformel für den Kneifzauber und richtete ihn direkt auf die Leistengegend des dünnen Kerls. Es traf ihn, als er etwa einen Meter von ihr entfernt war und er brach abrupt zusammen, kreischte vor Schmerz und umklammerte seinen Schritt.

Der Anführer stürzte sich auf sie, bevor er auf das plötzliche Abweichen seines Freundes vom Kampf reagieren konnte. Kera bereitete bereits einen weiteren Zauber vor, den, der ihr Glück verstärken würde. Sie verfluchte sich selbst dafür, dass sie diesen nicht schon längst heraufbeschworen hatte, bevor sie von ihrem Motorrad gestiegen war, aber jetzt konnte sie es auch nicht mehr ändern. Sie versetze dem Kerl einen Tritt in seinen nicht gerade kleinen Bauch. Er wich mit überraschender Geschwindigkeit aus, aber dennoch stoppte es vorrübergehend seinen Angriff.

Das gab ihr die Zeit, die sie brauchte, um ihre Beschwörung zu beenden.

Ein Gefühl der Zuversicht und des Optimismus durchströmte sie und sie erinnerte sich an ihr dreijähriges Kampftraining. Sie hatte zwar nicht die Zeit gehabt, eine Judo-Meisterin zu werden, aber sie war keineswegs hilflos. Mithilfe der Magie war sie sich sicher, dass sie es mit diesen Arschlöchern aufnehmen und gewinnen konnte.

Eine Sache bei solchen Tyrannen war, dass sie nicht erwarteten, dass jemand sie herausforderte. Sie hielten sich für die Stärksten, die, die niemand herausfordern würde.

Der dritte Kerl, der mit den muskulösen, tätowierten Armen, hatte sich vielleicht vorhin noch nicht in den Kampf einmischen wollen, aber jetzt war er dabei und sie konnte spüren, dass er deutlich mehr draufhatte als seine Kumpanen. Er flankierte sie und schlug sie mit einem kräftigen Schulterstoß, um sie aus dem Gleichgewicht zu bringen und sie zum Bordstein zu treiben, über den sie dann stolpern würde. Doch Kera hatte damit gerechnet, rannte riskant auf ihren Gegner zu und sprang über den Bordstein, drehte sich rechtzeitig, um dem pummeligen Gangster rechts von ihr einen weiteren Tritt zu verpassen.

Diesmal traf ihr Fuß ihn in die Rippen, obwohl er robust genug war, sodass es ihn nur leicht irritierte. Seine Faust fuhr in ihren Magen und obwohl sie rechtzeitig zurücksprang, um der vollen Wucht des Schlages auszuweichen, war es immer noch genug, um ihr den größten Teil ihrer Luft auszutreiben.

Ich schätze, mein Glück ist doch nicht so groß, wie ich wollte, dachte sie verzweifelt, *obwohl es schlimmer hätte sein können.*

Als die beiden, die noch standen, sich langsam um sie herumbewegten, um sie von jeder Seite anzugreifen und der dicke Kerl sich wütend wieder aufrichtete, beschloss sie, etwas anderes zu versuchen.

Sie streckte die Hand aus, flüsterte einen Zauberspruch und ein Schauer aus farbigen Funken umhüllte den Anführer der Bande. »*Scheiße!*«, rief er aus, seine Stimme brach vor Angst. Sie war sich nicht sicher, wie er diese Funken interpretierte, da sie sah, wie er wild um sich blickte und nach der Quelle des Feuerwerks suchte.

Kein Glück gehabt, mein Freund, dachte sie mit einem Grinsen.

Im nächsten Moment stürzte sich der tätowierte Kerl auf sie und versuchte, ihr einen Schlag auf den Kopf zu verpassen, aber seine Faust prallte an ihrem Helm ab. Er stöhnte vor Schmerz.

Kera stolperte zurück, denn der Schlag hatte genug Wucht gehabt, um sie kurzzeitig zu verwirren, aber ihr Helm war dafür ausgelegt, sie vor Motorradunfällen zu schützen. Ein einfacher Schlag wie dieser hatte keinen Schaden angerichtet.

Sie verspottete den Angreifer, dann sprach sie den Muskelzerrungszauber erneut aus, diesmal auf den hinteren Oberschenkelmuskeln des Tattoo-Typens gerichtet.

Er hüpfte geradewegs in die Luft, zitternd vor Schmerz und Überraschung und stolperte dann über seine eigenen Füße. Der stechende Schmerz war zu groß für ihn, um zu stehen, geschweige denn zu kämpfen.

Inzwischen hatte sich der Schlossknacker von der Überraschung des Farbfunkenzaubers erholt und konnte feststellen, dass er gar nicht verbrannt oder anderweitig verletzt worden war.

Und er sah *stinksauer* aus.

Sie musste mit ihm fertig werden, bevor seine Wut in Taten umschlagen würde. Kera stürmte auf ihn zu, sprang von der Bordsteinkante ab und riss sich in der gleichen Bewegung den Helm vom Kopf. Sie schlug die Fäuste des Mannes beiseite und rammte den Helm in die Seite seines Gesichts. Er kippte um.

Plötzlich erkannte sie eines der Tattoos auf dem Arm des muskulösen Mannes, es war ein Symbol, welches sie schon auf Gebäude gesprüht gesehen hatte.

»Ich kenne euch Arschlöcher«, zischte sie. »Ich weiß, zu welcher Gang ihr gehört. Das hier ist nicht mehr euer Revier. Es gehört jetzt den Hexen von LA, habt ihr das gehört? Wenn ihr denkt, *ich* sei böse, wartet, bis die anderen auftauchen.«

Zu diesem Zeitpunkt war der dicke Kerl langsam wieder auf die Beine gekommen, aber sein Zorn war in Angst umgeschlagen. Anstatt Kera anzugreifen, half er den anderen beiden auf. »Lasst uns von hier verschwinden!«

Grunzend und fluchend, sowohl auf Englisch als auch auf Spanisch, humpelten sie davon, ohne ihr einen zweiten Blick zu schenken, bis sie hinter dem leeren Grundstück auf der anderen Straßenseite verschwanden.

Kera stand schwer atmend da und starrte ihnen hinterher, dann sah sie auf das Auto, das sie soeben gerettet hatte. Sie hatte natürlich keine Ahnung, wer der Besitzer war, aber das war auch egal. Niemandem sollte sein Auto gestohlen werden.

Der Adrenalinrausch erstarb und mit einem Mal schlugen ihr die Müdigkeit und der Schmerz entgegen. Sie brach auf dem Bordstein fünf oder sechs Meter vor dem Mercedes zusammen und schnappte nach Luft. Sie aß gesund, ging viel zu Fuß und ihre Cheerleader-Karriere hatte sie bisher davor bewahrt, zu sehr aus der Form zu geraten, aber sie war solch anstrengende Aktivitäten gar nicht mehr gewohnt, vor allem nicht, wenn sie mit der Anstrengung gepaart war, die das Zaubern mit sich brachte.

Und obwohl das Glück sie vor ernsthaften Auswirkungen der beiden Treffer bewahrt hatte, fühlte sich ihre Magengegend geprellt an und mehrere ihrer Gelenke schmerzten.

»Verdammt«, keuchte sie. Wahrscheinlich sollte sie abhauen, bevor jemand kam, um zu sehen, woher der ganze Krach gekommen war.

Sie musste nur den Willen finden, aufzustehen.

Der Heilungszauber könnte hier hilfreich sein. Es kostete zwar Energie, ihn zu wirken, aber Kera hatte immer wieder festgestellt, dass die Anwendung bei *ihr selbst* ein positives Ergebnis zu bringen schien, zumindest kurzzeitig. Anders als bei der Heilung von Mister Kims Arthritis würde sie bei sich selbst sowohl die Vorteile als auch den Energieabfluss erleben. Trotzdem stellte sie sicher, dass sie sich ein klares Limit setzte, wie viel Energie der Spruch verbrauchen konnte. Falls es dieses Mal *nicht* funktionieren würde, konnte sie es sich nicht leisten, viel Energie dafür herzugeben.

Sie schloss die Augen, hielt sich die Hände vor Gesicht und Brust und bereitete sich darauf vor, die Worte zu sprechen. Sie sagte sich selbst, dass sie nur genug Energie brauchte, um den Schmerz und die Müdigkeit zu betäuben. Kera musste es nur bis zu ihrem Motorrad schaffen.

Und dann zu einer Tankstelle oder so, für einen Schokoriegel.

Als sie die Beschwörung beendete, kehrte die Mischung aus sanfter Wärme und wohltuender Kühle zurück und Kera fühlte sich erholt und gestärkt. Der Zauber hatte ihr einen Teil ihrer mentalen Stärke genommen, aber die Menge der Energie war angemessen gewesen. Ihr Magen schmerzte nun viel weniger.

Sie erhob sich, lief langsam um die Ecke und schwang ihr Bein über den Sitz ihres Motorrads, dann brauste sie los in Richtung Westen.

Es war jetzt völlig dunkel, einige Straßenlaternen leuchteten, Schilder an den Schaufenstern glühten, Rück- und Scheinwerfer zeichneten die Linien auf den Straßen nach. Sie hielt am ersten Laden, den sie fand und verschlang hastig einen Schokoriegel, während sie über ihre Möglichkeiten nachdachte.

Sie *sollte* nach Hause gehen.

Aber das Herumfahren mit Zee hatte sie sowohl beruhigt als auch das Bedürfnis geweckt, noch mehr zu tun. Die Nacht war noch jung, verdammt noch mal, und sie fühlte sich jetzt schon deutlich besser. Jetzt, wo sie auf den Geschmack gekommen war, Leute zu verjagen, wollte sie sich nicht mit der Rettung eines einzigen Mercedes-Benz begnügen. Wenn sie genug herumfuhr, würde sich ihr mit Sicherheit noch eine Gelegenheit bieten.

Magie & Marketing

Da sie nicht in der Nähe des Kampfplatzes bleiben wollte, falls das LAPD auftauchen würde, bog Kera bei der nächstbesten Auffahrt auf die Interstate I-10 ab und ließ die Innenstadt schnell hinter sich. Sie schaltete auf den höchsten Gang, während sie beschleunigte und in Richtung Santa Monica fuhr.

So spaßig und abenteuerlich es auch war, das Fahren bei höheren Geschwindigkeiten erforderte mehr Konzentraion. Kera wurde wieder wach, ihre Aufmerksamkeit stieg und sie nahm das Wechselspiel der Lichter, die Kurven auf der Straße und die wechselnden Positionen der verschiedenen Fahrzeuge viel deutlicher wahr.

Kera beschloss, in der Nähe des Stadtteils *Culver Junction* abzufahren, doch an der Auffahrt davor schoss ein Auto so unberechenbar und sprunghaft auf den Freeway, als wäre der Fahrer betrunken.

Junge, Junge, bemerkte sie und konzentrierte sich auf das Fahrzeug. *Sieht aus, als bräuchte mich die I-10 noch.*

Anstatt abzufahren, heftete sie sich mit sicherem Abstand hinter den verdächtigen Ford. Sollte sie versuchen, einen Heilzauber zu sprechen? Einen Glückszauber?

Sie hatte keine Zeit mehr, sich etwas einfallen zu lassen. Einen kurzen Augenblick später verlor der Fahrer die Kontrolle und krachte in die Leitplanke. Flammen schlugen unter der zerbeulten Motorhaube hervor.

»Scheiße!«, rief Kera geschockt aus. Sie bremste so schnell, wie es auf einem Highway möglich war, wich dem Wrack und diversen anderen Fahrzeugen aus und kam etwa zehn Meter vom Wagen entfernt zum Stehen, während andere Fahrzeuge um sie herum wie wild hupten. Sofort schaltete sie Zees Warnleuchte an, um sicherzustellen, dass andere Autofahrer entweder helfen oder sich verdammt noch mal einfach fernhalten würden.

Bitte, dachte sie verzweifelt, während sie hastig abstieg und auf das Auto zulief. *Bitte, bitte, bitte lass niemanden in Zee hineinfahren. Es ist sein erster Tag zurück in der Freiheit.*

Aber sie hatte im Moment wichtigere Dinge, um die sie sich kümmern musste. Die Menschen im Auto waren mit Sicherheit noch am Leben – sie mussten es einfach sein – jedoch eingeklemmt und möglicherweise verletzt. Der Aufprall hatte die eine Tür verbeult, die noch funktionstüchtig zu sein schien, während die anderen Türen durch die Leitplanke blockiert waren.

Okay … Das wird viel Magie erfordern, einschließlich einiger Zaubersprüche, die ich noch nicht oft geübt habe. Denk nach, Kera! Du schaffst das! Etwas von meinem Extra-Glück sollte ja wohl noch von dem Kampf mit den Gangstern übrig sein, oder?

Sie war sehr erleichtert, als sie sah, dass alle drei Insassen des Wagens Erwachsene waren, es waren keine Kinder in Gefahr gewesen. Das war natürlich nicht weniger schlimm, wenn Erwachsenen so etwas passierte, doch es nahm ihr den Anflug von Panik und beruhigte sie.

Zuerst versuchte sie den Kneifzauber an einer der Türen anzuwenden, aber nichts passierte. Sie stellte sich vor, das Auto sei ein Lebewesen und seine Metallstruktur sei Knochen und Sehnen und Muskelgewebe und versuchte es dann erneut.

Dieses Mal sprang der verklemmte Riegel auf. Die Tür war aber immer noch dermaßen verbogen, dass man sie nur mit viel Kraftaufwand weit genug öffnen könnte, sodass sich eine Person hindurchzwängen konnte.

Kera stürzte nach vorne. Einer der Männer im Auto versuchte, die Tür mit dem Fuß aufzudrücken, doch er hatte dabei nicht viel Glück. Die anderen beiden waren benommen oder verletzt und ihm keine Hilfe.

Stärke, erinnerte sich Kera auf einmal. *Ich kann nicht glauben, dass ich das während der Schlägerei vergessen habe. Ein Zauberspruch, der einer Person die Kraft von fünf starken Männern verleiht. Ok, die Beschwörungsformel war ...*

Es kam ihr wie aus dem Nichts ins Gedächtnis und sie fragte sich, ob der Glückszauber ihre Fähigkeit, andere Magie auszuführen, beeinflusste. Sie hoffte es.

Nachdem sie den Zauber gewirkt hatte, ergriff Kera das verzogene Metall und zerrte an ihm, schrie und schnaufte vor Anstrengung und riss es endlich weg. Sie schrie erneut auf, irgendwie schien sie das stärker zu machen und beugte sich ins Innere des Fords vor.

Doch dann schlugen die Flammen aus dem Motor hervor und stiegen hoch auf. Der Mann, der versucht hatte, die Tür aufzutreten, zuckte zurück, um ihnen auszuweichen und keuchte vor Angst und Verzweiflung.

Nachdem sie sich bei einem der unzähligen Male versehentlich selbst in Brand gesetzt hatte, hatte Kera sich einen anderen Zauber angesehen, der es dem Zaubernden erlaubte, die Lufttemperatur in einem bestimmten Bereich um bis zu hundert Grad Fahrenheit zu senken. Er würde schädlich sein, wenn es einen Menschen im Inneren traf, aber wenn er auf eine Wärmequelle, wie ein Feuer, gerichtet war, sollte er die Temperatur gut ausgleichen können.

Kera strich mit der Hand über die Motorhaube und sprach die Worte. Frost bildete sich auf dem Stahl der

Motorhaube, an den Türen und auf dem Leder der vorderen Sitze. Die wütenden Flammen erloschen, reduziert auf einzelne Rauchsäulen.

Jetzt konnte sie sich auf die Menschen konzentrieren.

»Komm raus!«, rief sie dem Mann zu, der ihr am nächsten war. Sie griff nach seiner Hand und zog ihn mit überraschender Leichtigkeit heraus. Der Kraftzauber würde laut Grimoire gut fünf Minuten anhalten und bis jetzt waren kaum anderthalb Minuten vergangen.

Die anderen beiden zu befreien, einen weiteren Mann und eine Frau, war deutlich schwieriger, da die Schulter des Mannes auf eine unangenehme Weise verrenkt und die Frau kaum bei Bewusstsein war, sowie eine blutende Kopfwunde hatte. Kera musste einen ganzen Sitz aus dem Weg treten, um sie zu befreien, wobei sie ebenfalls darauf achten musste, die beiden nicht weiter zu verletzen. Sie verschwendete keine Zeit, denn das Feuer im Motor breitete sich wieder aus, als der Kältezauber nachließ.

»O Gott«, keuchte der erste Mann. »Ich danke dir. Ich danke dir so sehr!«

Kera hob die bewusstlose Frau in seine Arme und die drei Verletzten stützten sich gegenseitig, während sie sich gegen den unbeschädigten Teil der Leitplanke lehnten. Die Hexe jedoch sagte kein weiteres Wort, eilte an ihnen vorbei und stieg wieder auf ihr Motorrad, bevor die Leute die Chance hatten, ihr irgendwelche unangenehmen Fragen zu stellen.

Sie zitterte, als sie sich auf Zees Sitz niederließ und ihre Sicht wurde dunkler und fleckiger. Sie hatte noch keine Kopfschmerzen, wie bei den ersten paar Mal, als sie starke Magie ausprobiert hatte, aber sie hatte das

Gefühl, dass es nicht mehr lange dauern würde. Kera war besser darin geworden, die Menge der Magie, die sie benutzte, einzuschränken, aber sie hatte heute dennoch deutlich mehr verbraucht, als sie erwartet hatte.

Besorgt um ihre Fahrtauglichkeit atmete sie tief ein und aus und schloss für einen kurzen Moment die Augen.

Inzwischen hatte es der erste Mann geschafft, sein Handy zu zücken, um den Notruf zu wählen und zwei andere Autos hatten in der Nähe angehalten, um die Szene zu überprüfen. Zwei Frauen und ein Mann hatten sich genähert und stellten etwa ein Dutzend Fragen auf einmal. Auch Sirenen näherten sich aus der Ferne.

»Hey«, rief jemand laut, »wo ist denn diese Frau mit dem Motorrad hin?«

Das brachte Kera in Schwung. Sie war weit davon entfernt, hundertprozentig fit zu sein, aber sie wollte von dort weg, bevor jemand sie fand und Fragen stellte. Sie salutierte unbemerkt vor der Gruppe, plötzlich sogar peinlich berührt von ihrem Auftritt, startete Zee und fuhr eilig den Highway entlang.

Immer noch zittrig fuhr sie bei der ersten Gelegenheit ab. Von hier aus wäre es ein Leichtes, im Labyrinth der Vorstädte in Richtung *Century City* zu verschwinden.

Mit dem Umlegen eines Schalters schaltete sie Zee in einen niedrigeren Leistungsbereich, drosselte ihre Geschwindigkeit und fuhr jetzt lässig in Richtung Osten. Sie war noch weit vom Stadtzentrum entfernt und wollte die Hauptstraßen meiden, doch die entspannte Fahrt jetzt machte ihr nichts aus. Einfach nur unterwegs zu sein und zu atmen, half ihr, ihre Kräfte wiederzuerlangen.

Es war ein *höllischer* Abend gewesen und sie hatte immer noch nicht viel gegessen. Sie war sich des Knurrens in ihrem Magen, ihrer pochenden Kopfschmerzen hinter einem Auge und des Gefühls, dass ihr Herz Überstunden machte, durchaus bewusst. Ihr Atem war warm in der Enge des Helms.

Sie hatte sich an die Auswirkungen des Gebrauchs von Magie gewöhnt und die Voraussicht, ihren Gebrauch einzuschränken, hatte ihr unermesslich geholfen, aber das bedeutete nur, dass sie sich selbst nahe an die Grenze gebracht hatte, ohne darüber hinauszugehen.

Kurze Zeit später sah sie ein Schild für einen griechischen Drive-Through-Laden und ihr Magen knurrte mittlerweile so sehr, dass sie fast von Zee rutschte. Sie konnte sich zwar noch beherrschen, aber sie tippte nervös mit dem Fuß, während sie am Drive-in wartete und nur dreißig Sekunden, nachdem sie ihr Essen entgegengenommen hatte, stürzte sie sich auf eine riesige Portion Gyros mit Pommes.

Das machte sie satt, doch als sie das Motorrad starten wollte, knurrte ihr Magen erneut und sie rollte mit den Augen, bevor sie wieder in die Drive-in-Schlange einfuhr. Die zweite Bestellung stopfte sie in ihren Rucksack auf ihre zusammengefaltete Jacke und sie versuchte, ihre Ungeduld nach Hause zu kommen, zu unterdrücken. Sie war jetzt nicht mehr weit weg.

Endlich war Kera an ihrer Lagerhalle angelangt, parkte Zee ein, schloss die Haupttür hinter sich und stellte ihren Rucksack auf den Tisch. Dann zog sie das verpackte Gyros heraus und ließ es stehen, während sie ihren Helm absetze und ihre Stiefel auszog. Mit ihrer Bikerausrüstung machte sie sich nicht mehr die Mühe, die ließ sie einfach an.

Sobald sich die Möglichkeit zur Entspannung bat, verschwamm alles vor ihren Augen und ihre Ausdauer verließ sie.

»Whoaaa.« Sie stützte sich erschöpft an der Wand ab. Sie hatte gar nicht bemerkt, wie sehr das Adrenalin und die überschüssigen Kalorien sie auf Trab gehalten hatten. Jetzt fühlte sie sich völlig ausgepowert. Sie kam von all den Verzauberungen und Augmentierungen, die sie sich selbst auferlegt hatte, herunter wie ein Drogenabhängiger nach einem großen Rausch.

Kera setzte sich auf die Kante ihres Bettes. »Okay. Okay ... Ich ruhe mich hier nur kurz aus, dann esse ich etwas und dann ...«

Sie fiel auf die Seite und wurde ohnmächtig.

KAPITEL 20

Das Hotel, in dem James und Mutter LeBlanc die erste Nacht verbrachten, war nicht gerade preiswert. Nachdem er sein Zimmer gesehen hatte, beschloss James, dass er deutlich machen sollte, dass er es von seinem eigenen Geld und nicht aus der Kasse des Rates bezahlt hatte. Er machte sich auf den Weg durch die sanft beleuchteten Korridore und pfiff fröhlich vor sich hin. Es fühlte sich gut an, nach so vielen Stunden des Sitzens endlich aus dem Auto zu kommen.

Zu seiner Überraschung fand er Mutter LeBlancs Suite offenstehend und leer vor, als er ankam.

»Hallo?«, fragte er in den leeren Raum.

»Brauchen Sie etwas?« Ihre Stimme schien nicht aus einer bestimmten Richtung zu kommen. »Ich bin in einer Stunde oder so zum Abendessen bereit.«

»Sicher, sicher. Und, äh, es kann warten.« Er sah sich um. »Wo *sind* Sie?«

Er glaubte, sie kichern zu hören, dann wurden die Umrisse ihres Zaubers deutlich, ein Schutzschild, der das Bad umgab, das normalerweise von dort, wo er stand, vollständig sichtbar gewesen wäre. Er konnte nicht durch die Glasscheiben – die viele Hotels seltsamerweise bei Bädern für angemessen hielten

Magie & Marketing

– hindurchsehen, aber aufgrund der Dampfschwaden nahm er an, dass sie gerade ein Bad nahm. Ihre Illusion hatte es so aussehen lassen, als wäre der Raum leer.

»Es ist schon sehr lange her, dass ich ein richtiges Bad hatte«, sagte sie.

Sein Mund zuckte. »Ich nehme an, mit ›ordentlichem Bad‹ meinen Sie, den ganzen Raum so heiß zu machen, dass Sie sich daran erinnern, warum Sie Louisiana verlassen haben.«

Ein weiteres Kichern kam von ihr. »Das kann man so sagen«, stimmte sie zu.

»Nun, ich würde ein gutes Bad nicht für etwas so Banales wie das Abendessen unterbrechen wollen. Ich bestelle das Essen auf mein Zimmer und Sie können vorbeischauen, wenn Sie dann fertig sind. Hört sich das gut an?«

»Wunderbar, vielen Dank, James.«

Er lächelte und verließ den Raum, diesmal schloss er die Tür, die Madame LeBlanc vorhin offengelassen hatte. Thaumaturgen lebten sehr lange und die meisten neigten dazu, sich entweder für einen hedonistischen oder einen asketischen Lebensstil zu entscheiden. James bevorzugte bei weitem die Gesellschaft derjenigen, die den hedonistischen Weg wählten.

Das Leben war einfach besser, wenn man perfekt gebratene Steaks und Champagner dazu hatte.

Als sie einige Zeit später in sein Zimmer kam, sah Mutter LeBlanc deutlich entspannter und sehr glücklich aus. Sie hob eine Augenbraue beim Anblick von James' Notizen und Laptop auf dem Schreibtisch, von denen einige achtlos für das Essen zur Seite geschoben worden waren.

»Ich fing an, mal wieder an meiner Werbung zu arbeiten und alle meine schlechten Arbeitsgewohnheiten kamen zurück«, erklärte James und schüttelte ärgerlich den Kopf. »Ich habe immer Essen bestellt, als ich noch einen 9-to-5-Job hatte.«

»Es ist durchaus bequemer, als danach selbst noch zu kochen.« Sie setzte sich und nahm den Deckel von ihrer Mahlzeit. »Was sagen denn Ihre Nachforschungen?«

Während sie aß, erklärte er ihr die verschiedenen Internet-Schlupflöcher, die er gefunden und durchforstet hatte, um ihre potenziellen Rekruten zu finden. Es schien, dass einer der Rekruten sich irgendwo südwestlich von Charleston befand und James hatte eine erschreckend breite Palette von Polizeiaushängen, lokalen Social-Media-Foren und mehr durchkämmt, um ihn genau zu orten.

Wer auch immer ihr mysteriöser Rekrut war, er konnte seine Spuren nicht gut genug verwischen, um Mutter LeBlanc und James zu entkommen. Die Vorfälle, die sich um diese Person herum ereigneten, wurden als ›einmalig‹ beschrieben – Autounfälle, die damit endeten, dass ein Auto gefährlich über einer Klippe hing, ohne dass es Tote gab, Supergewitter und seltsam viele Explosionen von Gasleitungen.

»Zu jeder der Geschichten gibt es Kommentare«, erzählte James, »die so etwas sagen wie: ›Kann das ein Zufall sein?‹ oder ›Etwas wird hier verheimlicht‹!«

Sie schüttelte den Kopf. »Viel auffälliger, als es sein sollte.«

»Ja.« Auch er war beunruhigt. »Wir müssen für jeden einzelnen von diesen Fällen die Hintergrundgeschichte herausfinden.«

Magie & Marketing

Magie war selten genug, um diejenigen, die sie ausüben konnten, in eine eng verbundene Gruppe zu binden, aber gleichzeitig mächtig genug, dass sie vorsichtig bei jedem einzelnen sein mussten, der sie ausüben konnte. Selbst wenn die eigene Kraft stabil war, frei von Rissen, die für einen selbst oder andere gefährlich sein könnten, gab es immer noch die Frage des Charakters.

Es bedurfte eines ganz bestimmten Typs von Mensch, um ein Thaumaturg zu sein. Sie mussten entschlossen und diszipliniert genug sein, um eine sehr schwierige Fertigkeit zu meistern, was sehr viele potenzielle Rekruten ausschloss. Viel zu viele versuchten, mächtig zu werden, ohne die Techniken zu beherrschen und versuchten Zaubersprüche, die sie nicht beherrschen konnten oder für die sie nicht die Kraft hatten, sie auszuführen.

Solche Zaubersprüche waren gefährlich. Sie töteten nicht nur oft den Magieanwender, sondern konnten auch Umstehende verletzen oder töten. Es war möglich, dass eine solche Katastrophe einen Tschernobyl-ähnlichen Effekt auslöste. Magieanwender weltweit waren damals erleichtert gewesen, als sie erfahren hatten, dass die Tschernobyl-Katastrophe *nicht* auf Magie zurückzuführen war.

Nur gutes, altmodisches, menschliches Versagen.

Aber Magieanwender konnten sich keine menschlichen Fehler leisten, ganz zu schweigen vom menschlichen Ego. Thaumaturgen mussten vorsichtig sein. Sie mussten auch bereit sein, sich anzustrengen, ohne im Rampenlicht zu stehen – und das nicht nur gelegentlich, sondern manchmal jahrzehntelang am Stück. Das schloss viele andere aus und James' damalige

Berufswahl war im Rat ein großes Anliegen gewesen, als er noch ausgebildet wurde.

Denn wie könnte jemand, der in der Werbe- und Medienbranche arbeitete, sich bloß je außerhalb des Rampenlichts wohlfühlen?

James hatte schließlich beweisen können, dass er in den magischen Rat passte und seine Fähigkeiten zur Kontrolle der öffentlichen Wahrnehmung äußerst hilfreich waren, doch das war ein langer und harter Kampf gewesen.

Ein guter Rekrut musste auch dazu bereit sein, die Macht sparsam einzusetzen. Manch einer wurde süchtig nach Magie und verkümmerte. An dieser Front gab es wenig Spielraum für Fehler. Magie war anstrengender als jeder Ausdauersport und eine Sucht nach Magie würde dadurch schnell zum sicheren Tode führen.

Und schließlich *musste* ein guter Rekrut bereit sein, im Interesse des Gemeinwohls auf Gerechtigkeit zu verzichten. Viele Rekruten getrieben von dem Wunsch der Welt zu helfen, sahen sich nicht in der Lage, schlechten Akteuren ihre Fehler zu verzeihen oder ihnen eine zweite Chance zu geben. Viele verfielen in Vigilantismus, wurden zu selbsternannten Rächern und Verteidigern und konzentrierten sich auf kriminelle Elemente ihrer Stadt und der Gesellschaft.

Das war der größte Knackpunkt, aber einer, bei dem der Rat nie ins Wanken geriet.

James wusste, dass Mutter LeBlanc besorgt war über die Person, die sie jetzt sehen würden. Dinge wie Autounfälle, Superstürme und Gasexplosionen deuteten darauf hin, dass dieser Anwender Magie eingesetzt haben könnte, um Menschen zu bestrafen.

Wenn das der Fall war und die Person gar nicht bereit war, sich zu bessern, würden die beiden Thaumaturgen keine andere Wahl haben, als die Magie einzufrieren, also sie dieser Person zu nehmen.

»Sie schauen grimmig aus«, stellte Mutter LeBlanc fest.

James ließ seinen Atem langsam und gleichmäßig ausströmen. »Fragen Sie sich manchmal, ob wir als Rat bei einigen Entscheidungen falsch liegen könnten?«

»Natürlich. Man muss immer überlegte Entscheidungen treffen, es ist nie einfach.« Sie nahm einen ordentlichen Bissen von ihrem Essen.

»Ja, aber ... die Selbstjustizler, zum Beispiel.« Er hatte das nie mit ihr besprochen und akzeptierte die Logik des Rates über seine gelegentlichen Einwände hinweg.

»James.« Sie warf ihm einen warnenden Blick zu. »Wenn man wählen muss zwischen der Bestrafung einer Person durch unsere Magie oder ...«

»Aber was, wenn das eine falsche Entscheidung ist?«, protestierte er, ohne sie ausreden zu lassen. »Was, wenn es der Gesellschaft schadet, wenn diese Dinge ungestraft bleiben?«

»Das ist eine menschliche Angelegenheit, keine magische.« Sie faltete die Hände in ihrem Schoß. »Eine Gesellschaft kann sich nicht auf magische Selbstjustizler verlassen. Sie muss sich von selbst so strukturieren, dass sie die Guten belohnt und die Bösen entmutigt, ansonsten wird sie scheitern.«

James seufzte. »Es sieht so aus, als ob wir uns guter Rekruten berauben würden. Und ...« Seine Stimme verstummte.

»Und es ist sehr schwierig, die Kräfte eines Magiers zu versiegeln«, beendete sie leise. »Ja. Es ist keine

Entscheidung, die man leichtfertig trifft. Aber, James, Sie erinnern sich nicht an die Zeiten, in denen wir wegen Magie auf dem Scheiterhaufen verbrannt wurden und Selbstjustiz und Rache – diese Dinge ziehen uns ins Licht der Öffentlichkeit. Jetzt ist es *mehr denn je* notwendig, dass wir im Verborgenen bleiben.«

Er wusste, dass dies ein gutes Argument war, doch als er sich in seinem Stuhl zurücklehnte, konnte er nicht verhindern, dass seine Gedanken weiter um dieses Problem kreisten.

Dies war eine neue Zeit in der Welt. Sicherlich wären neue Lösungen möglich.

Oder sogar notwendig.

»Wohin reisen wir als Nächstes?«, fragte sie und riss ihn aus seinen Überlegungen.

»Richtig.« Er seufzte. »Äh, wir werden erst einmal hier warten, bis wir diese Person ausfindig gemacht haben und uns dann auf unser nächstes Ziel festlegen. Ich habe es auf ein paar Städte eingegrenzt und wir werden von dort aus weitermachen. Heute Nacht ruhen wir uns aber besser aus.«

Sven war noch nicht ganz mit seinem Mittagessen fertig, als er die Sirenen hörte.

Er sah Johnny an, der schon längst aufgegessen hatte. Die beiden lächelten. Ihr Auto war eines von vielen, die auf dem großen Parkplatz in der Nähe geparkt waren, sodass die Wahrscheinlichkeit, dass jemand sie dort sitzen bemerken würde, gering war. Wenn *doch*, würde man nur zwei Männer sehen, die zusammen zu Mittag aßen.

Magie & Marketing

Sie hatten von ihrem Platz aus die perfekte Aussicht, von der aus man sehen konnte, ob die Polizei etwas gegen die eskalierenden Schlägereien unternehmen konnte, die sich gerade auszubreiten begonnen hatten.

Sven nahm den letzten Bissen seines Sandwiches und stopfte die Verpackung zurück in die Tüte, die er dann auf den Rücksitz warf. Er hatte darauf bestanden, dass sie sein Auto nahmen, weil sie eine Weile hier sein würden und Johnny nie jemanden in *seinem* Auto essen lassen würde.

»Was meinst du, wie viele es diesmal sein werden?«, fragte er Johnny fast schon desinteressiert.

»Ein oder zwei Autos«, antwortete Johnny, nachdem er eine Sekunde zum Überlegen gebraucht hatte. Er grinste. »Und ein paar mehr, wenn sie merken, dass das hier nicht Beverly Hills ist.«

Sven lachte. Er lehnte sich zurück und lauschte den näherkommenden Sirenen. Inzwischen wurden sogar die Jugendlichen, die sich auf der anderen Straßenseite geprügelt hatten, aufmerksam. Er konnte sehen, wie einige von ihnen über die Schultern schauten und den anderen sagten, sie sollen besser wegrennen.

Jeder wusste, wie das Ganze ablaufen würde, außer vielleicht die Polizisten. Wenn sie noch nicht lange im Dienst waren, dachten sie wahrscheinlich, sie würden auftauchen und sich heldenhaft in einen Kampf einmischen. Vielleicht stellten sie sich vor, wie sie Babys oder Welpen vor dem Zustrom von Bandengewalt retten, während sie alle Kriminellen festnehmen und alle potenziellen Übeltäter auf den rechten Weg scheuchen.

Doch so lief das hier nicht.

Was *tatsächlich* passieren würde, war, dass die Leute, die gerade kämpften, sich zerstreuen würden. Ein oder zwei könnten eventuell erwischt werden und der Rest würde einfach warten, bis die Polizei weg ist und entweder ihre Schlägerei fortsetzen oder wieder Leute ausrauben.

Genau wie Johnny es vorausgesagt hatte, kamen jetzt endlich zwei Polizeiautos die Straße hinaufgeschossen, nur um die verschiedenen Gangmitglieder in alle Richtungen verstreut vorzufinden. Zwei Polizisten kletterten über den Zaun des Parkplatzes, wobei keiner von ihnen aufmerksam genug war, um Johnny und Sven zu sehen.

»Die Bullen werden schlampig«, bemerkte Sven.

Johnny nickte.

Einige der üblichen Verfolgungsjagden fanden jetzt statt. Einer der Polizisten war jung und rüstig, aber schon nicht mehr energisch genug, um mit Teenagern mitzuhalten, die ihr ganzes Leben lang vor Polizisten weggelaufen waren. Die anderen drei Polizisten versuchten es gar nicht erst, sondern joggten ihrem Kollegen gerade schnell genug hinterher, um den Anschein zu erwecken, dass sie sich anstrengen würden.

Es sah so aus, als würden sie niemanden erwischen, und dass es sie auch nicht wirklich störte.

Sven seufzte und schnappte sich sein Messer. »Ich bin gleich wieder da«, sagte er zu Johnny.

Er sprang mit Leichtigkeit über den Zaun und überquerte die Straße in zügigem Schritt. Polizeiautos waren jetzt vor Ort, die Warnlichter leuchteten grell und die Autos bogen immer wieder die Straße hinauf und hinunter auf alternative Routen ab.

Magie & Marketing

Er überlegte kurz eines der Autos zu stehlen, aber mittlerweile hatten sie alle GPS eingebaut. Das war es nicht wert. Stattdessen näherte er sich den beiden Autos aus einem vorsichtigen Winkel und machte ein paar diskrete Schnitte in die Reifen. Dann steckte er das Messer ein und joggte unauffällig zurück.

Johnny nahm einen großen Schluck von seiner Limonade und begann zu lachen, als die Polizisten zu ihrem Auto zurückkehrten. »Ich liebe diesen Teil.«

Sven lehnte sich in seinem Sitz zurück und sah vergnügt zu. Diese Art von Dingen war nicht das, was er normalerweise in diesen Tagen tat. Es gab ihm das Gefühl, wieder ein Teenager zu sein, jemand, der gerade erst mit diesen Spielchen angefangen hatte. Ihm war gar nicht bewusst, wie sehr er diese Tage vermisst hatte.

Beide Telefone klingelten und Sven gab Johnny ein Zeichen, sich die Nachricht sofort anzuschauen.

Johnny machte ein genervtes Geräusch. »Diese Schlampe.«

»Eines deiner Models?«, fragte Sven ihn und grinste.

»Eifersüchtig?« Johnny klang unerträglich selbstgefällig.

Er war ein bisschen eifersüchtig. Es ärgerte Sven, wie jemand, der so unscheinbar aussah wie Johnny, es schaffte, das Glück zu haben, das er mit Frauen hatte. Wenn man Johnny eben trauen konnte, dass einige seiner beschriebenen Ereignisse tatsächlich passiert waren.

Sven zuckte mit den Schultern. »Also, wer war es?«

»Jedes Mal, wenn ich ›diese Schlampe‹ sage, spreche ich von unserem Boss.«

»Was ist denn dein Problem mit ihr?«, fragte Sven ihn verwundert.

»Was ist *kein Problem* mit ihr? Sie ist verrückt.« Johnny beobachtete, wie die Polizisten zu ihren Autos zurückkamen und sich über die Dächer hinweg lautstark unterhielten, wobei sie gestikulierten, welche Straße sie hinunterfahren sollten.

Sie hatten die platten Reifen noch nicht bemerkt.

»Okay«, sagte Sven, »also ... was hat die *verrückte Schlampe* gesagt?«

»Jetzt hast du's kapiert.« Johnny zuckte mit den Schultern. »Sie will bloß ein Status-Update. Hey, sieh mal, sie schauen sich die Reifen an. Ha!«

Die Polizisten waren wieder aus ihren Autos gestiegen und gestikulierten aufgebracht. Sowohl Johnny als auch Sven sanken in ihre Sitze, als die Polizisten sich umsahen.

Sie schienen zu hoffen, dass der Verbrecher dort mit einem Messer wartet, bereit, festgenommen zu werden.

»Bis jetzt hat sie ja mit ihren Angaben immer recht gehabt«, meinte Sven und nickte in Richtung der Polizei. »Die haben eine Viertelstunde gebraucht, um hierherzukommen. Dann haben sie nur den einen Kerl geschnappt, der zu Beginn der Schlägerei bewusstlos geschlagen wurde und der Rest ist schon wieder unterwegs, um Touristen zu überfallen. Anpfiff, Touchdown, Sieg.«

»Also, wie wollen wir die Lage eigentlich wieder beruhigen?«, fragte Johnny. »Jetzt, wo wir ihnen einen Vorgeschmack auf das gute Leben gegeben haben.«

In diesem Punkt war sich Sven nicht ganz so sicher. Er schüttelte den Kopf. »Ich hoffe, Pauline hat einen Plan dafür.«

Er zog sein Handy heraus und schickte ein Status-Update von ihnen beiden, da Johnny es vorhin nicht getan hatte. Es dauerte nicht lange, bis ihre Telefone wieder surrten.

»Sie will, dass alle unsere Geschäfte heute Abend abgeschlossen werden und unser Produkt in den Vertrieb geht«, informierte Sven. »Sie ist schnell, das muss ich ihr lassen.« Normalerweise war das Anwerben von ›Mitarbeitern‹ ein mehrwöchiger Prozess.

»Wenn sie anfängt, Geld einzubringen, sollten wir besser einen Anteil bekommen«, zischte Johnny.

»Genau. Sobald das Chaos hier erledigt ist, bringe ich dich zurück zu deinem Auto.«

Johnny starrte ins Leere.

Sven schnippte mit den Fingern vor dem Gesicht des anderen. »Hey. Was ist?«

»Ich denke darüber nach, wie ich das Kapitel *Mermaid* abschließen kann.«

Sven stöhnte. »Das hast du vermasselt. Das kommt vor.« Er sah seinen Freund an. »Johnny. Geh bloß nicht dorthin zurück.«

Johnny lächelte und Sven wusste, dass das ein Schlamassel werden würde.

Er hoffte nur, dass es kein Schlamassel war, den Pauline *ihm* anhängen würde.

KAPITEL 21

Kera wachte auf und fühlte sich wieder einmal schrecklich, wahrscheinlich weil es früh am Morgen war. Sie fühlte sich immer beschissen, wenn sie in den Morgenstunden aufstand.

In diesem Fall war das 10:22 Uhr.

»Igitt.« Sie setzte sich auf und rieb sich die Augen, dann wedelte sie mit einer Hand vor ihrem Mund. »Ich habe ja sogar Mundgeruch. Warte, habe ich letzte Nacht eigentlich etwas gegessen?« Das Grummeln ihres Magens deutete darauf hin, dass sie es nicht getan hatte, aber das Geschehene der letzten paar Tage hatte sie misstrauisch gemacht, ihm zu vertrauen.

Sie schüttelte den Kopf, um ihn freizubekommen und blickte zu ihrem Tisch. Die Tüte mit ihrem Essen stand immer noch da, mittlerweile kalt und möglicherweise ungenießbar. Sie erinnerte sich daran, dass sie das andere Gyros in Rekordzeit heruntergeschlungen hatte, aber sie hätte genauso gut gar nichts essen können, wenn sie bedachte, wie hungrig sie jetzt schon wieder war.

»Oh. Mmh. Na dann.«

Als Leder knirschte, während sie aufstand, stellte sie fest, dass sie die ganze Nacht in ihrem neuen Motorrad-Outfit geschlafen hatte. Es war in kürzester Zeit schmutzig geworden und musste gereinigt werden, obwohl es weniger als vierundzwanzig Stunden im Einsatz gewesen war. Sie zog die Lederkluft aus – eine äußerst elegante Prozedur, bei der sie hüpfte, das Gleichgewicht verlor und wie ein Sack Sand auf das Bett plumpste – und drapierte sie über ihre Kommode, dann wankte sie zum Tisch hinüber.

Ihr Körper brauchte zu diesem Zeitpunkt dringend Kalorien. Sie nahm das Gyros in die Hand und warf es in die Mikrowelle. Sie gab ihm zwei Minuten Zeit, um alle Bakterien abzutöten, die über Nacht aufgetaucht sein könnten, während es ungekühlt auf dem Tisch gelegen hatte. Es bestand immer noch die Möglichkeit, dass ihr Verdauungstrakt wütend auf sie werden würde, aber das war ihr in diesem Moment auch egal. Sie war wirklich ausgehungert.

Während das Essen aufgewärmt wurde, kochte sie sich schnell eine Kanne Kaffee. Den würde sie brauchen, um wieder in das sprichwörtliche Land der Lebenden zurückzukehren.

Das hier war wie der schlimmste Kater aller Zeiten. Na ja, eben ohne die Übelkeit.

Sie stützte ihren Kopf auf ihre Arme.

Kleine Brandwunden.

Apropos gestern ... Sie warf einen Blick zu der Ecke hinüber, in der ihr Motorrad stand und lächelte. »Guten Morgen, Zee. Schön, dass du wieder da bist. Dieser Ort war nicht derselbe ohne dich.«

Als das Essen fertig war, brachte Kera es nicht einmal mehr an den Tisch. Sie aß im Stehen neben ihrer Mikrowelle, verschlang mit Heißhunger Pita, Gyros und Tzatziki und spülte das Ganze mit brühend heißem Kaffee herunter. Selbst die brennende Hitze des Essens konnte sie nicht bremsen. Alles schmeckte ihr fantastisch, trotz der suboptimalen Bedingungen. Entbehrung und Hungern machte ihren Körper wohl dankbarer.

Als sie fertig war, starrte sie einen Moment lang trübsinnig auf den leeren Teller, bevor sie ihn abspülte. Nach einer Dusche würde sie sich noch mehr Essen besorgen, beschloss sie.

Aber zuerst wollte sie das Gyros und den Kaffee ihre Arbeit tun lassen. Sie zerknüllte die Verpackung und kehrte mit einer zweiten Tasse Kaffee zu ihrem Bett zurück, dann suchte sie ihr Tablet und schaltete es ein. Aus dumpfer Neugierde öffnete sie einen Internetbrowser und sah sich die Morgennachrichten an.

Ihre Augen wurden groß.

»Ohhhh, *verdammte Scheiße!*«

Barmherziger Samariter rettet verzweifelte Familie aus brennendem Auto auf Interstate, so die Schlagzeile.

Kera starrte auf den Bildschirm, während sie es las. Ihr Magen kribbelte vor leichter Übelkeit, aber hauptsächlich fand sie es bizarr – fast surreal – in den Nachrichten über ihre eigenen Heldentaten zu lesen.

Was ehrlich gesagt *nicht* das war, was sie gewollt hatte. Es kam ihr jetzt schon fast lächerlich vor, dass sie erwartet hatte, so etwas zu tun, ohne dass die Presse davon Wind bekommen würde.

»Um Gottes willen!« Sie stöhnte genervt auf. »Ich beschließe ein anonymer Lebensretter zu werden und schaffe es nicht einmal, dabei anonym zu bleiben.«

Zumindest hatten sie sie noch nicht identifiziert, soweit sie das beurteilen konnte. Sie überflog den Artikel dreimal, weil sie befürchtete, ein identifizierendes Detail übersehen zu haben, aber alles, was man zu wissen schien, war, dass *jemand* mit einem schwarzen Motorradhelm herumfuhr und Leute vor Problemen rettete. Im Artikel stand nur noch, dass das Motorrad ebenfalls schwarz war, aber mehr Details gab es nicht.

Kera war normalerweise genervt, wenn Leute nicht zwischen verschiedenen Motorradtypen unterscheiden konnten, aber in diesem Moment war es ziemlich praktisch.

»Also, Kera«, sagte sie tadelnd zu sich selbst, »ich schätze, in deiner Dämlichkeit hättest du nicht die große Ankündigung machen sollen, dass Downtown jetzt das Gebiet der *LA Witches* ist. Ich weiß zwar nicht, ob dieser Vorfall in irgendwelchen Artikeln erwähnt wird, aber was nicht ist, kann ja noch werden.«

Sie überflog den Rest der Geschichte. Der Artikel enthielt zum Glück keine Erwähnung der Schlägerei mit den Bandenmitgliedern. Sie bezweifelte, dass Reporter, Polizisten oder normale Bürger die Verbindung zwischen beiden Vorfällen hergestellt hatten, soweit sie denn überhaupt davon gehört hatten.

Wem sollten Gangmitglieder das denn auch bitte melden? Der Polizei? Was würden sie sagen? Dass eine Tussi gemein zu ihnen war, während sie versuchten, ein Auto zu stehlen? Kera kicherte über diese Gedanken.

Ihr Lächeln erstarb augenblicklich. Ihre Art und Weise zu kämpfen würden sie jedoch im Hinterkopf behalten. Das würden sie nicht vergessen.

Ihre Gedanken schweiften von der Schlägerei ab, als sie den Artikel über den ›Guten Samariter‹ noch einmal genauer las und sich nicht mehr nur auf die Beschreibung ihrer selbst konzentrierte. Da die Journalisten nichts über den mysteriösen ›Helden‹ wussten, abgesehen von der Annahme, dass es sich um einen Mann handelte – was Kera nicht verstand, da sie selbst mit Helm und Lederausrüstung sicher nicht wie ein Kerl aussah – hatten sie die Geschichte mit Details über die Familie, die verunglückt war, aufgefüllt.

Kera las aufmerksam weiter. Während sie natürlich gerne geholfen hatte, war keine Zeit gewesen, darüber nachzudenken, wer die drei Personen im Auto überhaupt gewesen waren.

Es stellte sich heraus, dass sie Geschwister waren. Die beiden, die bei dem Unfall verletzt worden waren, waren an dem Tag ins Krankenhaus gefahren, um den anderen Mann, der glücklicherweise kaum verletzt worden war, abzuholen. Er, ihr Bruder, war zu umfangreichen Untersuchungen wegen eines Krebstumors eingeliefert worden und die Ärzte hatten noch nicht erkennen können, ob dieser gutartig oder bösartig war.

»Wir sind dorthin gefahren«, wurde die Frau zitiert, »total auf ihn fixiert und darauf, ob *er* überleben würde oder nicht. Mel und ich waren viel zu aufgeregt, um zu fahren, nachdem wir ihn abgeholt hatten. Ich konnte damit nicht umgehen und der Unfall war meine Schuld.«

Ihr Bruder Mel, der sich die Schulter ausgekugelt hatte, fügte zu ihrer Aussage Folgendes hinzu: »Und wir zwei waren diejenigen, die bei dem Unfall verletzt wurden. Ironisch, oder? Wenn dieser Typ mit dem schwarzen Helm nicht vorbeigekommen wäre, wären wir vielleicht dort gestorben, während Jerry mit seinem Krebs gelebt hätte, ganz allein, ohne uns.«

Keras Magen krampfte sich zusammen. Sie war nicht der übermäßig sentimentale Typ, doch es gab keine andere Möglichkeit, als betroffen zu sein, während man über die Notlage der Familie las. Ein Kloß bildete sich in ihrer Kehle und ihre Augen begannen zu tränen. Das gab der Geschichte eine ganz andere Wendung.

Die Autoren des Artikels beschrieben in einem weiteren Abschnitt, dass das Auto als nicht mehr zu retten eingestuft worden war. Noch wichtiger war, dass sie direkt nach der ersten Veröffentlichung der Geschichte die Nachricht erhalten hatten, dass die Ärzte festgestellt hatten, dass Jerrys Tumor gutartig war.

Mel und die Frau, Daniela, wären vielleicht umsonst umgekommen, schloss Kera aus dem Artikel. Ihr Bruder würde es schaffen, doch ohne ihr Eingreifen hätten die beiden am Ende vielleicht ihr Leben gegen das ihres Bruders getauscht.

Stattdessen würden nun alle drei leben.

Kera lehnte sich zurück und ließ die Fakten und Implikationen auf sich wirken, wobei sie versuchte, stoisch und gefasst zu bleiben.

Doch dann brach sie in Tränen aus. Normalerweise weinte sie nicht so schnell, aber durch die Nachwirkungen von Adrenalin und Erschöpfung war sie einfach nicht mehr so ausgeglichen wie sonst.

Es waren zumindest keine Tränen der Trauer, denn die Geschichte der Familie hatte immerhin ein glückliches Ende gefunden.

»Oh Mann.« Sie schniefte und wischte sich mit der Hand über die Nase. »*Das* habe ich ...«, sagte sie und schluckte, »nun wirklich nicht erwartet.«

Ausnahmsweise, *nur ein einziges Mal*, hatte sie etwas komplett Richtiges getan. Dieses Etwas war kein bloßes Nebenprodukt davon, ein dummes, hübsches, privilegiertes, reiches Mädchen zu sein. Es hatte diesmal nichts damit zu tun, dass ihre Eltern wohlhabend waren oder dass sie in der Schule gute Noten und hohe Examenspunktzahlen erhielt. Oder, dass die meisten Leute sie für attraktiv hielten. Nichts dergleichen. Nein, stattdessen hatten die Leute ja sogar angenommen, dass sie ein Kerl sei.

Sie hatte jemandem geholfen, den sie nicht kannte und wahrscheinlich nie wiedersehen würde. Es war, als wäre ein gewisses Bedürfnis in ihr erfüllt worden, aber sie hatte bis zu diesem Moment nicht begriffen, dass es ein Bedürfnis gewesen war. Sie hatte sich schon gut gefühlt, als sie Mister Kims Arthritis geheilt hatte, aber das hier war noch besser. Etwas an der Anonymität fühlte sich reiner, gewissenhafter, an.

Sie versuchte, sich zu beruhigen und las sich noch mal die Beschreibung von sich selbst in dem Artikel durch. Es brachte sie zum Kichern. »Ich schätze, meine Brüste fallen in der Lederjacke ausnahmsweise mal nicht auf? Dann werde ich dieses Outfit jetzt immer anziehen. Fühlt sich irgendwie nett an.«

Sie schniefte noch ein oder zwei Minuten leise, dann hatte sie sich wieder unter Kontrolle. Ihre Fähigkeit zum rationalen Denken kehrte zurück und sie seufzte erleichtert auf. Wahrscheinlich hatte es auch daran gelegen, dass es dunkel gewesen war, überall Feuer und Rauch aufgestiegen ist und alle in Panik und verwirrt waren, ganz zu schweigen davon, dass sie riesige Metallstücke wie der *Hulk* herumschleppte. An ihrer Stelle hätte sie wahrscheinlich auch angenommen, dass die mysteriöse Motorradperson ein Kerl war.

So viel zur Anonymität.

Magie & Marketing

Sie rieb sich die Augen, wusch sich das Gesicht im Waschbecken des Badezimmers und kam zurück in den Hauptraum, um sich ihre Lederkleidung erneut anzuschauen. Sie musste *auf jeden Fall* gereinigt werden, denn sie war bedeckt von Schutt, Dreck und Ruß von dem verwüsteten Auto, sowie kondensierten Auspuffgasen, Dreckspritzer von nassen Stellen auf dem Asphalt und Beton, Grasflecken von dem Kampf um den Mercedes-Benz und natürlich stank sie nach Schweiß.

Ihre Ausrüstung reinigen war jedoch noch eine weitere Sache, die sie selbst tun konnte und sie wusste aus Erfahrung, dass es ihr helfen würde, um sich wieder zu beruhigen. Sie begann damit, die Oberfläche mit Papiertüchern abzuwischen, sie einzusprühen und vorsichtig zu reiben, um den Schmutz zu entfernen, ohne die Integrität des Leders zu gefährden. Cevin hatte ihr das Outfit vor gerade mal einem Tag geschenkt und sie mochte den Gedanken nicht, dass es so schnell auf das Niveau eines gebrauchten Kleidungsstücks sinken würde.

Aber der Prozess, dies alles zu reinigen, war verdammt mühsam.

»Warte mal«, sagte sie mit einem plötzlichen Anflug von Aufregung. »Vielleicht gibt es dafür ja auch einen Zauberspruch. Ich hätte schwören können ...«

Kera ließ ihre Lederjacke, wo sie war und sah in ihrem Zauberbuch nach. Sicherlich war irgendwo eine Formel für ›Reinigung von organischem Material‹ versteckt.

Sie grinste. »Hah! Die haben ja wirklich an alles gedacht. Das wird klappen. Ich weiß es.«

Sie zögerte einen Moment, dann ließ sie das Tablet auf ihrem Bett liegen und kramte in ihren Schränken herum. Sie hatte nicht viel, was sehr kalorienreich war, doch sie fand eine Tüte mit Halloween-Süßigkeiten, die sie damals eigentlich hatte verteilen wollen.

Bettler können halt nicht wählerisch sein, dachte sie sich und sie wusste, dass ihr Körper rebellieren würde, wenn sie schon wieder versuchen würde, ohne ausreichende Energie zu zaubern. Kera war sich sicher, dass sie sich von den Eskapaden der letzten Nacht noch nicht erholt hatte. Sie verschlang ein paar Schokoriegel und mehrere kleine Tüten M&Ms.

»Die Dinge, die ich für die Magie tue«, murmelte sie. »Und vielleicht wieder tun werde, nur weil sie so lecker schmecken.«

Nachdem sie die letzten Tage nur mit Ausprobieren von Zaubersprüchen beschäftigt gewesen war, beschloss sie nun, noch einmal die Einleitung und das Kapitel ›Philosophie der Thaumaturgie‹ zu lesen, die sie damals nur überflogen hatte. Schließlich war ihr damals all das wie Wunschdenken vorgekommen, die Art von Dingen, über die die Leute sprachen, bevor sie versuchten, jemandem Kristalle und Lebenssteine anzudrehen.

Außer, dass Kera jetzt eben wusste, dass dieses Buch und alles darin real war.

Vielleicht hatte sie das Buch beim ersten Mal nicht richtig gelesen, dieses Mal stellte sie fest, dass es eine einfache, geradlinige Vorlage für alle in den späteren Kapiteln aufgelisteten Zauberbeschreibungen hatte. Die Autoren begannen immer mit einer kurzen Zusammenfassung dessen, was der Zauber bewirken sollte, dann gingen sie auf die zugrundeliegende Theorie und Philosophie hinter dem Zauber ein – die arkane Bedeutung des Zaubers, obwohl sie darauf nicht allzu viel Zeit verwendeten. Keras Meinung nach war das clever. Man wollte den Leser ja schließlich nicht langweilen.

Sie überflog alle Seiten, auf denen die Beschwörungsgedanken, die Handgesten, die Materialien, die der Thaumaturg benötigte – in diesem Fall keine – und schließlich eine Auflistung aller zu sprechenden Beschwörungen beschrieben waren. Danach folgten die abschließenden Kommentare, einschließlich der Sicherheitsempfehlungen.

Kera achtete darauf, dieses kurze Kapitel genaustens zu lesen und las es direkt im Anschluss zur Sicherheit noch ein zweites Mal. Die Essenz der Wunderarbeit, um die es ging, hatte damit zu tun, die alten Geister zu rufen, die traditionell mit dem zu reinigenden Material verbunden waren und ihre Hilfe bei der ›Reinigung‹ der Struktur der Substanz einzusetzen. Das ergab Sinn, obwohl Kera hoffte, dass die alten Geister nichts dagegen hatten, für etwas so Banales gerufen zu werden.

Sie las noch schnell den abschließenden Kommentar, bevor sie mit den Handgesten begann.

Die Autoren ermahnten den Leser, dass dieser Zauber, wie die Heilungsformel und auch viele andere Zaubersprüche, einen ›Sog‹ magischer Energie von außen beinhaltet, der wiederum Energie vom Zaubernden abzieht. Daher war es weise, seine Grenzen zu kennen.

Kera erinnerte sich an den früheren Teil über die Kontaktaufnahme mit den Geistern.

Geht es also wirklich nur darum, dass ich mir ihre Kraft schnappe und sie in den Spruch stopfe oder ist es eher so, dass ich sie höflich um ihre Hilfe bitte? Vielleicht ist diese

Michael Anderle

Betrachtungsweise der Schlüssel, um die richtige Menge an Magie zu bekommen. Einen Versuch war es wert.

Anstatt zu riskieren, das schöne neue Leder zu ruinieren, entschied sie sich, ihre Hypothese mit einem der Feuerzauber zu testen. Sie war inzwischen sehr vertraut mit den Gesten und dem Energieaufwand dieser, denn sie hatte ihre Zeit damit verbracht, die Gesten, die Worte und ihre Kontrolle zu perfektionieren. Doch nie hatte sie daran gedacht, ihre Motive für die Brandzauber zu untersuchen.

»Zu wissen, was man erreichen will«, sagte Kera laut, »und gleichzeitig den Kräften zu vertrauen, die man anruft. Vielleicht ist es das.«

Sie las das Kapitel über den Zündzauber genauestens durch, holte dann tief Luft und stellte eine Kerze auf ihren kleinen Esstisch.

»Probieren wir es aus.«

Während sie die Gesten formte und die Worte intonierte, stellte sie sich einen winzigen Hauch von Flamme und Hitze vor. Sie setzte ihr Vertrauen in die Elementargeister des Feuers, dass sie ihre Absichten verstehen würden.

Ein Feuerball von der Größe einer Eiskugel explodierte in der Luft direkt über der Kerze. Obwohl er etwas größer war, als Kera es vorgezogen hätte, entzündete er dennoch den Docht, ohne irgendetwas von ihren anderen Sachen zu beschädigen.

Sie lächelte über das Ergebnis. »Also gut. Dann gehen wir mal zu Phase 2 über.«

Die junge Frau drehte sich zu der kahlen Backsteinwand am anderen Ende der Lagerhalle, gleich weit entfernt von Zee und den Trainingsgeräten und begann den

Magie & Marketing

Zauber erneut. Diesmal stellte sie sich eine Explosion vor, die zwar nicht stark genug war, um ein Gebäude zu zerstören, aber immerhin ausreichen würde, um ein großes Tier zu töten.

Die Luft vor ihr loderte und flimmerte und eine tosende Feuerwolke brach über die halbe Wand aus, die Flammen erfüllten ihre Wohnung mit Hitze und Licht, nur um eine Sekunde später zu erlöschen, da sie nichts Brennbares fanden, von dem sie sich hätten ernähren können. Die Ziegel waren verbrannt, aber ansonsten fand sie keine weiteren Schäden.

Sie seufzte. Obwohl sie dieses Mal den Zauber mit Finesse und Effizienz heraufbeschworen hatte, zitterte sie immer noch vor Anstrengung. Sie machte sich zittrig auf den Weg zu den Süßigkeiten und aß noch ein paar der Mini-Schokoriegel. Sie widerstand dem Drang, einen Zettel mit den Worten ›Magie als Mittel zum Abnehmen?‹ zu schreiben.

Nachdem wieder etwas Energie in ihren Blutkreislauf gelangt war, übte sie weiter, doch diesmal beschwor sie keine Flammen. Sie benutzte einen telekinetischen Zauber, um die Asche auf dem Boden zu säubern, beschwor eine leichte Brise, um sie dann aus dem Fenster zu blasen und versuchte, den Geruch zu bekämpfen, indem sie ein nettes zitroniges Aroma heraufbeschwor.

Der letzte Versuch scheiterte zunächst an fehlenden materiellen Komponenten als Bezugsrahmen, aber dann erinnerte sie sich daran, dass sie ja eine nach Zitrone duftende Kerze hier hatte. Mit dieser und einem erneuten Versuch ließ die Hexe den Raum schnell so riechen, als hätte sie gerade einen frischen Zitronenkuchen gebacken.

»Gut gemacht!«, gratulierte sie sich selbst. »Als Nächstes machen wir uns dann an die Reinigung der organischen Materialien, wie es ursprünglich geplant war.«

Sie wandte sich ihrer Lederausrüstung zu und schüttelte den Kopf, als ihr auf einmal ein verirrter Gedanke durch den Kopf schoss.

Ein Gedanke, den sie eigentlich schon viel früher hätte haben müssen. Sie saß reglos da und starrte mit offenem Mund auf ihre Wand.

Es war doch seltsam. Diese Zaubersprüche funktionierten. Sie funktionierten wirklich. Es war echte Magie, das Buch war nicht nur ein Spaß, den sich jemand erlaubt hatte. Die Leute, die dieses Buch zusammengestellt haben, müssen sich dessen voll und ganz bewusst gewesen sein, was es umso seltsamer erscheinen ließ, dass sie es für die Allgemeinheit ins Internet gestellt hatten.

Ein Gedankengewitter ging in ihrem Gehirn los.

»Verdammte *Scheiße*.« Sie rannte hektisch zu ihrem Tablet, krachte fast gegen die Wand neben ihrem Bett, als sie es sich schnappte und öffnete sofort die eBook-App.

Der Herausgeber des Buches wurde als *Thaumaturgy Publishing, LLC* aufgeführt.

»Okay, okay«, überlegte sie. »Das ergibt zumindest auf irgendeine Art und Weise Sinn, obwohl der Name mir nicht viel sagt.«

Das Buch hatte auch keine nennenswerten Autoren gelistet, nur zwei Paare von Initialen: *JL* und *MLB*. Das war alles.

Kera runzelte entschlossen die Stirn, denn jetzt wollte sie es unbedingt herausfinden. Sie rief ihren Lieblings-VPN-Tunnel *HideMyAss* auf und benutzte ihn, um eine anonyme Suche nach dem mysteriösen und passenderweise benannten *Thaumaturgy*-Verlag durchzuführen.

Soweit Kera den Suchergebnissen trauen konnte, existierte dieser Verlag nicht. Der einzige Beweis für die Existenz einer solchen Gesellschaft mit beschränkter Haftung war das Buch und die Online-Shops, in denen es zum Verkauf angeboten wurde. Sie hatten sich offenbar nur zu dem Zweck gegründet, ihr Grimoire zu veröffentlichen und waren danach wieder in die Nebel der Anonymität verschwunden.

Kera ließ ihren Kopf enttäuscht in ihre Hände sinken.

»Ich versteh das alles nicht«, murmelte sie resigniert. »Warum sollte so ein Verlag denn nicht gefunden werden wollen? Warum veröffentlichen sie so etwas, wenn sie das dann nicht wollen? Oder ... wollen *sie* etwa *mich* finden? O Gott, wer weiß schon, wer oder was gerade nach mir sucht?«

Kera unterdrückte die steigende Flut von Furcht und Angst und betrachtete ihre weit verstreuten Besitztümer, insbesondere die Dinge, die mit ihrem seltsamen neuen Hobby zusammenhingen. Jemand hatte dieses Grimoire veröffentlicht – jemand, der nicht gefunden werden wollte. Jemand, der wusste, dass die Zaubersprüche funktionierten.

Sie war sich nicht ganz sicher, ob die mysteriösen Herausgeber sie wirklich finden wollten, aber sie musste dies in Betracht ziehen, ebenso wie die Möglichkeit, dass sie nicht freundlich gesonnen waren.

Ihr nächster Schritt war also Verstecken und Leugnen.

»Die Sachen müssen sicher versteckt werden. Ich brauche ein Schließfach«, beschloss sie. »Oder zumindest eine normale Box. Ich weiß, dass ich so etwas noch hier habe.«

Sie verbrachte die nächste Stunde damit, zu putzen, umzuorganisieren und jeden einzelnen ihrer zahlreichen Notizen und Ausrüstungsgegenstände zu sammeln, um sie dann in eine große Plastikbox mit verschließbarem Deckel zu stapeln. Diese Box war nicht gerade stabil, aber weit besser als nichts und sie konnte die magischen Gegenstände zumindest schon mal vor neugierigen Blicken schützen.

Kera war gerade dabei zu entscheiden, ob sie vielleicht doch lieber eine Metallbox suchen sollte, als es an der Tür klopfte.

KAPITEL 22

»Wer zur Hölle ...«, murmelte Kera verwundert. Sie schlich auf Zehenspitzen zur Tür und lugte durch einen Schlitz, wodurch sie den Scheitel eines kleinen, silberhaarigen Mannes sehen konnte. Der kam ihr durchaus vertraut vor. Sie öffnete das Schloss und zog am Knauf, um die Tür ein Stück weit aufzuschieben.

»Mister Kim«, grüßte Kera. »Sie habe ich nicht erwartet. Ist ... alles in Ordnung?«

Das Gesicht des alten Mannes war angespannt und vor Sorge gezeichnet und in seinen rotgeränderten Augen lag eine tiefe Traurigkeit. Die gesamte Stimmung, die ihn umgab, war äußerst niedergeschlagen. Zu fragen, ob alles in Ordnung war, fühlte sich jetzt wie die dümmste Frage der Welt an.

»Ich ...«, begann Mister Kim. »Ich weiß noch nicht, ob du das irgendwie auch *kannst*, aber ich würde trotzdem gerne fragen.«

Mit gerunzelter Stirn öffnete Kera die Tür noch ein Stück weiter und deutete ihm an hereinzukommen. Er nickte dankend und schlurfte über die Schwelle, blieb aber am Rande ihres Wohnbereichs stehen. Er schien nicht zu wissen, wie er anfangen sollte zu sprechen.

»Was ist denn los?«, fragte Kera mit sanfter Stimme nach.

Der ältere Lebensmittelhändler zuckte plötzlich zusammen, als würde ihn die Frage auf sehr schmerzhafte Gedanken bringen und er musste zweimal ein- und ausatmen, bevor er endlich sprechen konnte.

»Meine Frau, Ye-Jin, ist sehr krank. Die Ärzte können erst in vier Monaten etwas für sie tun.«

Kera nickte langsam. »Was hat sie?« Ihre Hoffnungen sanken, sobald die Worte ihren Mund verließen. Wenn es etwas war, das ein Drittel eines Jahres auf eine Behandlung warten ließ, konnte es nichts Gutes sein.

Mister Kims besorgtes Stirnrunzeln vertiefte sich. »Krebs.«

Oh, nein, dachte Kera und versuchte, sich ihre Angst und ihren Kummer nicht anmerken zu lassen. Sie wollte dem alten Mann ihre Sorgen und ihre Betroffenheit zeigen, aber in Tränen auszubrechen, so sehr sie es auch wollte, würde ihm wirklich nicht helfen. Sie konnte jetzt deutlich spüren, wie die Erschöpfung des vergangenen Tages und der Nacht an ihr zerrte.

Mister Kim fuhr fort: »Ich habe keine Ahnung, ob deine Reiki-Behandlung helfen könnte, aber ich musste einfach fragen. Es war sehr ... besonders.«

Sie war nicht überrascht. »Einen Versuch ist es wert.«

»Es hat meinen Händen geholfen.« Er sah auf sie hinunter und sein Gesicht verkrampfte sich wieder. »Ich weiß nur nicht, ob es für ... so etwas helfen würde.«

Die Warnung aus dem Buch blitzte in Keras Kopf auf. *VERSUCHEN SIE NICHT, KREBS ZU HEILEN!* Die Autoren hatten sich da sehr deutlich ausgedrückt.

Doch Kera hatte ihre Entscheidung bereits getroffen. Sie hatte sie in dem Moment getroffen, als sie gefragt hatte, was mit Misses Kim los sei. Sie erinnerte sich jetzt genau an den Tag, als sie hereinkam und Mister Kim sehr besorgt vorgefunden hatte. Wahrscheinlich war das der Tag der Untersuchungen gewesen und er hatte seither versucht, die Angelegenheit aus seinem Kopf zu verdrängen.

Keiner der beiden wusste, dass Kera genau das geübt hatte, was jetzt helfen könnte.

Sie räusperte sich. »Wie lange bleibt ihr noch?«

»Geschätzt?« Mister Kim seufzte. »Weniger als vier Monate. Ich glaube, die Ärzte denken, dass es hoffnungslos ist. Sie sagten uns, es sei fortgeschritten und die Behandlungszentren seien überfüllt und die Spezialisten ausgebucht ...« Er brach ab, schluckte und beendete leise: »Sie können uns frühestens Juli versprechen.«

Es war Anfang März.

Kera schloss für eine Sekunde die Augen, bevor sie antwortete. »Mister Kim, um ehrlich zu sein, weiß ich nicht, ob ich wirklich etwas tun kann, aber das Einzige, was ich mit Sicherheit sagen kann, ist, dass ich es versuchen werde. Ich werde alles tun, was ich kann, um Ihrer Frau zu helfen.«

Der alte Herr gab ein langsames, tiefes Nicken von sich, aber er sprach nicht. Seltsamerweise schien er seine Emotionen jetzt besser unter Kontrolle zu haben als noch vorhin, als er bei ihr geklopft hatte. Obwohl er immer noch besorgt und melancholisch war, lag eine stoische Akzeptanz in seinem Verhalten.

Kera ging zu ihm hinüber und legte ihm mitfühlend ihre Hand auf die Schulter. »Okay? Lassen Sie mich es versuchen.«

Michael Anderle

★ ★ ★

Es war Mittwoch um die Mittagszeit – 13:06 Uhr, um genau zu sein. Pauline war nicht erreichbar, da sie und Lia anderen Verpflichtungen nachgingen, aber sie hatte Sven und Johnny die Schlüssel und die notwendigen Informationen gegeben, damit sie das angemietete Büro betreten konnten.

Diesmal kamen sie mit Svens Auto an und hatten einen netten, offiziellen Zettel dabei, den sie vorzeigen mussten, um ihren Parkplatz zu bestätigen.

»Wir wollen eben keine Probleme mit dem Gesetz bekommen«, kicherte Sven.

»Genau.« Johnny schnallte sich ab, stieg aus und schloss die Beifahrertür fest hinter sich. »Wegen eines verdammten Parkverstoßes erwischt zu werden, wenn wir schon so tief in der Scheiße stecken, wäre viel zu peinlich, um sich je wieder irgendwo blicken zu lassen.«

Sven zuckte mit den Schultern, als er ausstieg und das Fahrzeug abschloss. »Kann nicht schlimmer sein als das, was mit Al Capone passiert ist.«

»Wie?« Johnny sah verwirrt zu ihm hinüber, dann holte ihn sein Gehirn ein. »Ach ja, richtig, Steuerkram war das. Stell dir vor, du wirst von so lachhaften Buchhaltern verhaftet.«

»Nicht *nur* Steuerhinterziehung«, erinnerte Sven ihn. »Der Typ war einer der größten Kriminellen in der amerikanischen Geschichte. All die legendäre Scheiße, die er abgezogen hat und das FBI hat ihn wegen *Steuerhinterziehung* festgenagelt. Gegen so etwas sollte es auch noch ein Gesetz geben.«

Magie & Marketing

Johnny gluckste, als sie sich auf den Weg zum Aufzug des Parkhauses machten. Anders als bei ihrer Arbeit in den Bars trugen sie beide nun nette, mäßig teure Anzüge und Mäntel, die gestern Abend frisch gebügelt worden waren. Außerdem trugen sie verspiegelte Sonnenbrillen und hatten Aktentaschen dabei, um seriöser zu wirken. Nichts unterschied sie von irgendwelchen anderen Business-Klonen, die in Downtown LA ihren täglichen Geschäften nachgingen.

Zumindest nichts, was für den Durchschnittsbürger sichtbar wäre. Sven hatte einen *Ruger LCR* Revolver mit dem Kaliber .327 Federal Magnum dabei, welcher sorgfältig in einem kleinen Holster hinten an seiner Hose verstaut und durch seinen Mantel verborgen war.

Johnny hatte ebenfalls darüber nachgedacht, sich eine neue Waffe zum verdeckten Tragen zuzulegen, da seine alte *Beretta 92* – obwohl sie eine großartige Pistole war – zu groß war, um sie bei Aktivitäten bei Tageslicht richtig zu verbergen. In der Nacht konnte er sie in einem Schulterholster unter seiner Jacke verstauen. Aber momentan sparte er darauf, die Sitze in seinem Auto neu polstern zu lassen. Das war ihm wichtiger.

Und Munition war in letzter Zeit so teuer wie nie zuvor.

Ihre Unterhaltung drehte sich um beiläufigen Gesetzeskram, während sie über die Straße gingen und das massive Gebäude betraten. Sie sprachen über das Wetter, den kommenden Frühling, wie die *Dodgers* sich bisher im MLB-Frühjahrstraining schlugen und die neuesten Nachrichten an der Börse.

Als sie sicher in ihrem Büro angekommen waren, schlossen sie die Tür zweimal hinter sich ab und machten es sich auf den weichen Stühlen bequem, während sie ihre Aktentaschen öffneten, um das gesammelte Material durchzugehen.

»Okay, also dann«, begann Johnny, während er eine Liste von Bars und Hotspots über den Tisch reichte. »Wir haben hier das *Palmary*, das *Verduro's*, den *Angels' Den* – das ist der Strip-Club – die *Alphonse A. Bar and Grill*, das *Park's* ...«

Sven nickte und ging mit dem Zeigefinger die Liste rauf und runter. »Hey, was ist denn mit diesem einen verdammten Ort passiert ... äh, dem *Azul*?«

Johnny schaute finster drein. »Sie haben sich als Idioten entpuppt. Ohne die sind wir besser dran.«

»Oh?« Sven hob eine Augenbraue. Das war der Johnny, den er im College kennengelernt hatte: pfeilschnell, mit einem unübertroffenen Gespür für Menschen. Seine jüngste Beschäftigung mit der *Mermaid* war für Sven beunruhigend gewesen, aber die Tatsache, dass Johnny das *Azul* von der Liste genommen hatte, ließ ihn glauben, dass der gute Mann wieder zur Normalität zurückkehrte.

Hoffentlich würde Johnny aufhören, Pauline gegenüber so misstrauisch zu sein. Sven wollte *wirklich* nicht, dass Johnny an dieser Front recht hatte. Sich aus diesem Schlamassel zu befreien, würde ein hartes Stück Arbeit werden.

Johnny war immer noch auf das *Azul* konzentriert. Er lachte, als er sich zurücklehnte und der Stuhl quietschte. »Die Jungs, die den Laden leiten, waren ein bisschen zu ... sagen wir mal *begeistert* von dem Arrangement.«

»Oh, nein.« Sven stöhnte.

»Ja. Sie beschlossen, dass sie uns bei unseren Plänen selbst ›helfen‹ wollen, also versprachen sie mir, dass sie uns von ihrer Seite aus bald Medikamente zur Verfügung stellen würden. Das nächste, was ich von ihnen gehört habe? Boom, verhaftet! Die Geschäftsleute des Jahres, genau da.«

Obwohl der Raum schalldicht war, hörten beide auf zu reden, als draußen auf dem Flur Schritte zu hören waren. Sie warteten, bis wieder Stille einkehrte, bevor sie ihre Diskussion wieder aufnahmen.

Sven schüttelte den Kopf. »Wer zum Teufel denkt sich: ›Oh toll, Drogen! Da kommt man doch *leicht* rein‹?«

»Diese Leute haben zu viel *Breaking Bad* geschaut«, kommentierte Johnny. »So viele verdammte Treuhandbabys in der Wirtschaftsschule, die so tun, als wären sie *Walter-fuckin'-White*. Das sind sie aber nicht und das ist auch nicht irgendein Typ, dem eine heruntergekommene Bar gehört.«

Sven nickte. Während Johnny sprach, waren die beiden dabei, Markierungen auf einer Karte zu setzen und würden später in der Nacht eine sorgfältig aufgeschlüsselte Liste an Lia zur Verteilung schicken. Angesichts der Tatsache, dass sie dem Zeitplan um Wochen voraus waren, lief alles großartig.

»Wir haben mehr Partner bekommen, als sie erwartet hat«, erzählte Sven. »Pauline hat es nicht gesagt, aber Lia hat es mir erzählt.«

»Und wir werden noch mehr bekommen«, versprach Johnny.

Sven blickte auf, alle Sinne in höchster Alarmbereitschaft. »Wo denkst du jetzt hin?«

»Du weißt, woran ich denke.« Johnny stützte sich auf einen Ellbogen und brachte seinen Stift über der *Mermaid* in Position.

Die Tatsache, dass sie sich gewehrt hatten, hätte ihn unter normalen Umständen nicht gerade begeistert, zurück zu gehen. Er mochte es, wenn sein Job schön und einfach war.

Aber im Fall dieses *speziellen* Etablissements hatte er seine eigenen nicht-professionellen Gründe, sich darauf zu freuen, den Ort wiederzusehen. Die Blondine, die dort arbeitete.

Und wenn nötig, ihr kostbares, kleines Motorrad.

Sven seufzte und versuchte, die Worte zu finden, die Johnny von dieser Vorgehensweise abbringen würden, aber er wusste, dass es ihm nicht gelingen würde. Leute wie Johnny gaben nicht so schnell auf. Wer auch immer dieses kleine, weiße Mädchen war und wem auch immer diese Bar gehörte, sie hatten den Fehler gemacht, Johnny nicht nur abzuweisen, sondern ihn auch noch zu beleidigen.

Das sollte man normalerweise nämlich nicht tun.

Sven wusste, wenn es nicht Johnny war, der den Besitzern der *Mermaid* eine Lektion erteilen wollte, würde es jemand anderes sein. Er schaute zu ihm hinüber. »Lass nur nicht die Polizei davon Wind bekommen, ja? Seit wir unseren kleinen Krieg begonnen haben, sind die öfter da.«

»Werde ich schon nicht.« Johnny lächelte. »Nur sie und ich. Kleiner Plausch. Wir werden alle sehr freundlich sein. Ich treffe sie Freitagfrüh.«

KAPITEL 23

Heute würde sie endlich wieder arbeiten, doch da sie schon so früh aufgestanden war, machte sich Kera keine Sorgen, zu spät zu kommen. Es war noch genug Zeit. Außerdem war es ihr jetzt wichtiger der Frau eines der nettesten Männer, die sie je kennengelernt hatte, zu helfen, als hundertprozentig sicher zu sein, dass sie ihre üblichen fünf bis zehn Minuten zu früh zur Arbeit kommen würde.

Sie würde lieber heute damit fertig werden, als das Risiko einzugehen, dass der Krebs irreversible Schäden anrichten könnte. Sie wusste, dass das Zauberbuch aus guten Gründen davor gewarnt hatte, aber sie könnte nicht mit sich selbst leben, wenn sie es nicht mindestens einmal versucht hätte.

Mister Kim hatte das Familienauto vor Keras Lagerhauswohnung geparkt und er bot ihr an, sie zu fahren, was sie dankend annahm, da es noch recht früh war. Sie würde danach noch einige Stunden Zeit haben, bis sie sich für die Arbeit fertig machen musste, also schien es sinnlos, Zee mitzunehmen und später direkt zur *Mermaid* zu fahren.

»Kera«, begann der Lebensmittelhändler, als sie auf die Straße hinausfuhren, »ich weiß das sehr zu schätzen. Vielleicht ist es eine zu große Aufgabe für dich oder für irgendjemanden, aber es ist das Einzige, das mir bleibt. Meine Frau hielt dich für eine nette, junge Frau, als sie dich kennenlernte. Sie wird sich freuen, dich zu sehen, aber sie ist müde und hat Schmerzen, versteh das bitte.«

Kera nickte und schlug die Hände in den Schoß, um ihr Zittern zu kaschieren. *Wird dies das Dümmste sein, was ich je getan habe?*

Laut sagte sie: »Ich verstehe das schon. Glücklicherweise erfordert die Durchführung von Reiki gar nicht viel von der Testperson. Die ganze Arbeit wird auf meiner Seite sein, also kann sie theoretisch die ganze Zeit durchschlafen.« Sie schluckte. »Wahrscheinlich.«

Es war eine kurze Fahrt, aber Kera machte sich nicht die Mühe, sich zu unterhalten. Sie musste nachdenken. Es musste eine Möglichkeit geben, Misses Kim mithilfe der magisch erweiterten Wahrnehmung zu untersuchen, um festzustellen, wie schlimm der Krebs war. Um herauszufinden, ob er bösartig geworden war und wie weit er sich bereits ausgebreitet hatte.

Die Krankheit und ihr komplettes Ausmaß zu entfernen war eindeutig ausgeschlossen, doch wenn sie das Minimum an Energie kanalisieren konnte, das nötig war, um die weitere Ausbreitung des Tumors zu stoppen oder zu verlangsamen oder um Misses Kims Körper zu befähigen, sich selbst effektiver zu wehren ...

Dann würde es eine Chance geben. Es musste eine Chance geben.

Das Auto hielt auf einem kleinen, halb versteckten Parkplatz hinter dem Laden der Familie Kim. Als sie aus dem Fahrzeug ausstiegen, nahm Kera an, dass der alte Mann sie durch einen Hintereingang hineinführen würde, aber er ging vorne herum und betrat seinen Laden, als wäre er selbst ein Kunde.

Sam stand hinter der Kasse und winkte ihnen zu.

»Bleib bitte noch hier«, sagte Mister Kim zu seinem Sohn. »Wir hoffen, dass das nicht zu lange dauert. Es ist, um deiner Mutter zu helfen. Behalte das im Hinterkopf, bevor du daran denkst, dich zu beschweren.«

Der Junge nickte, sein Gesicht war düster und ließ ihn reifer aussehen, als es sein Alter vermuten ließ. Kera fragte sich, ob er wusste, wie schlimm die Krebsdiagnose war und vermutete dann, dass er es noch nicht wusste.

Als sie ihn so sah, fühlte sie sich noch mehr verpflichtet, das Richtige zu tun.

Kera folgte dem älteren Mann hinter den Tresen, dann gingen sie einen kurzen, recht schummrigen Korridor hinunter zu einer Treppe, die hinter einer Ecke versteckt war. Mister Kim stieg zuerst mit gleichmäßigen, bedächtigen Schritten hinauf und Kera passte ihr Tempo seinem an.

Im zweiten Stock angekommen, erkannte Kera, dass die Kims es geschafft hatten, ihr Zuhause im Geschäftsgebäude zu verstecken. Das hatte sie schon vermutet, aber von außen war es schwer zu erkennen.

Die Wohnung war nett, gemütlich, sauber und in einem geschmackvollen Stil eingerichtet, der amerikanische und koreanische Einflüsse mischte.

Mister Kim wandte sich ihr zu und zeigte auf eine kleine Matte. »Für deine Schuhe«, erklärte er ihr.

Kera zog ihre Stiefel aus und stellte sie auf die Matte, während er das Gleiche tat. Jetzt nur noch mit Socken, führte er sie um eine weitere Ecke in ein kleines Wohnzimmer, welches in warmen Farben gestrichen und eingerichtet worden war, mit einer Fülle von Topfpflanzen, die in den Ecken oder auf Regalen standen. An der gegenüberliegenden Wand stand ein mittelgroßer Flachbildfernseher.

Auf einer Couch in einer Ecke des Raumes lag Misses Kim. Kera sog bei ihrem Anblick den Atem ein. Ihr Unwohlsein war ihr deutlich anzusehen und es schien ihr weitaus schlechter zu gehen als beim letzten Mal, als Kera sie gesehen hatte. Das war vor gerade mal zwei Monaten gewesen, als der Krebs entweder latent oder zumindest weit weniger fortgeschritten gewesen war und bevor sich ihr Zustand so sehr verschlechtert hatte, dass sie untersucht werden musste.

Mister Kim watschelte an die Seite seiner Frau. Seine Frau sah ihm lustigerweise recht ähnlich. Sie war dünn und athletisch, doch mit einem runden Gesicht und schon beinahe vollständig ergrautem Haar. Kera wusste, dass ihre Haare früher pechschwarz gewesen waren.

Es war jetzt schwer zu sagen, ob sie schlief oder in einem halbbewussten Zustand von Schmerz und Erschöpfung ruhte.

»Ye-Jin«, begann der alte Mann, »Kera ist hier, um dich zu sehen. Sag Hallo.«

Misses Kim öffnete ihre Augen einen Spalt, ihr Haar strich über das Kissen, als sie den Kopf drehte und Kera mit ihren trüben, verschlafenen Augen ansah. Ihre Gesichtszüge waren vor Schmerz gezeichnet. »Hallo, Kera, meine Liebe«, sagte sie. Ihr Akzent war auffälliger als der ihres Mannes. »Ich hoffe, es geht dir gut. Bitte verzeihe mein Aussehen. Mir geht es nicht ... sehr gut.«

Mister Kim nahm ihre linke Hand zwischen seine beiden und sprach dann leise auf Koreanisch zu seiner

Frau. Kera war mit der Sprache nicht vertraut, aber sie verstand das Wort ›Reiki‹ und beobachtete, wie der Mann seine Hände beugte, als wolle er etwas demonstrieren. Sicherlich berichtete er seiner Frau gerade von Keras Erfolg bei seiner Arthritis und seiner Hoffnung, dass ihre Fähigkeiten vielleicht etwas für die arme Frau tun könnten.

Anhand der Grimasse, die sie zog, konnte Kera erkennen, dass sie nicht viel Vertrauen hatte, aber nach einem weiteren Moment des Zuredens legte sich Misses Kim zurück und entspannte sich wieder, während ihr Mann Kera herüberwinkte.

»Der Krebs«, erklärte er, »ist in ihrem Dickdarm. Sie hat in letzter Zeit jeden Tag sehr starke Schmerzen. Sie war einverstanden, dass du sie auf deine Art untersuchst und das tust, was du für sie tun kannst. Bitte sei vorsichtig, pass auch auf dich auf und lass mich wissen, wenn du noch irgendetwas brauchst.«

Kera versuchte zu lächeln. »Okay. Ich werde wirklich alles tun, was ich kann. Bleiben Sie bitte ein paar Minuten hier, wenn Sie können. Nochmals, ich kann natürlich nicht versprechen, dass es klappt, aber wenn es wirklich klappen sollte, wird es mir sehr viel Kraft abverlangen. Also brauche ich vielleicht jemanden, der mir sofort helfen kann und mir zum Beispiel einen Cappuccino holt oder so etwas in der Art.«

»Natürlich«, antwortete Mister Kim. »Alles, was du brauchst oder möchtest.«

Während Mister Kim wartete und neben ihr stand, fast wie eine Statue aufgrund seiner Anspannung, untersuchte Kera die Frau auf der Couch, ließ ihre Hände sanft über ihren Bauch gleiten und dehnte ihren Geist aus, genauso wie sie es bei früheren Verzauberungen getan hatte. Unter ihrem Atem sprach sie leise den ersten Vers der Beschwörungsformel und beschrieb den gerufenen Kräften das Problem.

Oder bat sie vielmehr um ihre Hilfe, so wie sie es heute Morgen noch ausprobiert hatte.

Als der Gesang sein Ende erreichte, setzte Kera sich schnell eine scharfe mentale Grenze, wie viel Magie sie wirken wollte – gerade genug, um die Art und das Ausmaß der Krankheit zu bestimmen. Sie wollte nicht ihre ganze Energie verschwenden, nicht, bevor sie keine klarere Vorstellung von dem Ausmaß der Krankheit hatte.

Das subtile Kribbeln der Wärme und das vage Gefühl, dass Lichter unter ihr oder in ihrem peripheren Blickfeld glühten, kamen zurück und ein mentales Bild des Innenlebens des verwüsteten Körpers vor ihr nahm hinter Keras Augen Gestalt an.

Der Tumor war wie befürchtet tatsächlich bösartig geworden und hatte sich bereits weit ausgebreitet. Sie wusste nicht genug über Krebs, um sagen zu können, ob er unheilbar war, aber das Bild, das sich ihr bot, war das einer Krankheit, die bereits sehr ernst war und sich kontinuierlich weiter verschlimmern würde. Misses Kim hatte vielleicht eine Chance, aber *nur*, wenn etwas getan wurde, um die Metastasierung zu stoppen und das bald.

Kera brauchte einen kurzen Moment Zeit, um sich zu entspannen. In ihrem Kopf hatte sich ein Plan gebildet und sie nickte entschlossen, als sie sich darauf einließ.

Also gut, dachte sie, *in dem Grimoire stand, man solle bloß nicht versuchen, Krebs zu heilen. Was es aber nicht sagte, war, dass es unmöglich sei, Krebs zu heilen.* Mit anderen Worten, es war also möglich, es war nur eine wirklich schlechte Idee für eine Anfängerin, die sie definitiv war. Andererseits wollte sie auch nicht versuchen, die Krankheit komplett zu heilen. Das Ziel war lediglich, den Krebs zu schwächen und weitere Verschlimmerungen zu verzögern und Misses Kim zu stärken, bis ärztliche Behandlungen den Rest der Arbeit erledigen konnten. So viel konnte sie doch schaffen, oder?

Da Misses Kim die Augen geschlossen hatte und vielleicht wieder in die Bewusstlosigkeit gerutscht war, schaute Kera zu Mister Kim. »Ich, äh, ich glaube, ich kann vielleicht ein bisschen was für sie tun. Genug, um ihre Schmerzen etwas zu lindern und ihr die Kraft zu geben, die sie braucht, um dagegen anzukämpfen, damit es sich nicht weiter ausbreitet. Ich habe so etwas noch nie gemacht, aber es ist einen Versuch wert. Vielleicht hilft es ihr, die nächsten Monate zu überstehen, bis sie zur Behandlung kommen kann.«

Nichts, was sie gesagt hatte, war eine Lüge oder eine Verzerrung. Also abgesehen davon, dass sie beabsichtigte, eher thaumaturgische Hexerei als Reiki durchzuführen, natürlich. Ansonsten war es eine vollkommen ehrliche Einschätzung.

Mister Kim nickte und schaute an Kera vorbei, auf seine Frau. »Ye-Jin?«

Kera lächelte Misses Kim zu, als sie ihre Augen wieder öffnete und kaum merklich nickte.

Kera nahm einen tiefen Atemzug. Sie war entschlossen, das jetzt zu tun, aber sie wusste auch, dass es sie weit mehr Energie kosten würde, als sie jemals zuvor aufgewendet hatte. Einschließlich des Stromstoßes, den sie versehentlich bei der Behandlung von Mister Kims Arthritis eingesetzt hatte.

Ich muss die Krebszellen zurückdrängen oder abtöten und gleichzeitig die gesunden Zellen stärken oder das körpereigene Immunsystem überzeugen, den Krebs zu bekämpfen. So etwas in der Art. Scheiße, ich wünschte, ich hätte irgendwann mal mehr über Krebs gelesen, aber ich denke, ich habe das Wesentliche verstanden. Das wird reichen müssen.

Sie wandte sich an Mister Kim. »Ich werde einen Haufen Essen und Trinken brauchen. Süßkram mit vielen Kalorien und Energie. Fetthaltiges und zuckerhaltiges Zeug. Vielleicht auch etwas Koffein. Das wird mich wach und aufmerksam halten, während ich das hier tue.«

»Ja«, sagte er. »Sam und ich werden dir aus unserem Laden so viel besorgen, wie du brauchst. Ich bin gleich wieder da.«

Der alte Mann eilte aus dem Wohnzimmer und die Treppe hinunter. Als Kera hörte, wie er ging, legte sie ihre Hände wieder auf Misses Kims Bauch, atmete ein und machte sich an die Arbeit.

★ ★ ★

»Sam!«, rief Mister Kim kräftig, während er aus dem hinteren Flur in den Raum hinter der Theke eilte.

Sein Sohn drehte sich erschrocken zu ihm um. »Äh, ja, Dad? Was ist los?«

»Wir müssen etwas zu essen für Kera besorgen. Sie sagte, sie wird viele Kalorien und Koffein und Energie benötigen. Alles, was dick macht, pack das schnell in eine Tüte und bring es zu ihr hoch. Haben wir momentan Kunden?«

Der Teenager blickte zwischen die Regale, dann überprüfte er sicherheitshalber die Sicherheitskameras. »Nein, im Moment nicht.«

»Okay. Schließ den Laden für ein paar Minuten und hilf mir dann!«

Sam eilte zur Tür, um das ›Ja, wir haben geöffnet!‹-Schild auf die ›*Sorry, wir haben geschlossen*‹-Seite umzudrehen, während sein Vater eine große Papiertüte hinter der Kasse hervorholte und begann, durch die Gänge zu stapfen, zuerst zu den Süßigkeiten, danach zu dem Junkfood und zuletzt den Getränken.

Mister Kim griff mehrmals durcheinander in die Regale, warf wahllos Schokolade, Nussmischungen und Chips in die Tüte, dann legte er noch einige fett aussehende Käse- und Brezelsnacks hinzu, bevor er zur Kühlbox ging und ein paar Dosen Cola sowie zwei Energydrinks herausnahm.

Sam kam zu ihm und zeigte seinem Vater die Ausbeute in seinen Händen. »Äh, soll ich das einfach in die Tüte packen?«

»Nein«, schimpfte Mister Kim, »nimm deine eigene Tüte, Junge, und fang an, mehr Essen einzupacken. Je mehr Kalorien, desto besser.«

Der Teenager zuckte nur mit den Schultern und tat, wie ihm geheißen, schnappte sich die nächstgelegene Tüte und füllte sie mit Käsechips, Honigflaschen und abgepackten Muffins, vor allem solchen, die mit Zuckerguss oder Schokoladenstückchen versehen waren. Kera sah nicht so aus, als ob sie sonst viel von diesem Zeug aß, aber er wusste es besser, als zu widersprechen, wenn sein Vater diesen Tonfall benutzte.

Außerdem sah sein Vater zum ersten Mal *hoffnungsvoll* aus, seit seine Eltern am Morgen vom Arzt zurückgekommen waren. Sie hatten Sam nicht gesagt, was los war, aber er wusste, dass es schlimm sein musste.

Er schüttelte den Kopf, um diese Bilder zu verdrängen und versuchte, sich zu konzentrieren. »Hey, Dad!«, rief er, nachdem er eine Limo aus dem Kühlschrank genommen hatte. »Laut diesem Etikett hat dieses Zeug hier fünfhundert Kalorien pro Portion. Wird das reichen?«

»Klingt toll!«, erwiderte Mister Kim. »Wie viel ist eine Portion?«

Sam richtete seinen Blick wieder auf die Verpackung. »Äh, eine Tasse.«

»Ha!« Sein Vater spottete. »Acht Unzen. Inakzeptabel!«

»Okay, okay«, antwortete Sam, stellte die Limo zurück und suchte nach etwas mit mehr Kalorien. »Warte mal, wird sie nicht auch Vitamine brauchen? Sowas wie, äh, B-12, glaube ich. So Vitamine, die man braucht, um wach zu bleiben und so.«

Mister Kim, dessen Tüte schon fast komplett mit trockenen Lebensmitteln und Getränken gefüllt war, wollte gerade eine Packung Eiscreme hinzufügen, als er bei diesen Worten innehielt. »Ah, ja, stimmt. Wir brauchen Sachen, die zuckerhaltig *und* gesund sind.«

Sam schnippte mit den Fingern. »Müsli! Ich werde ein paar Packungen holen.«

»Gut!«, rief sein Vater. »Ich werde Milch holen. Vollmilch! Die Sorte mit ganz viel Fett!«

Sein Sohn nickte, während er ein paar Kartons mit nahrhaften Frühstücksprodukten heraussuchte und wollte stattdessen Schokomilch vorschlagen, aber er fragte sich dann, ob das nicht sogar zu viel des Guten sein könnte.

★ ★ ★

Da sie keine Zeit mehr verlieren wollte, hatte Kera mit dem Zauber schon angefangen, obwohl ihr Gastgeber gerade erst losgegangen war, um Nahrung zu holen. Sie hatte überlegt, dass es vielleicht besser wäre, zuerst zu essen, aber das könnte auch dazu führen, dass sie übermütig werden könnte.

So etwas Großes hatte sie noch nie gemacht und sie musste ihr Bestes geben, um sich dabei nicht umzubringen.

Das bedeutete, dass sie klein anfangen würde. Wenn selbst die kleinsten und zaghaftesten Heilungsversuche nämlich schon Ergebnisse erzielen würden, könnte Kera mit weitaus weniger Energie auskommen.

Und wenn keiner der kleinen Zauber half, würde Kera vor einem großen Problem stehen, dass die Aufgabe auf diese Weise nicht erledigt werden konnte, ohne sich selbst zu töten.

In diesem Fall werde ich einen anderen Weg finden, versprach sie Misses Kim im Stillen. Sie konnte und wollte einfach nicht zulassen, dass diese Familie zerstört wurde.

Kera konzentrierte sich und wiederholte den rituellen Gesang des ›Einfachen Heilzaubers‹ immer und immer wieder. Anstatt zu versuchen, die gesamte magische Kraft auf einmal zu kanalisieren, sprach sie immer wieder denselben Zauber in den kleinsten Mengen, die sie bewältigen konnte, ohne viel Energie zu verschwenden.

Michael Anderle

Der Raum summte und brummte und glühte um sie herum, so schien es zumindest und die göttlichen Kräfte des Universums blieben an ihrer Seite, arbeiteten mit ihr. Doch so langsam forderten sie ihren Tribut. Jede winzige Ansammlung von Krebszellen, die sie abtötete oder bewegungsunfähig machte, jeder Abschnitt von gesundem Gewebe, den sie von Verderbnis befreite und zu voller Gesundheit zurückführte, gab ihr das Gefühl, als hätte sie eine Mahlzeit ausgelassen und versucht, ein paar Meilen auf leeren Magen zu laufen.

Ihr Bewusstsein und ihre Aufmerksamkeit schwächelten, ihr wurde schwindelig. Sie fühlte sich wie nach einem langen, harten Arbeitstag und doch arbeitete sie erst seit wenigen Minuten daran.

Es war doch ein Fehler gewesen, vor dem Start nicht zu essen.

Kera fragte sich plötzlich, ob sich Diabetiker so fühlten, wenn sie kurz davor waren, ins Koma zu fallen.

Sie hielt in ihren medizinischen Bemühungen inne und bemerkte, dass Misses Kim bewusstlos war. Es war also unmöglich zu sagen, wie sich die ältere Frau fühlte und ob ihre Zauber ihr bisher geholfen hatten.

Kera wurde klar, dass sie jetzt auch Zauber an sich selbst anwenden musste, um sich zu stärken. Sie erinnerte sich an einen einfachen Weckzauber, der laut dem Buch eine ähnliche Wirkung auf das Gehirn hatte wie eine Tasse Kaffee oder ein Schuss Espresso. Die Autoren hatten in dem Abschnitt auch einige andere Substanzen erwähnt, sich aber aus rechtlichen Gründen geweigert, sie genau zu nennen.

»Okay, Kera«, sprach sie sich Mut zu. »Los geht's!«

Magie & Marketing

Sie schloss die Augen, legte ihre Finger auf die Schläfen und sprach die kurze Aneinanderreihung von Worten. Sofort war es, als ob ein helles Licht in ihrem Geist aufflammte und sie kehrte sofort zu ihren Aufgaben zurück und fühlte sich viel wacher, aber gleichzeitig auch ausgelaugt. Ihre Hände zitterten jetzt, während sie über Misses Kims Unterleib fuhren.

Langsam verlor sie das Zeitgefühl. Es konnte nicht mehr lange dauern, bis Mister Kim und Sam mit Proviant zurückkamen, doch es fühlte sich an, als wären Stunden vergangen, seit sie sich auf die Suche gemacht hatten.

»Kera«, kam es genau in diesem Moment von der Tür. Mister Kim und Sam waren zurück. »Wir haben dir genug fettiges und süßes Essen mitgebracht, um einen Diabetiker ins Koma zu versetzen. Das sollte helfen. Möchtest du eine Schale Cornflakes?«

Sam stellte eine Tüte neben ihr ab und sie blickte hinein. »Oh, wow!«, rief sie aus und versuchte, nicht zu kichern. »*Red Bull*! Ich habe dieses Getränk das letzte Mal auf College-Partys, gemischt mit Alkohol, getrunken. Scheiße, ich liebe das Zeug. Das war damals während des *Spring Break 2019*, zu dem ich wirklich nicht hätte fahren sollen, ich hätte lieber lernen sollen, aber Sie wissen ja, wie College-Kids sind und meine Freunde haben mich im Grunde genommen sowieso dazu gedrängt, was wirklich lustig war, da ich zu der Zeit technisch gesehen noch gar nicht trinken durfte, aber nicht, dass es irgendjemanden interessiert hätte, ha! Und ...« Sie hielt sich den Mund zu, als sie merkte, dass sie viel zu viel plapperte. »Aber ja, das alles ist richtig super! Verdammt, ich bin hungrig. Durstig! Danke euch!«

Die Worte kamen so schnell aus ihrem Mund, dass sie sich wunderte, dass sie noch nicht ihr Geheimnis der Zauberei verraten hatte. Sie hob eilig eine zittrige Hand und schnappte sich den Energydrink, öffnete hektisch die Dose und trank ihn mit wenigen Schlucken aus.

Mister Kim starrte sie mit großen Augen an. »Äh, bist du dir sicher, dass du das brauchst? Hast du überhaupt etwas gegessen, bevor ich dich hierher gefahren habe? Du bist doch nicht etwa – ähm ...«, lachte er hüstelnd, »mit einer Kreditkarte und einem Röhrchen noch einmal eben ins Bad gegangen, oder?«

Kera gab ein seltsames Lachen von sich, eines, das von Hysterie geprägt war. »Nein, keine Sorge, so etwas mache ich nicht, versprochen. Ich bin nur ... ein bisschen übermüdet. Ich werde durch Schlafentzug immer so aufgekratzt.« Sie musste durchaus zugeben, dass Mister Kims Frage gerechtfertigt gewesen war, so wie sie drauf war.

Mister Kim winkte mit der Hand und entließ Sam, der nach unten in den Laden zurückkehrte, um ihn wieder zu öffnen.

Der alte Herr wartete an ihrer Seite und beobachtete besorgt, wie Kera die einzelnen Heilungszauber an seiner Frau wiederholte und nach jeder kurzen Sitzung kurze Pausen einlegte, um eine Schüssel zuckerhaltiges Müsli, ein Erdnussbutter-Honig-Sandwich, ein paar Tüten mit Käsechips und fettige Muffins zu verschlingen.

Jedes Mal, wenn sie sich wieder an Misses Kims Heilung machte, konnte sie kleine Fortschritte erkennen.

Ich glaube, es funktioniert wirklich! Kera konnte ihre Aufregung kaum zügeln, ihr Körper glühte und qualmte regelrecht, während er sich auf einer Energie-Achterbahn befand, seine Funktionalität sank mit jedem neuen Zauberspruch und schoss in den Pausen wieder steil nach oben, während sie Junkfood und Süßes verschlang und anschließend mit Koffein herunterspülte.

Ich schneide den Tumor einfach von allen umgebenen Zellen ab. Dieses Bastard-Teil wird in nächster Zeit nicht mehr größer werden. Ha!

»Okay«, keuchte sie, als der letzte Heilungsprozess sein Ende erreichte, »ob Sie es glauben oder nicht, ich bin mir sicher, ich habe den Zustand Ihrer Frau ein wenig verbessert.« Sie hielt inne, um in einen mit Nüssen und Karamell gefüllten Schokoriegel zu beißen, wobei sie versuchte, ihren Kiefer nicht zu verrenken. »Es war nicht gerade einfach, aber ich vermute, dass ich die Metastasenbildung verlangsamt habe und sie wird mit Sicherheit nicht mehr so viele Schmerzen haben.«

Mister Kim trat neben sie und starrte seine Gattin an, sein Gesichtsausdruck war nicht zu deuten. »Ihre Haut sieht besser aus. Nicht mehr so ungesund und fahl. Vielleicht ist es nur Wunschdenken, aber dein Reiki hat so gut an meinen Händen gewirkt, dass ich glaube, dass du tatsächlich etwas geheilt hast. Wenn das also wirklich ...« Sein Mund zitterte und er wandte sich von ihr ab.

Um ihm Privatsphäre zu geben, kramte Kera lautstark raschelnd durch die Tüte und aß noch zwei Schokoriegel.

»Kera.«

Sie schaute auf und verschluckte sich an einem riesigen Mundvoll mit Honig gerösteter Erdnüsse, wodurch ihre Augen tränten.

Glücklicherweise bemerkte Mister Kim diese Peinlichkeit nicht. Er lächelte bloß. »Ich kann dir gar nicht genug danken«, sagte er leise.

Kera schüttelte den Kopf. Ihr Kopf schwirrte, aber sie war sich sicher, dass sie nur noch ein paar Süßigkeiten brauchte, damit es ihr wieder besser gehen würde. »Danke.«

Warte, war das die richtige Antwort gewesen? Oder ...

Sie war noch am Überlegen, als sie plötzlich ohnmächtig wurde.

KAPITEL 24

Sie hatte keine Ahnung, wie viel Zeit vergangen war, bevor sie durch das Piepen ihres Handys und das Rütteln von Mister Kim an ihren Schultern wieder zu sich kam.

»Kera! Dein Chef hat versucht, dich anzurufen. ›Seven‹ aus der Bar, er ist dein Chef, richtig? Das hat er zumindest gesagt.«

Sie stöhnte und richtete sich vorsichtig auf. »Man spricht es ›Kevin‹ aus, aber ja, genau, er ist mein Chef. Warten Sie mal, wie spät ist es denn?« Sie warf einen Blick auf ihr Handy. »Oh, *Scheiße*! Entschuldigen Sie meine Ausdrucksweise, Mister Kim, es ist nur ...«

... Dass es jetzt schon 15:27 Uhr war und sie mittlerweile schon eine halbe Stunde zu spät dran war.

Kera sprang hastig auf die Füße, schwankte dabei und hielt sich den Kopf. Mister Kim tauchte augenblicklich neben ihr auf, um ihren Arm zu nehmen, sie zu beruhigen und zu stützen.

»Das tut mir so leid«, sagte er. »Ich wusste nicht, dass du heute Abend arbeitest, sonst hätte ich dich natürlich geweckt. Du hast etwa eineinhalb Stunden geschlafen und ich dachte, ich sollte dich lieber in Ruhe lassen. Meine Frau schläft auch noch tief und fest. Doch sie scheint schon viel friedlicher zu schlafen.«

Keras Gedanken prallten in ihrem Schädel regelrecht aufeinander und sie versuchte, sie zu ordnen und sich selbst dazu zu bringen, wieder rational zu denken, so wie eine gute Informatikstudentin es eben tut.

»Äh, ja. Okay ... Danke. Sorry.« Sie zuckte zusammen, als sie merkte, wie dumm sie sich gerade anhörte. »Könnte ich noch eine Tasse Kaffee oder so haben? Und ich brauche ... na ja, ich brauche noch eine Mitfahrgelegenheit nach Hause. Meine Wohnung liegt sowieso auf dem Weg zur *Mermaid* und ich muss ein paar Sachen holen. Cevin wird nicht erfreut sein, dass ich so spät bin.« Der Gesichtsausdruck des alten Herren machte sie stutzig. »Aber das war es wert, Ihrer Frau zu helfen«, versicherte sie ihm.

Sie musste sich nur in den Griff kriegen, damit sie nachher nicht schwächlich wirkte. Eine Entschuldigung müsste nachher reichen, sie wollte sich nicht rausreden.

Mister Kim half ihr die Treppe hinunter und ließ sich von Sam eine große, dampfende Tasse vom Kaffeeautomaten bringen, die er mit Eis aus der Soda-Maschine auf Trinktemperatur brachte. Kera nahm sie an, bedankte sich und kippte die halbe Tasse so schnell wie möglich hinunter.

»Komm«, meinte der alte Herr. »Ich kann dich gleich nach Hause bringen. Ich werde dich morgen dann wissen lassen, wie es Ye-Jin geht. Auch wenn sich in ihr doch nichts verändert hat, ich glaube, es hat ihr zumindest gutgetan, dich wiederzusehen.«

Als sie zurück zum Lagerhaus fuhren, spürte Kera, wie ihre normalen geistigen Funktionen zurückkehrten, teils weil die Benommenheit des Schlafes sich langsam wieder legte, teils dank des zusätzlichen Koffeins.

Magie & Marketing

Dennoch hing dieses hartnäckige und beklemmende Gefühl der Müdigkeit noch über ihr.

Zu arbeiten würde mit Sicherheit *keinen* Spaß machen.

Mister Kim wartete vor dem Lagerhaus, während Kera sich eilig für die Arbeit fertig machte. Als sie ihre Lederkleidung, ihren Rucksack und ihren Helm aufsetzte, klopfte der alte Herr an ihre Haustür.

Sie öffnete sie für ihn.

»Kannst du selbst fahren?«, fragte er besorgt. »Ich könnte dich auch fahren, aber du müsstest dann vielleicht einen deiner Kollegen bitten, dich am Ende deiner Schicht nach Hause zu bringen.«

Sie winkte mit einer Hand ab. »Ich komme schon klar.« Das Umziehen und das Fertigmachen für die Arbeit hatten ihr gezeigt, dass sie wieder das Gleichgewicht und die Reflexe hatte, um mit Zee fertig zu werden. »Trotzdem danke Ihnen. Ich weiß das Angebot zu schätzen.«

Er nickte und schenkte ihr ein subtiles, aber warmes Lächeln. »Gern geschehen. Das ist das Mindeste, was ich tun kann. Pass auf dich auf.«

Kera gab ihm eine Umarmung und verabschiedete sich von ihm. Nicht einmal eine Minute, nachdem sein Auto weggefahren war, surrte sie rittlings auf Zee die Straße in die entgegengesetzte Richtung hinunter.

Oh, Mann, stöhnte sie vor sich hin, *vielleicht hätte ich mich doch von ihm in die Bar fahren lassen sollen. Im Moment geht es mir zwar gut, aber wie zum Teufel mag meine Verfassung wohl um 2:00 Uhr morgens sein?*

Während sie durch die Straßen raste, sprach sie einen weiteren Weckzauber für sich selbst, gefolgt von einem Glückszauber, in der Hoffnung, dass dieser den ganzen Abend über anhalten würde.

Das Gute daran ist natürlich, dass ich über eine Stunde zu spät dran bin, sodass meine Schicht umso kürzer sein wird, dachte sie sich. *Ha ha, ein kleiner Trost, wenn Cevin mich nachher anscheißen wird.*

Sie glaubte kaum, dass er sie deswegen feuern würde, doch so ganz sicher war sie sich trotzdem nicht.

Vielleicht suche ich mir doch lieber einen anderen Job, Mom.

Sie fühlte sich ein kleines bisschen besser, als sie ihr Motorrad abstellte, abschloss und sich durch die Hintertür schwang. Mit Zee durch die Brise zu fahren, hatte sie auf eine Weise erfrischt, wie es nichts anderes konnte.

Cevin sagte nichts, als sie sich hektisch für ihre Schicht meldete. Er glühte auf eine unangenehme Art und Weise, schien aber für den Moment mit ihrer Anwesenheit zufrieden zu sein.

Bei ihren Kollegen war das natürlich eine ganz andere Geschichte. Sie hatte immer noch ein Zittern in den Händen und obwohl sie es geschafft hatte, einen Teil ihrer Energie durch das ganze Essen zu ersetzen, waren weder der Prozess noch das Essen wirklich *gut* für sie gewesen. Ihre Kollegen bemerkten das.

»Also, wo warst du denn noch? Oder eher, *bei wem* warst du denn noch? Haha.«

»Was hast du genommen, Kera? Es kann nicht legal gewesen sein, wenn es *so* gut war.«

»Weißt du, ich habe auch immer Spaß am Feiern gehabt. Dann wurde ich erwachsen und bekam einen Job. Trotzdem, die letzte Nacht muss tonnenweise Spaß gemacht haben, habe ich recht?«

All die Arten von Kommentaren, die sie erwartete und für die sie weder in der Stimmung noch in der

Verfassung war, damit umzugehen. Sie schnitt Grimassen, tat so, als würde sie lächeln, sagte ihren Kollegen in einem halb-ernsten Ton, sie sollten die Klappe halten und biss die Zähne zusammen, wenn niemand hinsah.

Es wird eine lange, lange Nacht werden, vermutete sie. *Wenn Chris ausgerechnet heute wieder vorbeischaut, dann wäre es ein absolut unglücklicher Zeitpunkt. Verflucht.*

Stephanie war weniger unausstehlich als die anderen, obwohl sie aufgrund ihrer neugierigen Art offensichtlich auf eine große Enthüllung wartete, was zum Teufel Keras perfekten Anwesenheitsrekord gebrochen hatte. Sie machte ihre Pause, bevor Kera es tat und als sie zurückkam, brachte sie ihrer Freundin eine weitere Tasse Kaffee aus einem nahegelegenen Drive-in mit.

»Danke, Stephanie«, sagte Kera dankbar. »Es ist schon eine Weile her, dass ich so viel Kaffee gebraucht habe.«

Die andere Frau lachte. »Oh, das habe ich bemerkt. Ich habe noch nie jemanden Kaffee so trinken sehen, wie du ihn trinkst. Wenn die Zeit reif ist, wollen wir natürlich alle die Geschichte hören.«

»Ja, das dachte ich mir schon«, brummte Kera. Sie hatte noch keine Lust, die Geschichte zu erzählen. Vielleicht ja morgen, aber nicht heute.

Ein Gast kam an die Bar und sie stellte ihren Kaffeebecher auf dem hinteren Tresen ab, um seine Bestellung aufzunehmen. Er musste bemerkt haben, dass sie müde und mürrisch aussah, da er sich höflich darauf beschränkte, sein Getränk zu bestellen und nicht versuchte, ein Gespräch zu führen oder zu flirten.

Zum Glück war Chris bisher nicht aufgetaucht.

Die Nacht neigte sich dem Ende zu und Kera fragte sich so langsam, wie sie überhaupt noch stehen konnte, als die Bar den letzten Aufruf verkündete und die letzten Kunden dann endlich auf die Straße strömten.

Cevin kam auf sie zu. »So kannst du nicht nach Hause fahren«, stellte er fest und musterte sie scharf.

»Was?«, protestierte sie. »Doch, ich kann. Mir geht es ...« Sie stolperte und stützte sich an der Bar ab. »Mir geht es *ganz* gut.«

Ihr Chef schüttelte den Kopf. »Nein, tut es nicht. Nachdem, was neulich passiert ist, solltest du dein Motorrad auch nicht hier stehen lassen. Komm mit, ich helfe dir, es hinten auf meinen Truck zu laden und dann fahre ich dich nach Hause.«

Sie schlossen die Bar ab, überprüften die Sicherheitskameras und gingen hinaus auf den hinteren Parkplatz. Er war leer und ruhig.

Kera konnte kaum helfen. Sie versuchte es zwar, doch Cevin musste letztendlich die meiste Arbeit leisten, um Zee auf die Ladefläche seines Fahrzeugs zu hieven. Als sie in das Fahrerhaus kletterten, kam ihr in den Sinn, dass sie den Leuten, die sie kannte, zu viele Gefallen schuldete.

Ihr Chef lenkte den Truck auf die Straße und fuhr in Richtung ihrer Wohnung.

»Okay, Kera.« Cevin seufzte. »Ich sehe, dass du heute nicht in der Verfassung bist, über die Dinge im Detail zu sprechen. Sagen wir einfach, dass das nicht wieder vorkommt, okay?«

Sie nickte und rieb sich die Augen. »Ich bin ganz deiner Meinung.«

»Gut. Du warst ja bisher immer eine super-zuverlässige Mitarbeiterin. Solange das ein einmaliger

Vorfall bleibt, sehe ich keinen Grund, mich darüber aufzuregen.«

Kera starrte aus dem Fenster, sagte aber nichts. Er war ja immerhin nachsichtig mit ihr.

Als sie wieder bei ihr zu Hause ankamen und Zee in die Lagerhalle gebracht hatten, winkte Cevin ihr ein letztes Mal vom Truck aus zu. »Gute Nacht. Wenn du Hilfe brauchst, frag einfach danach. Wir sehen uns.«

Kera winkte zurück und schloss die Tür ab. Sie schaffte es kaum ins Bett und war wieder einmal innerhalb von Sekunden nach dem Aufschlagen auf die Matratze bewusstlos.

★ ★ ★

»Aah!« Kera stöhnte genervt auf und schleuderte die Bettdecke herum, bis sie sich endlich in einer aufrechten Position befand.

Jemand hatte an ihrer Tür geklopft und laut ihrem Wecker war es schon 13:58 Uhr.

»O Gott«, keuchte sie. Sie war viel zu schnell hellwach geworden.

Es klopfte erneut. Sie kämpfte sich auf die Beine, warf sich einen hellen Bademantel über und huschte zur Tür, wobei sie laut rief: »Ich komme! Einen Moment bitte!«

Sie schaute kurz aus dem Fenster und sah, dass es gar kein Paketbote war. Es war Sam Kim.

Kera stieß die Tür auf. »Hi, Sam. Tut mir leid, dass du warten musstest. Ich bin gerade erst aufgewacht. Wie, äh, läuft's?«

Der Junge lächelte und eine Sekunde lang sah es so aus, als würde er bei ihrem Anblick im Bademantel erröten. Kera war sich aber sicher, dass sie sich das nur eingebildet hatte. »Es läuft ziemlich gut. Mom geht es etwas besser und das ist, ähm, wirklich super. Dad wollte, dass ich dir das hier bringe.«

Er hatte ein Tablett den ganzen Weg vom Laden zu ihrem Lagerhaus getragen und sie konnte sehen, dass es mit vorbereiteten koreanischen Speisen gefüllt war, die mit Plastikfolie abgedeckt waren. Dampfschwaden stiegen davon auf und es roch göttlich.

»Oh, Mann!«, rief Kera aus. »Das ist genau das, was ich jetzt brauche. Danke dir!« Sie nahm das Tablett entgegen und brachte es herein, um es auf ihren Tisch zu stellen, während Sam unbeholfen an der Türschwelle wartete.

Er räusperte sich. »Das Essen ist natürlich kostenlos. Mein Vater hat sich Sorgen um dich gemacht. Er sagte, ich solle noch extra fünf Minuten – oder wie lange auch immer – bleiben, um sicherzugehen, dass du eine anständige Mahlzeit zu dir nimmst, bevor du zu deiner Arbeit gehen musst. Er sagte auch, ich solle ihm Bescheid sagen, wenn es dir besser geht.«

Kera wusste, dass sie noch ein wenig trinken musste, um wieder ganz bei Kräften zu sein, aber abgesehen davon ... »Ich fühle mich im Moment ziemlich gut, dank ihm und dir. Ich weiß, dass du gestern auch geholfen hast.«

»Gern geschehen.« Sam zuckte mit den Schultern. »Also, gibt es sonst noch etwas, das du brauchst?«

Kera blickte auf und erhaschte einen Blick auf ihr Spiegelbild in der glänzenden Oberfläche des Kühlschranks, wobei der Schopf des rabenschwarzen Haares, zusammengebunden zu einem Dutt, hervorstach.

Magie & Marketing

»Nee«, sagte sie zu dem Jungen. »Es sei denn, ihr habt eine hübsche, blonde Perücke, die ich mir ausleihen könnte.«

Sam warf ihr einen verwirrten, besorgten Blick zu. »Eine Perücke? Nein, tut mir leid, sowas verkaufen wir nicht.«

Sie ging auf Sam zu und winkte mit der Hand. »Spaß. Das war ein Scherz. Wir Frauen haben ein Problem mit unseren Haaren, weißt du. Wenn es eine Möglichkeit gäbe, einen Schalter umzulegen und die Farbe von Tag zu Tag zu ändern – oder besser noch, von Stunde zu Stunde – wäre das viel besser. Wie auch immer, danke noch mal und richte das deinem Dad auch von mir aus. Mach's gut!«

Sie sah ihm nach und nickte, als er ihr noch einmal zuwinkte und den Bürgersteig in Richtung des Ladens seiner Familie hinunterstapfte.

Kera setzte sich hin, um ihr Essen zu essen, genoss jeden Bissen und hoffte halb, dass die Kims sie in Zukunft zum Essen einladen würden. Wenn nicht, müsste sie vielleicht anfangen, koreanische Restaurants aufzusuchen. In Los Angeles gab es glücklicherweise nicht gerade einen Mangel an ihnen.

Da sie sehr fest geschlafen hatte, fühlte sie sich nach ein wenig Entspannung und einer heißen Dusche wieder weitgehend normal. Heute würde ihre Schicht in der *Mermaid* erst um sechs Uhr abends anfangen.

Als es an der Zeit war, sich für die Arbeit fertig zu machen, fühlte sie sich zuversichtlich, dass heute alles gut gehen würde. Sie hatte sich vorgenommen, das ›Beinahe-Fiasko‹ von gestern mehr als wett zu machen.

Wenn es Misses Kim besser ging, war es das ganze Elend und die Unannehmlichkeiten wert gewesen. Wie auch immer, sie musste heute Abend auf jeden Fall wieder ihr Leder-Outfit anziehen. Es sollte nämlich regnen.

Das Wetter war in letzter Zeit ungewöhnlich nieselig gewesen. In LA gab es zwar immer noch weit weniger Niederschlag, als sie es im Osten gewohnt war, aber Regen war leider keineswegs inexistent. Natürlich würde der Sommer bald kommen und jeder würde sich daran erinnern, dass sie am Rande einer subtropischen Wüste lebten.

Als sie auf Zee stieg, fragte sie sich unwillkürlich, ob es Zaubersprüche gab, um das Wetter zu kontrollieren.

KAPITEL 25

James Lovecraft und Mutter LeBlanc gingen Seite an Seite den gepflasterten Weg entlang. Wenn jemand anderes vorbeischlenderte, unterbrachen sie ihre Unterhaltung und stellten sich an den Rand des Weges, sodass genug Platz blieb.

Sie näherten sich einer Middle School. Der Unterricht war seit ein paar Minuten aus und da es sich um eine tolle Nachbarschaft zu handeln schien, in der viele der Kinder zu Fuß zur Schule und zurück gingen, waren viele von ihnen noch geblieben, um die Spielgeräte zu nutzen, sich gegenseitig zu schikanieren oder sich auf irgendwelche Aktivitäten nach der Schule vorzubereiten.

James rückte seine Brille zurecht. »Sie oder ich?«

Madame LeBlanc antwortete: »Ich werde das hier tun. Sie würden bloß wie ein Kinderstalker aussehen.«

Er versuchte zu argumentieren, aber sie winkte ihn ab. Ihr Gesichtsausdruck und ihr Verhalten zeigten, dass es sinnlos wäre, ihre Zeit zu verschwenden. In nahezu perfektem Einklang setzten sich die beiden auf eine Bank gegenüber dem Hauptgebäude.

Sie vermuteten, dass die betreffende Person entweder ein Lehrer oder ein Schüler dieser Schule war, denn ihre Nachforschungen hatten ergeben, dass an diesem Ort die meiste Magie gewirkt worden war. Madame LeBlanc starrte auf das Gebäude, ihr Blick war fest und sie blinzelte nicht einmal. Sekunden wurden zu Minuten und ihre Augen wurden langsam unscharf, verschwommen und leer. Sie bewegte sich nicht und ihre Atmung war so flach geworden, dass sie katatonisch wirkte.

James war nicht beunruhigt. Alles, was er zu tun hatte, war, nach allen Personen Ausschau zu halten, die bemerken könnten, wie seltsam die Frau neben ihm gekleidet war.

So wie der pummelige, schwarze Junge, der sich ihnen in diesem Moment näherte.

Ein Kind, verdammt, dachte James. *Das wäre allerdings nicht das erste Mal.* Kinder schienen viel mehr zu bemerken als Erwachsene.

Der Junge, der allerhöchstens in der sechsten Klasse sein konnte, blinzelte die Hexe an und wandte sich dann an James. »Ist sie okay?«, erkundigte er sich schüchtern.

»Du meinst LB?« James gestikulierte zu ihr, als ob er irgendjemand anderen hätte meinen können. »Oh, ja, es geht ihr gut. Gelegentlich, weißt du ...«, erklärte er und beugte sich vor, legte eine Hand an seinen Mund und sprach in einem Flüsterton, der ungefähr die gleiche Lautstärke wie seine normale Stimme hatte, weiter, »wandert sie einfach in ihrem Kopf und in ihren Gedanken umher. Weißt du, was ich meine?«

Der Junge schaute skeptisch, nickte dann aber vorsichtig.

James fuhr fort. »Ich bleibe bei ihr, wenn sie so wird und behalte sie im Auge, damit sie nicht wegläuft. Schau, das letzte Mal, als sie das tat, stolperte die arme Frau fast direkt auf die Bahngleise, genau in dem Moment, als ein Zug kam! Ich war gerade dabei, einem verletzten Vogel zu helfen – ich hatte zu der Zeit ehrenamtlich in einem Tierheim ausgeholfen – als ich sie bemerkt hatte und in letzter Minute einen heldenhaften Sprung machte und sie aus dem Weg des Zuges stieß. ›Oh, danke, J.‹ hatte sie dann gesagt und seitdem vertraut sie mir, dass ich auf sie aufpasse, wenn sie ihre kleinen ›Episoden‹ hat und ihre Pillen nicht zur Hand hat.«

Als er seine Anekdote beendet hatte, hatte sich die Aufmerksamkeit des Kindes auf Madame LeBlanc gerichtet. James schaute sie an und sah, dass sich ihr Blick wieder normalisiert hatte.

»Oh, sie ist wieder da!«, rief der jüngere Magier erleichtert aus. »So. Es ist alles in Ordnung.«

Madame LeBlanc schwenkte ihren Kopf zu ihm. Ihr Blick ähnelte schon fast dem von fiesen Zauberern, die teuflische Hexereien ausprobierten. »Was haben Sie gesagt? Ich brauche Ihre Aufmerksamkeit, um mich *zu beschützen*, ganz plötzlich? Andersrum scheint es häufiger zu sein.«

James hustete. »Hast du das gehört?«, fragte er den Jungen.

»Aha!« Sie beäugte James weiterhin mit konzentrierter Boshaftigkeit.

Der beugte sich zu dem Jungen, der die beiden weiterhin fasziniert beobachtet hatte. »Du solltest besser weglaufen«, sagte er zu dem Jungen. »Sie kann gefährlich werden.«

»Gefährlich?«, wiederholte der Junge seine Worte und warf einen Blick auf die Hexe. Er schien so interessiert an ihrem Verhalten zu sein, dass James sich ziemlich sicher war, versehentlich die Neugier des Jungen geweckt zu haben.

Er ließ seinen Blick in Richtung Madame LeBlanc wandern und klärte den Jungen auf: »Nun, gefährlich für *mich*. Nicht so sehr für dich. Nichtsdestotrotz, wenn ich gleich schreien sollte, such schnell einen Erwachsenen und lass ihn den Notruf wählen!« An diesem Punkt konnte er ein Grinsen nicht mehr länger unterdrücken.

Mutter LeBlanc entspannte ihre Miene ein wenig, dann sah sie den Jungen an und lächelte. »Keine Sorge, ich werde ihm nichts allzu Schreckliches antun, wenn du dabei bist. Ich werde ihn nur zum Weinen bringen. Er mag das. Nicht wahr?«

James drehte seinen Kopf blitzschnell in Madame Le-Blancs Richtung. »Ich *mag* es?«

Der Junge unterbrach die beiden: »Ihr zwei seid doch beste Freunde, oder? Ich höre Geschichten über ältere Leute, die sich ständig streiten, aber in Wirklichkeit sind sie beste Freunde.«

James wurde stutzig. »Ich bin jung«, betonte er. »*Sie ist* die Ältere.«

»Älter?«, fragte Madame LeBlanc knurrend. »Nun, vielleicht wird diese ältere Frau gleich Ihren dürren, weißen Ar...«

»*Stopp!*«, warf James ein und winkte mit dem Finger auf ihr Publikum. »Junge Ohren brauchen solche Kraftausdrücke nicht zu hören.«

Mutter LeBlanc seufzte und wandte sich wieder an den neugierigen Jungen. »Süßer, würdest du vielleicht verschwinden, damit ich ihn zum Weinen bringen kann? Wie ich schon sagte, er mag es. Vertrau mir.« Sie zwinkerte.

»Ja, Ma'am«, erwiderte der Junge und fügte hinzu: »Ihr beiden seid verdammt lustig.« Er huschte davon.

Magie & Marketing

Als Madame LeBlanc ihre Aufmerksamkeit wieder auf James richtete, waren seine Augen jedoch genauso unscharf geworden wie ihre ein paar Minuten zuvor. »Was machen Sie, James?«

Seine Sicht kehrte mit einer Schnelligkeit zurück, die an Lichtgeschwindigkeit grenzte. Er grinste. »Ich habe nach einem Wunder gesucht und ich habe eins bekommen. Das richtige Kind ist da drüben.« Er nickte in die entsprechende Richtung.

Die Hexe schaute in die Richtung, in die er deutete, sah das Kind und machte selbst einen kurzen mentalen Scan, um seine Aussage zu bestätigen.

»Nun«, räumte sie ein, »heute scheint Ihr Glückstag zu sein, wie?« Sie und James standen auf und sie raffte ihre bunten, wallenden Röcke zusammen.

Er bot seinen Ellbogen an. »Sollen wir?«

Sie akzeptierte, sagte aber: »Ja. Aber das nächste Mal verpasse ich Ihnen eine schallende Ohrfeige, wenn Sie wieder einem kleinen Kind erzählen, dass ich ständig Ihre Hilfe brauche, um nicht wieder auf die Gleise zu laufen. Herrgott, erbarme dich!«

KAPITEL 26

„Zee!« Die Frau – Sara war ihr Name – lachte und klatschte auf die Oberfläche der Bar. »Du hast es *Zee* genannt! Oh mein Gott, ich liebe das! Schatz, hast du das gehört?«

Ihr Freund, Maurice, gluckste in seinen Whiskey Cola. »Ich habe es gehört. Du hast gesagt, dass du den Namen ausbuchstabiert hast? Das macht den kleinen, aber feinen Unterschied! Es wäre nicht so cool, wenn es nur der Buchstabe ist.«

Kera lächelte. »Na ja, ich war auf dem College mit dieser *Tussi* aus Australien befreundet und anscheinend sprechen es alle anderen Englisch-Sprachler anders aus – den letzten Buchstaben des Alphabets, meine ich – und zwar ›zed‹. Das wusste ich gar nicht. Bringt das Reimschema des ›A, B, C‹-Songs durcheinander, oder? Wie auch immer, ich habe mein Motorrad dann zu Ehren der seltsamen amerikanischen Aussprache benannt.«

Sara lachte wieder laut auf und hob ihren Cocktail, den *Screwdriver*, in die Luft. »Darauf trinke ich. Darauf, dass wir alle möglichen Sachen anders machen als der Rest der Welt. Eine amerikanische Tradition!«

Sie erhoben ihre Gläser, stießen kurz an und leerten sie in einem Zug. Kera durfte bei der Arbeit nicht trinken, also spielte sie einfach wie jeder Barkeeper mit, indem sie ein Schnapsglas gefüllt mit Wasser trank. Viele Kunden wollten mit dem Barkeeper trinken und sie waren meist so nett dabei, dass Kera sie nicht enttäuschen wollte.

Es war ein lustiger Abend gewesen und bis jetzt gehörten Sara und Maurice zu ihren liebsten Neukunden. Sie waren nicht nur nett und gaben großzügig Trinkgeld, sondern waren auch begeisterte Motorradfahrer. Offensichtlich fuhren sie beide nicht nur, sondern sie betrieben zusammen auch noch einen Laden, der Spezialanfertigungen herstellte. Maurice hatte Kera vor etwa zehn Minuten die Visitenkarte zugesteckt.

So sehr sie ihren Job im Moment auch genoss, war sie doch ein wenig niedergeschlagen. Etwas in ihr nagte an ihrem Herzen, eine Art schwache, aber anhaltende Enttäuschung. Sie wusste, warum das so war, so dumm es auch klang. Chris war immer noch nicht wieder hier aufgetaucht. Hatte er nicht gesagt, er würde bald zurück sein?

Beruhige dich, Kera, sagte sie sich. *Er ist ein Büromensch und es ist Donnerstag. Er kann es sich wahrscheinlich nicht leisten, an Wochentagen auszugehen und zu trinken. Warte ab, ob er morgen oder vielleicht Samstag auftaucht und dann sehen wir weiter.*

Sie wusste nicht einmal wirklich, warum sie ihn so dringend wiedersehen wollte. Ihr Leben war in letzter Zeit äußerst seltsam und hektisch gewesen und ihre Zeit so sehr mit der Arbeit und ihrer Weiterbildung in den Künsten der Thaumaturgie verbraucht, dass sie nicht genug Zeit allein mit ihren Gedanken gehabt hatte, um ihnen im Detail nachzugehen.

Sie arbeitete sich an der Bar entlang, schaute nach den Gästen, füllte Getränke nach und nahm Bestellungen von Leuten auf, die sich gerade hingesetzt hatten.

»Also, Kera«, rief Sara, als sie sich wieder auf sie zubewegte, »was denkst du als Biker-Kollegin über *Du-weißt-schon-wen*?«

Kera runzelte die Stirn. Sie fühlte sich, als müsste sie wissen, wovon die andere Frau sprach, aber sie war ratlos. »Äh, also«, konterte sie schwach, »nichts für ungut, aber ich weiß nicht, um wen es geht. Wen meinst du?« Hoffnungsvoll fügte sie hinzu: »Etwa die Figur aus Harry Potter?«

Sara lachte darüber und Maurice nahm die Getränkekarte in die Hand.

»Der mysteriöse Fahrer auf der I-10.«

Kera machte ein ersticktes Geräusch, etwas zwischen Husten und Aufstoßen und wandte sich wieder ihrer Arbeit zu, in der Hoffnung, dass sie ihren Gesichtsausdruck nicht gesehen hatten.

»Hast du das *nicht* mitbekommen?« Maurice drehte sich auf seinem Hocker, um sie eindringlich anzuschauen. »Er hat eine Familie aus einem brennenden Auto gezogen, nachdem sie verunglückt war und ist dann weggefahren, bevor jemand einen Namen erfahren hat oder ein Foto machen konnte. Tolle Sache, aber mir ist aufgefallen, dass die Leute uns beide seither ein bisschen anders ansehen. Auf eine gute Art. Der Kerl gibt uns Bikern allen einen guten Namen mit seiner Heldentat, so viel kann ich sagen. Viele Leute denken immer noch, dass alle Biker Dreckskerle und Kriminelle sind, aber vielleicht ändert sich das ja.«

»Oh. Ja, genau, *der Typ.*« Kera schluckte und warf einen Blick über ihre Schulter. »Ich habe kurz davon gehört. Ich war zu der Zeit beschäftigt, also habe ich mich wohl nicht mit den Details befasst. Schön, mal eine gute Geschichte in den Nachrichten zu haben, denke ich.« Hatte sie zu viel geredet? Sie konzentrierte sich darauf, einen Tisch zu schrubben.

»Die Nachrichten waren voll davon«, führte Sara weiter aus. »Er hat sich immer noch nicht gemeldet und die Familie hat schon überall in den sozialen Medien nachgefragt. Sie wollen wissen, wer es war, damit sie ihm wenigstens danken können.«

Bei ihren Worten fiel Kera etwas ein. Um sich zu schützen und gleichzeitig Informationen zu sammeln, fragte sie: »Haben sie denn eine Beschreibung seines Motorrads?«

»Pffft.« Sara schnaubte. »Nein, nicht wirklich. Keiner der Zeugen war der Typ, dem das aufgefallen wäre. Zugegeben, sie waren ja auch damit beschäftigt, sich zu vergewissern, dass es den Leuten im Auto gut geht. Da ist so ein Motorrad nicht wichtig.«

Maurice stimmte zu. »Wenn wir es gewesen wären, hätten wir es natürlich direkt aus den Augenwinkeln heraus identifizieren können, während wir diese Leute überprüften, aber die meisten Leute können das nicht. Alles, was ich je gehört habe, war, dass es schwarz sei.« Er brach ab und schob sein Glas in Richtung der Barkeeperin.

Kera füllte es mit drei Fingern Whiskey und mit Cola auf. »Schwarz, was? Na, das ist doch schon mal ein Anfang.«

Sara schnippte mit den Fingern. »Ich glaube, jemand hat gesagt, es sei eine *Kawasaki*, aber darüber hinaus konnten sie nichts sagen. Ich meine, das grenzt es immerhin schon *ein wenig* ein.«

Eine Haarsträhne aus dem Gesicht streichend, fügte Kera hinzu: »Das bedeutet, dass er einen guten Geschmack hat, wer auch immer es war.«

Maurice beugte sich vor und schielte sie von der Seite an, die Lippen zu einem seltsamen Ausdruck zusammengepresst. »*Du* warst es nicht, oder?«

Kera erstarrte an Ort und Stelle, doch der Biker brach sofort in Gelächter aus und sie konnte sich entspannen. Kunstvoll seufzte sie und schüttelte den Kopf. »Nein, Maurice, aber *vielen Dank* für deine Einschätzung, dass ich wie ein Mann aussehe. Ich war an dem Tag nicht einmal in der Stadt. Und, äh, ist das nicht draußen bei *Culver City* passiert? Ich wohne in *Downtown*.« *Halt die Klappe, halt die Klappe und hör auf zu plappern,* ermahnte Kera sich selbst. *Erst sagst du, du hast kaum davon gehört und jetzt weißt du auf einmal, wo es genau passiert ist?*

»Wie auch immer«, spottete Sara. »Sagen wir einfach, er war so etwas wie der leibhaftige Geist jedes anständigen, gesetzestreuen Motorradfahrers, der jemals so angeglotzt wurde, als würde er sich auf einen Ladenüberfall vorbereiten.«

Kera war schon öfter angestarrt worden, aber sie war sich ziemlich sicher, dass es nicht daran lag, dass die Leute sie für eine Kriminelle hielten. »Nun, ich denke, wir können uns alle darauf einigen, dass wir auch versuchen würden, zu helfen, wenn jemand in Schwierigkeiten ist.«

Maurice hob seinen frisch gefüllten Drink. »Amen.«

Einige Zeit später bediente Kera ein anderes Paar, das am anderen Ende der Bar saß. Sie konnte erkennen, dass sie kein festes Paar waren, obwohl sie sich gut zu verstehen schienen. Die Frau war um die dreißig, zierlich, attraktiv und hübsch gekleidet. Der Mann schien etwa fünfzehn Jahre älter als sie zu sein, offensichtlich ein engagierter Bodybuilder und er war so gekleidet, als wäre er direkt vom Fitnessstudio in die *Mermaid* gegangen.

Der Mann zeigte auf Kera. »Mehr Bier!«, befahl er.

»Kommt sofort.« Kera schnappte sich zwei Krüge, füllte sie und stellte sie auf die Theke.

Danach herrschte für ein paar Minuten Flaute und Kera nutze die Zeit, sich die Gäste anzuschauen. Als sie dem scheinbar unpassenden Möchtegern-Paar zuhörte, erfuhr sie, dass die Frau einen Doktortitel in Ökologie hatte.

Eine Minute später stand der große Kerl auf und entschuldigte sich, um auf die Toilette zu gehen, wobei er sein halb geleertes Bierglas zurückließ.

Kera hatte sich umgedreht, um den Vorrat an verfügbaren Zutaten in der Bar zu überprüfen, als Frau Doktor zu ihr sagte: »Ich wette, du fragst dich, was eine kluge Frau wie ich mit einem Kerl wie ihm zu tun hat, oder?«

Nach ihrem undeutlichen Tonfall zu urteilen, hatte das Bier schon ganze Arbeit geleistet. Sie hatte bereits vorher einen *Tequila Slammer* getrunken und sah nicht so aus, als würde sie mehr als fünfzig Kilogramm wiegen.

Kera wandte sich an die Frau. »Sollte ich mich wundern?«, erkundigte sie sich. Ihr Blick wanderte in Richtung der Toiletten, wo der Mann vorübergehend verschwunden war.

Die Dame fuchtelte mit der Hand und wies die halb rhetorische Frage zurück.

»Ich habe unfassbar viele anstrengende Herausforderungen, die ich bei der Arbeit bewältigen muss«, erzählte sie. »Ich versuche, das Chaos des Staates

Kalifornien in den Griff zu bekommen und die Überentwicklung davon abzuhalten, jede gottverdammte Spezies, die nicht homo sapiens ist, zu töten. Aber wenn ich Feierabend habe? Zur Hölle, nein, da brauche ich keine intellektuelle Stimulation mehr.«

Sie lachte und nahm einen weiteren Schluck Bier. Kera blieb in ihrer Nähe, jetzt neugierig.

»Nein, nein«, fuhr Frau Doktor fort. »Außerhalb der Arbeit bin ich bereit für ein paar nette, einfache Gespräche und für qualitativ erfolgreiche Nächte, du weißt schon. Lass mich dir sagen, meine Schwester«, meinte sie und nickte Kera zu, »muskulöse Jungs haben die ganze Energie. O Gott, ich werde das ganze Wochenende über *so* wund sein!« Sie brach kichernd ab, zwang sich aber wieder zur Fassung, als ihr Verehrer aus der Herrentoilette zurückkam.

Kera lachte mit, aber sobald sie sich von den beiden entfernen konnte, rollte sie mit den Augen. »Mann, *ältere* Leute! Was zum Teufel machen die mit ihrem Leben? Die benehmen sich kindischer als Sam oder ich!«

Die Nacht verging ohne ein Zeichen von Chris. Das Geschäft lief gut, aber keineswegs überwältigend und Kera konnte bis 2:00 Uhr eine anständige Summe an Trinkgeld einstreichen.

Sie kündigte die letzten Bestellungen an und servierte die letzten Drinks, dann half sie Cevin, die Nachzügler rauszuschmeißen, damit sie das Lokal endlich schließen konnten.

Neben ihrem Chef waren mittlerweile nur noch Kera, Stephanie und ein weiterer Barkeeper anwesend.

»Okay, Leute«, verkündete Cevin, »Freitag ist Zahltag und es ist ja jetzt technisch gesehen schon Freitag, also können diejenigen von euch, die hier sind, sich ihren Lohn bereits jetzt abholen. Es sei denn, ihr wollt das Geld morgen holen, wenn ihr nicht arbeitet.«

Das tat natürlich niemand, also teilte er die Gehaltsschecks aus. Kera war die Letzte in der Schlange. Sobald sie ihren Scheck entgegengenommen hatte, gab Cevin ihr ein Zeichen, dass sie noch bleiben sollte, weil er etwas mit ihr besprechen wollte.

»Was ist los?«, fragte sie.

Cevin wartete ab, während die anderen hinausgingen.

»Du erinnerst dich bestimmt daran, dass ich dir ein paar Tage freigegeben habe«, begann er leise, »nachdem dein Motorrad zerschossen wurde. Ich sagte, dass ich mich schlecht fühle und dass ich dich für die Zeit, in der du nicht arbeiten konntest, entschädigen würde. Nun, ich stehe zu meinem Wort und dein Scheck für diesen Monat spiegelt das wider. Ich denke, das ist nur fair, denn in dieser Stadt ist es leider so, dass man fast aufgeschmissen ist, wenn man mal mehr als 24 Stunden nicht mobil sein kann. Betrachte es als Entschädigung für all deine Mühen.«

Kera hatte das bei allem, was in letzter Zeit so los war, schon beinahe vergessen. »Oh, ja, richtig. Danke, Cevin. Das wird helfen. Es tut mir so leid wegen gestern. Ich war zu sehr damit beschäftigt, einem Freund zu helfen und habe vergessen zu schlafen und bin wie ein Idiot in Ohnmacht gefallen. Es wird nicht wieder vorkommen.«

Cevin schloss die Kasse ab. »Alles gut. Ich habe gesehen, wie müde du warst und du hast trotzdem einen guten Job gemacht. Nach dem Aussehen deiner Wohnung zu urteilen, kann ich sagen, dass es nicht daran lag, dass du, *du weißt schon*, in gewisse Schwierigkeiten geraten bist. Ich erkenne, wenn jemand auf Drogen ist und das ist bei dir nicht der Fall.«

Kera lachte laut auf und stemmte die Hände in die Hüften. »Ach, wirklich? Woher willst du das denn wissen?« Sie war nicht wütend, aber sie fühlte sich verpflichtet, sich mit ihm anzulegen, wenn er so etwas sagte. Natürlich war es nur ein Spaß. »Nach allem, was du *weißt*, könnte ich eine wilde Party mit Dutzenden von verschiedenen Drogen gehabt haben und mit drei Typen auf einmal ...«

Er sah sie nicht an, sondern gluckste nur. »Solange du weiter zur Arbeit kommst, geht mich das nichts an. Wenn du das tun willst, ist das deine Entscheidung.«

Als er mit den allerletzten Aufgaben des Abends fertig war, ging er an ihr vorbei und bedeutete ihr, ihm zu folgen, während er einen letzten Scan der Sicherheitskameras durchführte und ein paar Dinge in seinem Büro überprüfte.

Kera war noch nicht fertig. »Es ist *nicht* das, was ich gerne machen will, aber ich bin trotzdem nicht langweilig.«

Er blickte sie mit einer hochgezogenen Augenbraue an. »Ich habe ja auch nie gesagt, dass du es bist.«

Kera folgte ihm, als er die hintere Tür öffnete. »Irgendwie *schon*, Kumpel. ›Oh, Kera, sie ist so gewöhnlich, sie macht nie etwas Aufregendes.‹«

»Mmm«, brummte Cevin. Er warf einen Blick auf den Parkplatz, entschied, dass die Luft rein war und sie verließen den Hintereingang des Lokals. »Damit das klar ist, du warst diejenige, die beschlossen hat, zu viel in meine Worte hineinzuinterpretieren. Wenn du wilde Orgien mit mehreren Typen und einem Haufen Drogen haben willst, ist das in Ordnung, aber tu es nicht, um irgendwie interessant zu wirken.«

Sie blickte finster drein und ärgerte sich darüber, dass sie nur noch Sekunden von ihren jeweiligen Fahrzeugen entfernt waren, denn sie hatte das Gefühl, dass sie sich noch gut fünf Minuten lang necken würden, vielleicht sogar länger. Sie beschloss, die Unterhaltung in ihre Richtung zu lenken.

»*Hey*«, entgegnete sie, »vielleicht meinte ich das vorhin auch in einem platonischen Sinne. Zum Beispiel, dass ein paar Typen rüberkommen, um mit mir Autoshows zu gucken oder so.«

Cevin blieb stehen und drehte sich um, um sie anzustarren.

»Was ist?«, fragte sie.

Er schüttelte nur den Kopf und lächelte, wobei er vage wehmütig aussah. »Hör nie auf, so naiv zu sein. Das passt so gut zu dir.«

Sie schlug ihm auf die Schulter. »Beinhaltet mein nächster Gehaltsscheck eine Zulage für geistige Gesundheit? Das sollte er, bei deinen schlechten Sprüchen.«

»Nein.« Cevin zog seinen Autoschlüssel aus der Tasche. »Dann müsste ich eher Geld von *deinem Scheck abziehen* und es für mich einbehalten. Oh und nur damit du Bescheid weißt, ich werde ab nächster Woche alles auf elektronische Einzahlungen umstellen. Die Bank hat mir endlich grünes Licht dafür gegeben.«

Kera schnaubte. »Nach achtzehn Monaten *schon*?«

Cevin öffnete seine Tür auf der Fahrerseite. »Es war eine langwierige Angelegenheit«, gab er zu. »Und vielleicht war ich auch selbst ein bisschen faul. Ein *wenig*. Nun, wie auch immer. Ich wünsche dir noch eine gute Nacht.«

Kera sah zu, wie er in den Truck stieg und den Motor startete, dann beschloss sie, dass es an der Zeit war, das Gleiche mit ihrem Motorrad zu tun. Sie war in ihre kleine Diskussion vertieft gewesen, aber jetzt, da Cevin weg war, gab es für sie keinen Grund mehr, in den frühen Morgenstunden auf einem dunklen Parkplatz herumzuhängen.

Vor allem nicht mehr auf diesem hier.

Zum ersten Mal seit einer Weile schien ihr Leben wieder halbwegs normal zu sein. Während sie die Straße entlangfuhr, konnte sie sich wieder entspannen. Denn jedes Mal, wenn sie die Gasse betrat, um Zee zu holen, erinnerte sie sich an ihre Konfrontation mit diesem Arschloch.

Du musst es loslassen, sagte sie zu sich. *Diese Erinnerungen werden mit der Zeit verblassen.*

Aber es ärgerte sie noch. Sie war nicht in der Lage gewesen, sich zu behaupten, als er sie angriff und es war nur Glück im Unglück gewesen, dass er Zee anstelle von ihr angeschossen hatte. *Sie* konnte nicht so leicht repariert werden wie er.

Das hatte sie auch festgestellt, als sie es mit den Gangstern aufgenommen hatte, die versuchten, den Mercedes zu stehlen. Sie war noch weit entfernt, eine Superheldin der Selbstjustiz zu sein. Selbst mit ihrem verbesserten Glück hatte Kera sie nicht so leicht besiegen können, wie sie es sich gewünscht hatte.

Es hätte schiefgehen können.

Menschen zu heilen ist gut genug, sagte sie sich. Es war weitaus sicherer. Die meisten Menschen bekamen nie die Chance, so etwas zu tun, wie jemandem im Kampf gegen Krebs zu helfen oder Menschen aus einem brennenden Wrack zu ziehen. Wenn Kera ihre Karten richtig ausspielte, hatte sie ein langes Leben voll von solchen Ereignissen vor sich.

Sie ignorierte das nagende Gefühl, dass das nicht genug war. Es hatte sich wirklich gut angefühlt, Misses Kim zu helfen, ganz zu schweigen von ihrer Rettung der Menschen in dem brennenden Auto, aber etwas in ihr rebellierte gegen die Vorstellung, dass sie nicht einmal *versuchen* könnte, Ungerechtigkeit zu verhindern.

Sie presste ihren Kiefer zusammen und versuchte, sich zu entspannen. Als sie zu Hause war, die Tür hinter sich verschlossen und die Lederrüstung ausgezogen hatte, betrachtete sie sich im Badezimmerspiegel.

»Es ist genug!«, sagte sie laut zu ihrem Spiegelbild. »Tu dir nicht mehr an, als du aushalten kannst!«

Aber etwas in ihr erkannte, dass sie nicht in der Lage sein würde, sich auszuruhen, bis sie wusste, dass sie nicht mehr hilflos war.

KAPITEL 27

Es war kein guter Morgen gewesen.

James und Madame LeBlanc gingen langsam den Bürgersteig zurück in Richtung von James' geparktem Rolls Royce. James hasste diesen speziellen Teil seines Jobs und er vermutete, dass seine Begleiterin das auch tat. Magie war selten, selten genug, um diejenigen, die sie ausübten, in einer eng verbundenen Gruppe zu binden und mächtig genug, dass man vorsichtig sein musste, wen man sie ausüben lassen konnte.

Wenn jemand diese Begabung hatte, aber die anderen erforderlichen Eigenschaften fehlten, mussten leider bestimmte Maßnahmen ergriffen werden.

Sie hatten den Jungen gefunden und bestätigt, dass seine Fähigkeiten kein Zufall waren. In der Tat zeigte er viel Kraft und Potenzial.

Aber er konnte seine Magie nicht kontrollieren und war zu eigensinnig und aggressiv. Er zeigte eine ausgeprägte Neigung, Vorschläge und Anweisungen zu ignorieren und sich aus Trotz dagegen aufzulehnen. Jemandem wie ihm konnte man die Fähigkeiten eines Wundertäters keinesfalls anvertrauen.

Mister Lovecraft und Madame LeBlanc hatten keine andere Wahl gehabt, als seine Kräfte zu versiegeln. Also hatten sie zusammen einen Zauber gewirkt, der jede weitere Ausübung von Magie, die der Junge hätte versuchen können, verhindern würde. Weiterhin hinderte die Versiegelung ihn auch daran, mehr zu lernen oder als Thaumaturg weiterzukommen. Es war tragisch und in gewisser Weise übergriffig, doch das Risiko war einfach zu groß. Der Junge war eine Gefahr für andere und für sich selbst. Doch selbst das machte es für James und Madame LeBlanc nicht einfacher.

Der Magier schüttelte den Kopf. »So eine Verschwendung von Potenzial.« Er seufzte.

»Ich weiß«, erwiderte Madame LeBlanc leise, »aber das hätte niemals funktioniert. Das wissen wir beide. Die Kraft des Jungen hatte ein Leck. Er war zu stur, um zu lernen. Wenn er all seine Kräfte während des Trainings oder eines Zaubers ohne Kontrolle wirken würde, könnte ihn dies töten. Vielleicht auch andere Menschen.«

James ballte seine Hand kurz zu einer Faust und entspannte sie dann wieder. »Ich hasse es einfach, dass unser erster Kandidat unserer Suche uns solch einen Dämpfer verpassen musste. So entmutigend.«

Seine Schultern sackten noch ein Stück tiefer. Die Weidenbäume wiegten sich in der warmen Frühlingsbrise, während die Thaumaturgen weiterstapften. Der Nachmittag ging langsam in den Abend über und das Licht gewann diese bronzene Qualität, die James immer als so seltsam bittersüß empfunden hatte.

Seine Niedergeschlagenheit muss noch offensichtlicher gewesen sein, als er vermutet hatte, denn Mutter LeBlanc gab einen kleinen, tröstenden Laut in ihrer Kehle von sich und legte eine Hand auf seinen Arm.

»Ja, James«, pflichtete sie ihm bei und es lag kein Hauch von Sarkasmus oder Ironie in ihrem Ton. »Wir haben uns beide auf den ersten Kandidaten gefreut. Wir brauchten schon lange neue Schüler, um unsere Tradition fortzusetzen, aber es war schon immer ein unsicheres Geschäft, nicht wahr? Realistisch betrachtet konnten wir bei so vielen neuen Interessenten in so kurzer Zeit nicht erwarten, einen zu finden, der auf Anhieb für uns arbeiten würde. Schon gar nicht bei unserem ersten Versuch. Das müssen Sie im Hinterkopf behalten. Wir werden noch weitere Möglichkeiten haben.«

Er seufzte. »Ja, ich nehme an, Sie haben mit ihren Aussagen recht. Ich wünschte nur, Sie hätten es nicht. Nichts für ungut.«

»Ich verstehe schon.« Sie legte ihm die Hand auf die Schulter und ging zur Beifahrerseite des Wagens. »Solange Ihre Bedenken mit der Realität zu tun haben und nicht mit mir.«

Er lächelte.

Als sie beide im Auto saßen, sackte James in seinem Sitz zusammen und sein Kopf sank nach vorne, um am Lenkrad zu ruhen. Er ließ seinen Atem in einem langen, langsamen, rasselnden Geräusch der Niederlage aus.

»Wohin geht es als Nächstes?«, fragte Mutter LeBlanc munter. »Es gab noch einen Kandidaten in South Carolina, nicht wahr?«

Mit einem leisen Grummeln überprüfte James sein Tablet, auf dem die Standorte, die die Pendelkarte ihnen gezeigt hatte, markiert waren.

»Äh, nicht weit. Sieht aus wie irgendwo bei Morris Island.«

Mit einem langsamen Nicken und der Andeutung eines Lächelns fragte Madame LeBlanc: »Gibt es da unten gutes Barbecue?« Sie schloss die Tür neben sich und faltete die Hände in ihrem Schoß, um die wogenden Falten ihres Kleides zu glätten.

»Oh!« James hob eine Augenbraue und wurde plötzlich so munter, als hätte sie ihm eine mit Koffein gefüllte Injektionsnadel in den Arm gesteckt. »Ich glaube, ich habe gehört, dass *Melvin's Legendary BBQ* in dieser Richtung liegt. Wenn ich es mir recht überlege«, meinte er und rückte seine Brille zurecht, »können wir beim nächsten Stopp vielleicht einen soliden Kandidaten *und* ein solides Abendessen bekommen.«

Die Oberhexe stimmte ihm zwar zu, ließ aber ihren Tonfall strenger und ernster werden. »Vielleicht. Aber was machen wir, wenn wir jemanden finden, dem wir etwas beibringen *könnten*, der aber noch kein Erwachsener ist?«

James fuchtelte verärgert mit der Hand, während er den Motor startete. »Darüber sollten wir uns erst Gedanken machen, wenn es so weit ist. Außerdem, falls unser erster Versuch ein guter Indikator für den weiteren Verlauf unserer Mission war, müssen wir uns vielleicht eine ganze Weile überhaupt keine Gedanken darüber machen.«

»Seien Sie doch nicht so negativ!«, schimpfte Madame LeBlanc. »Eine Sackgasse bedeutet nicht, dass jede weitere Straße auch eine Sackgasse sein wird. Es kann gut sein, dass wir hundert Möglichkeiten durchgehen müssen, um die richtigen Kandidaten zu finden und das wird sich lohnen.«

Während James die Rückspiegel und die Straße vor ihm überprüfte und abbog, murmelte er sauer: »Wenn sie nicht auch alle ein Leck haben, dann ja.«

Seine Partnerin schüttelte den Kopf. »Das würde ich mir für niemanden mehr wünschen.« Sie griff in die Falten ihres Rocks. »Möchten Sie ein Croissant?«

James warf einen Blick auf das flockige, goldene Gebäck, das in Madame LeBlancs Hand ruhte und nachdem er an der nächsten Kreuzung rechts abgebogen war, fragte er: »Wie zum Teufel halten Sie die *warm*?«

KAPITEL 28

Ted stupste Christian mit seinem Ellbogen an. »Also, heute Abend dann?«

Chris schaute ihn ausdruckslos an. Er war immer noch nicht wirklich zurück in der Realität angekommen, nachdem er die letzten Stunden in einem übermäßig langen Meeting verbracht hatte, welches jeden einzelnen Mitarbeiter und sogar einige Führungskräfte aus New York einbezogen hatte.

Ihre wöchentlichen Abteilungsmeetings waren eine Horrorshow, aber *dieses* war ein mehrstündiges Schnarchfest gewesen, unterbrochen von Firmenreden und Ermahnungen, die ihre Arbeit mit Krieg verglichen.

Chris war noch nie im Krieg gewesen, aber er war sich ziemlich sicher, dass seine Arbeit in einem Großraumbüro in keiner Weise mit dem Einsatz in einer Schlacht zu vergleichen war.

»Hey, Chris.« Ted riss Christian seinen Becher aus den Fingern und füllte ihn am Automaten, dann gab er ihn Chris zurück. »Aufwachen. Bist du in den Standby-Modus gegangen oder so? Ist das ein IT-Trick? Kannst du ihn mir beibringen?«

»Gott, ich wünschte, ich könnte so etwas.« Chris hielt den Becher hoch und musterte das Getränk. »Danke für den Kaffee. Prost.« Er nippte. »Und, sorry, was hast du gesagt? Was machen wir heute Abend?«

»Wir gehen zurück zur *Mermaid*«, sagte Ted und sprach jedes Wort so deutlich aus, als würde er einem Kleinkind ein Konzept erklären.

»Oh.« Chris stellte die Tasse auf den Tisch daneben. »Ich weiß noch nicht ... mh.«

»Junge, Junge.« Ted zeigte auf einen der Stühle und deutete an, dass er sich setzen sollte, dann setzte er sich auf einen anderen. »Du willst *sie* doch wiedersehen, oder?«

»Ich meine, ja, klar will ich das, aber ...«

»Und dir ist klar, dass die Chancen dafür gering, fast null, sind, wenn du gar nicht mehr vorbeischaust.«

»Ja.« Chris musste zugeben, dass sein Freund recht hatte.

»Du bist nicht zu früh dort wieder aufgetaucht und hast dich auch nicht wie ein Stalker verhalten. Das ist gut«, fasste Ted aufmunternd zusammen. »Du musst den Sack nur noch zumachen.«

»Warum musstest du das ausgerechnet so ausdrücken?«

»Was meinst du?«

»›Den Sack zumachen.‹ Ich komme mit so was nicht gut klar. Glaub mir. Ich habe über ein ganzes Jahr lang einen Flirt-Ratgeber abonniert. Nichts davon hat bei mir *je* funktioniert.«

»Ich verstehe.« Ted nippte an seinem Kaffee. »Also, dann erinnere ich mich anscheinend falsch an den Teil, wo du in eine Bar gegangen bist und über so IT-Scheiße mit einer regelrechten Göttin geredet hast. An den Teil, in dem sie sich nicht nur an dich selbst, sondern auch noch an dein Lieblingsbier erinnert hat und auch an den Teil, in dem sie sagte, dass sie dich wiedersehen will.«

»Äh ...« Chris war sich sicher, dass diese Aussage von Ted ihn in eine verbale Falle führen würde, doch er wusste leider nicht, wie er sie umgehen sollte.

»Was ich damit sagen will, ist Folgendes«, begann Ted. »Du hast es gut gemacht und du hast Eindruck hinterlassen. Du hast mir genug vertraut, um reinzugehen und mit ihr zu reden und das lief doch super! Vertrau mir doch noch ein Mal.«

Chris stieß einen tiefen, resignierten Seufzer aus. »Das sagst du jetzt nur, weil du weißt, dass ich immer noch nicht ganz von dem Meeting erholt bin und du mich gerade einfacher überreden kannst.«

»Vielleicht.« Ted grinste. »Also, ich frage dich noch einmal ... machen wir das heute Abend dann?« Er blickte Chris erwartungsvoll an.

Es gab keinen Ausweg aus der Sache, ohne zuzustimmen. Chris seufzte wieder und nahm einen Schluck seines Kaffees, er zögerte seine Antwort so lange heraus, wie er nur konnte. Er hatte sich auch schon in Tagträumereien vorgestellt, wie er wieder in die Bar gehen würde und eventuell sogar Keras Nummer bekommen könnte.

Er wusste zwar, dass es in der realen Welt wohl kaum zu dieser Traumfantasie kommen würde, aber sie könnten nicht einmal annähernd so werden, wenn er es nicht immerhin mal versuchte.

Es war eine gute Sache, dass Ted von ihm in dieser Hinsicht keine Absage akzeptierte.

Chris nickte. »Gut. Wir gehen heute Abend in die *Mermaid*.«

»Braver Junge.« Ted klopfte ihm auf die Schulter und stand auf. »Wir sehen uns um sechs.«

★ ★ ★

Johnnys Mustang fuhr langsam die Straße hinunter. Er gab sich diesmal keine besondere Mühe, unauffällig zu sein, aber er tat auch nichts Unsinniges, was die Aufmerksamkeit auf sich ziehen würde. Dies war einer der wenigen Momente, in denen er *nicht* bemerkt werden wollte.

Er bog in die Gasse ein und fuhr in Schritttempo vorbei und als er niemanden in der Nähe sah, bog er in die Hauptstraße ein und warf noch einmal einen Blick über seine Schulter zurück in die Gasse.

Es war etwa 10:15 Uhr morgens, keine Uhrzeit zu der in den Bars viel – oder überhaupt etwas – los war. Soweit Johnny wusste, waren einige Besitzer schon früh in ihren Lokalen, besonders an oder direkt vor den Wochenenden, um alles für das kommende Spitzengeschäft vorzubereiten.

Er sah bisher noch niemanden, also beschloss er, einen Spaziergang zu machen. Er parkte ein paar Straßen weiter und schlenderte dann zurück zur Hauptstraße, wobei er darauf achtete, nicht so auszusehen, als würde er sich beeilen. Die *Beretta* in ihrem Schulterholster unter seiner Jacke fühlte sich gut und fest an. Er bezweifelte, dass er sie dieses Mal benutzen musste, da er sie beim *ersten Mal* schon verwendet hatte. Trotzdem wäre es dumm, die Waffe nicht dabei zu haben, auch wenn ihre Existenz bei jedem Auftauchen vermutet werden würde.

Magie & Marketing

Er spähte ein paar Mal durch die Fenster des Lokals, doch es gab weder Geräusche noch Licht oder Bewegung aus dem Gebäude. Wenn zufällig die Polizei, ein privater Sicherheitsdienst oder ein besorgter Bürger auftauchen würde, würde er einfach sagen, dass er auf Jobsuche sei und nach dem Besitzer der *Mermaid* Ausschau hielt.

Doch bisher hatte ihn noch niemand bemerkt. Von dem Typen war auch nichts zu sehen.

»Was ein fauler *Chingado*«, murmelte Johnny. »Wer arbeitet morgens nicht in seiner eigenen Bar?«

Er sollte lieber die Klappe halten, bevor er sich erlaubte, noch etwas Dummes zu sagen. Sie hatten wahrscheinlich ihre Sicherheitskameras ersetzt und es bestand die Möglichkeit, dass es im Rest des Lokals nun welche gab, die sowohl Audio als auch Video aufzeichneten.

Zugegeben, jetzt bestand kein großes Risiko. Das letzte Mal hatten die beiden ihn im Dunkeln nicht gut erkennen können und jetzt trug er eine riesige Sonnenbrille. Er hatte sein Auto in der Nacht, in der er sein erstes Angebot gemacht hatte, auf einem anderen Parkplatz geparkt, also gab es auch keine Möglichkeit, dass sie seinen Mustang mit diesem kleinen Ereignis in Verbindung bringen konnten.

Trotzdem, Risiko hin oder her, es störte ihn, umsonst hierher gefahren zu sein.

»Nun«, sagte er leise, als er zu seinem Fahrzeug zurückkehrte. »Ich hoffe, er weiß es zu schätzen, dass ich *versucht* habe, dies alles auf die höfliche Art und Weise zu tun und allem anderen aus dem Weg zu gehen. Aber er war ja leider nicht da.«

Er warf einen letzten Blick über seine Schulter auf die *Mermaid*. Für einen Ort, den er ursprünglich als zweitklassig eingestuft hatte, hatte der ihn eine Menge Ärger gekostet.

Das würde heute Abend enden.

★ ★ ★

Keras Handy klingelte um 11:00 Uhr. Sie sah die Uhrzeit, bevor sie den Namen auf dem Bildschirm erkannte und machte sich daher nicht die Mühe nachzuschauen, wer es war, als sie sich sofort im Bett aufsetzte und sich das Handy ans Ohr hielt.

»Hallo, *Mutter*«, sagte sie durch einen vom Schlaf klebrigen und gedämpften Mund.

»Hallo, Kera.« Selbst wenn man den Zeitunterschied berücksichtigt, klang die andere Frau widerlich energisch. »Wie geht's dir, Liebes? Ich hoffe, du stehst früher auf. Es ist nicht natürlich, dass ein Mensch erst nachmittags wach wird, egal wie sein Arbeitsplan aussieht.«

Kera rieb sich die Kruste aus dem Auge. »Nun, heute bin ich früher aufgestanden als sonst.«

»Oh, gut.« Ihre Mutter bemerkte die Ironie entweder nicht oder ignorierte sie. »Jedenfalls habe ich darauf gewartet, von dir etwas über die alte College-Flamme zu hören, die du erwähnt hast, aber ich habe keinen Mucks mehr gehört. Hat er dich wieder aufgesucht? Es ist doch schon eine Woche her, nicht wahr?«

Es war sehr typisch für ihre Mutter, dass sie sich den genauen Tag notiert hatte, dachte Kera. »Ja. Das heißt, ja, es war vor einer Woche. Er ist keine alte Flamme, er ist ein alter *Klassenkamerad*.«

»Er ist extra zu dir gekommen«, betonte ihre Mutter.

»Er kam einfach so in die Bar. Das ist nicht das Gleiche.«

»Kera, ich will dich nicht belästigen und ich bin sicher, dass du versuchst, so zu tun, als würde es dich nicht stören, aber du kannst mir nichts vormachen. Ich bin deine Mutter und ich kann die Niedergeschlagenheit in deiner Stimme hören ...«

»Mom ...« Kera senkte den Kopf in ihre freie Hand.

»... und ich wette, du machst diese Sache mit deiner Lippe«, beendete ihre Mutter.

»Was für ein Ding?« Kera hob den Kopf, ihre Finger tasteten um ihren Mund herum und versuchten herauszufinden, was ihre Lippen denn angeblich machten. »Was soll ich machen.«

»Mach dir keine Gedanken darüber, Liebes. Aber vielleicht ist es an der Zeit, darüber nachzudenken, irgendwo zu arbeiten, wo du mit größerer Wahrscheinlichkeit einen Mann von höherem Kaliber treffen wirst. Nach den betrunkenen Eskapaden anderer Leute aufzuräumen, ist ein schlechter Präzedenzfall dafür, was man sich noch später von ihnen gefallen lassen muss. Aus Männern, die Barmädchen anbaggern, wird meist sowieso nicht viel. Ich habe das bei Freunden von mir erlebt. Du bist doch viel zu klug für so etwas. Für so etwas bist du nicht geschaffen, Kera Lynn.«

Die jüngere MacDonagh hielt inne und war einen Moment lang erstaunt über die Fähigkeit ihrer Mutter, einen von Keras wahrgenommenen Hauptproblemen – das Fehlen einer ernsthaften Beziehung und das Fehlen eines ernsthaften Jobs – auf den anderen zu übertragen.

Das war bemerkenswert.

»Du weißt schon«, entgegnete Kera in einem gespielt angenehmen Ton, »dass ich meinen zweiten Vornamen hasse, oder? Im Gegensatz zu deiner mysteriösen Lippen-Sache bin ich mir sicher, dass ich das wirklich schon mal erwähnt habe.«

»Du kannst ihn hassen, so viel du willst«, sagte ihre Mutter unbeeindruckt. »Er steht auf deiner Geburtsurkunde und er ist ein Teil von dem, was du bist. Außerdem *sollte* ja jeder seinen zweiten Vornamen hassen.«

Kera stand auf und machte eine leichte Dehnübung, während sie sprach. »Dein zweiter Name ist Amber. Hasst du den auch? Also ich hätte mit Amber zurechtkommen können.«

»Nein, denn ich bin *nicht* jeder, ich bin etwas Besonderes.« Ihre Mutter lachte. »Sieh es ein, Liebes, ich bin älter und habe viel mehr Erfahrung im verbalen Austeilen als du. Du hast keine Chance gegen mich, das ist dir doch klar.«

»Seltsam«, kommentierte Kera. »Ich hätte nie gedacht, dass du mal zugeben würdest, dass du viel älter bist als ich.«

»Nicht *viel* älter«, erwiderte ihre Mutter gespielt verärgert, »obwohl ich darauf hinweisen möchte, dass ich einige meiner besten Jahre aufgegeben habe, um euch kleine Schreckschrauben über den Rasen des Landhauses zu jagen.«

»Ich dachte, du liebst diesen Rasen«, bemerkte Kera.

Ihre Mutter lachte wieder. »Ja, ästhetisch gesehen. Er war schön anzuschauen. Die Praxis war eine ganz andere Sache. Weißt du, wie viele Käfer sich in diesem Gras eingenistet haben? Es lässt mich erschaudern, wenn ich daran denke.«

Kera sah eine Möglichkeit, den verbalen Schlagabtausch zu beenden. »Dann bin ich froh, dass ich mich nicht mit dem Ärger eines Rasens herumschlagen muss. Mir geht's gut, wo ich bin.«

»Blödsinn«, erwiderte ihre Mutter. »Du lebst in einem Lagerhaus, Herzchen und ich bin sicher, dass du nicht vorhast, daraus eine langfristige Sache zu machen. Du wärst einfach nicht glücklich.«

Du meinst, du würdest nicht glücklich sein. Kera biss die Zähne zusammen. Meistens machte es Spaß, sich mit ihrer Mutter zu streiten, doch hin und wieder schaffte es die Frau, ihr unter die Haut zu gehen.

»Ich bin *im Moment* glücklich«, entgegnete Kera vorsichtig.

»Ja, vielleicht für den Moment«, warnte Misses MacDonagh, »aber wenn du jede Karriere und jede Lebenssituation haben könntest, die du dir nur vorstellen kannst, würdest du noch da sein, wo du jetzt bist? Wenn die Antwort nein ist, verkaufst du dich unter Wert, was bedeutet, dass *ich* recht habe.«

Kera beschloss, dass es zu früh war, sich mit dieser Scheiße zu beschäftigen. Sie rieb sich die Stirn. »Okay«, sagte sie mit einem Seufzer, »schön. Du hast gewonnen, Mom. Gut gemacht. Ich werde dich bald über all die Dinge informieren, die ich tun muss, um deiner Definition von Glück zu entsprechen.«

»Du weißt, dass ich das nicht so gesagt habe, Kera.« Die Frau wusste es besser, als es zu übertreiben, nach dem Tonfall, den Kera gerade benutzt hatte. »Du wirst Großes erreichen, Liebes, ich weiß es. Ich will dir nur helfen, dorthin zu kommen. Pass auf dich auf.«

»Ja. Super. Bye.« Sie beendete das Telefonat, legte das Handy auf den Nachttisch zurück und pustete frustriert Luft nach oben, wobei der Lufthauch eine zerzauste, schwarze Haarsträhne aus ihrem Gesicht blies.

Eltern, dachte sie mürrisch, während sie zur Dusche schlenderte. Es war nicht so, dass ihre Mutter eine *schlechte* Mutter war, aber nichts, was Kera tat oder sagte, schien irgendeinen Einfluss auf die Einbildung der Frau zu haben, dass sie und nur sie allein wusste, was Kera glücklich machen würde.

Vielleicht *wollte* Kera nicht alle richtigen Entscheidungen treffen. Vielleicht sah dieser richtige Weg wie eine riesige Falle aus und *vielleicht*, nur vielleicht, wollte sie auch nicht, dass ihre Mutter etwas sagt wie: »Jeder fühlt sich in deinem Alter so.«

»Hör auf zu versuchen, mich dazu zu bringen, mein Leben so zu leben, wie du es willst«, murmelte sie vor sich hin, während sie sich die Haare wuschelte. Doch ihre Mutter konnte sie natürlich nicht hören und selbst wenn sie es könnte, würde Keras Protest nichts an ihrer Einstellung ändern.

Nachdem sie eingesehen hatte, dass sie nicht wieder einschlafen würde, duschte sie schnell, zog sich an und aß einen halben Becher Erdnussbutter auf einer ebenso wahnsinnigen Menge Toast. Als das erledigt war, schaute sie in die Ecke und seufzte.

Sie sollte die Trainingsgeräte wirklich mal anbringen. Die Magie hatte ihr ein falsches Gefühl für ihre Stärke und Geschwindigkeit gegeben und auch wenn sie nicht vorhatte, sie wieder auf diese Weise zu benutzen, wollte sie wissen, dass sie sich aus einer gefährlichen Situation auch *ohne* Magie befreien konnte.

Außerdem, wenn ihre Mutter weiterhin so oft anrufen würde, müsste Kera regelmäßig auf einen Boxsack einschlagen, um sich wieder zu beruhigen.

Sie hätte vorhin nicht duschen sollen, denn jetzt würde sie sich wieder anstrengen und schwitzen. Kera zog ihr Arbeitshemd an und begann, Dinge herumzuschleppen, auf Stühle zu steigen und Ketten und Bankgelenke zu ölen und sich mehr als einmal die Finger einzuklemmen.

Sie war gut in allen Aufgaben, die mit Zee zu tun hatten, denn diese konnte sie auch im Schlaf erledigen. *Hier* ging es jedoch darum, große und schwere Dinge herumzuschleppen. Einige von ihnen waren so groß wie sie selbst. Als sie fertig war, konnte sie nicht einmal beurteilen, ob es gut aussah. Alles, was sie wollte, war noch eine Dusche. Sie huschte ins Badezimmer, duschte sich ab, zog sich neue Kleidung an und überlegte, ob sie versuchen sollte, vor der Arbeit noch eine Ladung Wäsche zu waschen.

Es klopfte an der Tür und sie runzelte die Stirn, bevor sie hinüberging, um hinauszusehen.

Bitte sei nicht Mom, bitte sei nicht Mom, bitte sei nicht Mom.

Zum Glück war es nicht so. »Sam«, sagte Kera, überrascht über seinen Besuch. »Was führt dich denn hierher?«

Es war gerade genug Zeit für einen Anflug von Sorge um Misses Kim vergangen, da hielt Sam eine quadratische Schachtel hoch, die in ein dickes Tuch eingewickelt war. »Ich habe dir etwas Suppe mitgebracht«, erklärte er. »Sie ist von meiner Mutter. Es geht ihr heute besser.«

Kera schloss ihre Augen, Erleichterung durchströmte sie. »Das freut mich zu hören ... und danke. Komm doch rein und stell die Suppe auf den Tisch.«

Sam tat wie befohlen und begann das Päckchen auszupacken. Kera sah mit wachsender Neugier zu und bemerkte, dass sich neben einer versiegelten Plastikschüssel mit Suppe noch eine weitere, weit größere Schachtel befand. Sam hob sie auf, drehte sich zu ihr und reichte sie ihr.

»Das ist auch von Mom. Sie sagte, du sollst es zurückgeben, wenn du bereit bist. Mach dir nicht die Mühe, es jetzt schon zu öffnen. Ich werde, ähm, sofort wieder gehen. Aber ich wünsche dir einen schönen Tag.«

»Sicher. Ich weiß das zu schätzen.« Kera nickte. »Richte deinen Eltern einen Gruß von mir aus.«

Er nickte ihr zum Abschied zu und ging, scheinbar in Eile, vielleicht weil ihm das Ganze peinlich war. Sie war sich nicht sicher, warum das so war und bei Teenager-Jungs konnte man ja sowieso nie wissen.

Die Suppe roch köstlich, aber bevor sie sie anrührte, untersuchte Kera den großen Karton. Es handelte sich eindeutig um einen wiederverwendeten, generischen Geschenkkarton ohne Beschriftung. Sie öffnete ein Ende und holte eine kleinere Schachtel heraus, die anscheinend zu dem Produkt gehörte.

»Was zum Teufel?«, hauchte sie und starrte auf die weiche, formlose Masse aus schimmerndem Gold.

Es war eine blonde Perücke – eine außerordentlich schöne und hochwertige, die unmöglich billig gewesen sein konnte. Von morbider Neugierde gepackt, untersuchte Kera die Schachtel auf ein Preisschild.

»Heilige Scheiße«, stotterte sie. »2.750 Dollar. Sie leihen mir etwas, das halb so viel kostet wie ein verdammtes Auto.«

Einen Moment lang fühlte sie sich schuldig und erwog, die Perücke höflich abzulehnen und sie mit einem ›Oh nein, ich könnte niemals ...‹ zurückzugeben. Aber sie wusste, dass die Kims ihr vertrauten und einen Gefallen erwidern wollten. Sie würde ihr Angebot gnädig annehmen und alles in ihrer Macht Stehende tun, um sie ihnen unversehrt zurückzugeben.

Immerhin würde sie die Perücke nur so lange nutzen, bis sie herausgefunden hatte, wie sie ihre Haare magisch verändern konnte.

Und erst als sie sie in den Händen hielt, wurde ihr klar, wie sehr sie wieder wie ihr ursprüngliches Selbst aussehen wollte. Kera nahm die Perücke mit ins Bad und zog die Masse aus Gold auf ihren Kopf, dabei kamen ihr fast die Tränen. Der Rausch des Vergnügens war in seiner Intensität überraschend.

»Ich habe meine Haare wirklich, wirklich versaut, aber jetzt ist alles wie vorher«, gab sie beim Anblick ihres Spiegelbilds zu. »Gut. Angebot angenommen, Misses Kim.«

In der großen Schachtel lagen noch die zwei Hälften eines Schaumstoff-Kopfs, welche sie zusammendrückte, um anschließend die Perücke daraufzusetzen. Dann stellte sie die Montur vorsichtig oben auf ihren Kleiderschrank. Sie würde sie nicht unter ihrem Helm tragen können, aber sie konnte sie in ihrem Rucksack zur Arbeit mitnehmen.

Sie fand ihr Handy und suchte die Nummer des Lebensmittelladens der Kims und tippte sie dann ein. Mister Kim antwortete.

»Hi«, begrüßte sie ihn. »Ich bin's, Kera.«

»Hallo, Kera! Sam war gerade da, ja?«

»Ja. Ich *liebe* die Perücke. Ich meine, ich liebe auch die Suppe, aber das wussten Sie ja schon. Aber die Perücke? Ich *liebe* sie absolut. Ich danke Ihnen so so sehr. Von ganzem Herzen!«

»Wunderbar, das freut mich«, erwiderte Mister Kim. »Ye-Jin hat darauf bestanden. Sie sagte, dass es für eine Frau wichtig ist, das Bild zu präsentieren, das sie präsentieren möchte. Ich vertraue ihrer Meinung bei solchen Dingen.«

Kera lachte. »Das war sehr lieb von ihr und sie hat recht. Ich würde mich gerne persönlich bei ihr bedanken. Kann ich morgen eventuell vorbeikommen?«

»Ja, ja, natürlich. Sie würde sich freuen, dich zu sehen.« Mister Kim war immer freundlich, fast übertrieben freundlich, aber Kera vermutete, dass das hier jetzt bedeutete, dass ihre ›Reiki‹-Behandlung bisher ein Erfolg gewesen war. Sie wollte vor Glück weinen, hielt sich aber zurück.

»Also, vielen lieben Dank noch mal«, sagte sie zu Mister Kim. »Ich sehe Sie später. Oh und hören Sie auf, mich zu füttern. Das Ganze macht mich noch fett!«

Der alte Herr lachte über diese Aussage. »Keine Chance. Du wirst so lange gut essen, bis ich sage, dass du aufhören sollst!«

Sie hörte das Klingeln der Ladentür im Hintergrund und Mister Kim entschuldigte sich. Kera verabschiedete sich und legte auf. Sie lehnte sich seufzend auf ihrem Bett zurück.

Warte nur ab, Mom, dachte sie sich. *Eines Tages werde ich dich umhauen, wenn ich dir erzähle, wie cool mein Leben wirklich ist.*

Der Gedanke brachte sie zum Glucksen.

Wenigstens hatte sie an den Wochenenden etwas zu tun, wenn sie nicht auf der Arbeit war. Wo wir gerade dabei sind ...

Sie machte sich in aller Eile fertig, da sie wieder früh dran sein wollte. Zum Schluss zog sie ihre Lederkleidung an und stopfte ihr Arbeitsoutfit in ihren Rucksack, einschließlich der Perücke, die sie in Stoff und Plastik einwickelte, um sicherzustellen, dass sie nicht nass oder beschädigt werden würde.

»Wenn mir jemand einen Drink ins Gesicht kippt, während ich das Ding trage«, murmelte sie, während sie rittlings auf Zee kletterte, »ist er tot.«

KAPITEL 29

Christian staunte nicht schlecht, als Jennifer, die Barkeeperin, über den neuesten von Teds Witzen lachte. Unglaublich, es kam ihm vor, als wäre Ted kurz vor einem *Homerun*. Er hatte es einfach drauf auf diesem Gebiet. Das war gut, denn Chris gab unter den besten Umständen keinen guten Wingman ab.

Und mit Teds betrunkenen Witzen konnte er sowieso nichts anfangen.

»Also«, fuhr Ted langsam fort und lehnte sich mit einem selbstgefälligen Lächeln über die Bar. »Ich habe die nächsten paar Tage frei. Was hältst du davon, wenn wir uns ein paar Drinks genehmigen? Irgendwo, wo es ein bisschen ... *ruhiger* ist als hier.«

Sie kicherte darüber, schüttelte aber den Kopf. »Tut mir leid«, entgegnete sie. »Du bist charmant, aber ich bin schon in einer Beziehung.«

»Hm?«, fragte Ted. Er schien nicht zu wissen, was er damit anfangen sollte und sah Chris verzweifelt an.

Chris konnte nur mit den Schultern zucken.

»Ich will das schließlich nicht wegen einem Bar-Flirt aufgeben«, erklärte Jennifer, erbarmte sich der beiden und beendete das Gespräch von sich aus. Sie schenkte Ted etwas, das wie ein echtes Lächeln aussah. »Nichts für ungut!« Damit machte sie sich auf den Weg, um sich um einen anderen Kunden zu kümmern, der nach ihr rief.

Ted starrte ihr geschlagen hinterher.

»Na, na.« Chris klopfte ihm auf die Schulter und versuchte, das Lachen zu unterdrücken. »Das passiert den Besten von uns.«

»*Mir* passiert so etwas eigentlich nicht«, sagte Ted ausdruckslos.

»Dann habe ich gerade eben eine Premiere miterlebt, wie?« Chris konnte sich ein Lachen nicht verkneifen und er schnaubte, als Ted ihm einen steinernen Blick zuwarf. »Ach, komm schon. Gute Erfahrung und du kannst daraus lernen, oder etwa nicht?«

»Ich werde vielleicht nie wieder lieben«, brummte Ted missmutig.

»Ich sage voraus, dass diese Einstellung bis ... morgen Mittag andauern wird.« Chris grinste und leerte sein Bier, wobei er sich fast verschluckte. Eine vertraute Gestalt war nämlich am anderen Ende der Bar aufgetaucht, was seinen Puls in die Höhe schnellen ließ.

»Hey, ihr beiden!«, grüßte Kera, als sie näherkam. »Tut mir leid, ich habe euch vorhin nicht reinkommen sehen. Es ist eine verdammt anstrengende Nacht. Schön, dass ihr wieder da seid.«

Chris nickte und versuchte sich daran zu erinnern, wie das Sprechen funktionierte. »Es ist toll, hier zu sein!«, sagte er und verfluchte sich innerlich dafür, dass er klang, als würde er eine Auszeichnung entgegennehmen. »Äh, hast du etwas mit deinen Haaren gemacht?«

Es kam ihm in den Sinn, dass er das vielleicht nicht hätte fragen sollen. Frauen reagierten manchmal empfindlich auf alles, was auch nur im Entferntesten als Kritik an ihrem Aussehen ausgelegt werden könnte. Keras Haar sah allerdings aus, als könnte es einen anderen Blondton haben und auch die Länge und ihre Frisur hatten sich verändert.

»Oh«, erwiderte sie und zu seiner Überraschung wich sie einen Moment seinem Blick aus. »Ah, anderer Conditioner. Mehr, äh, Fülle. Glänzender. Das meinst du, ja?«

Chris nickte einfach und sie nahm sein leeres Glas und brachte es zum entsprechenden Zapfhahn.

»Na ja, wie auch immer«, fügte sie hinzu, während sie das Glas füllte, »ich bin froh, dass ich euch gesehen habe, bevor ihr komplett besoffen seid.«

»Hey, also ...« Chris zeigte auf seinen Freund. »Wenn jemand besoffen ist, dann *er*.«

»Hm?« Ted schaute zurück, da er Keras Erscheinen verpasst hatte, während er Jennifer hinterher gestarrt hatte. »Oh. Hi. Seit wann bist du denn ... Hi.«

Kera folgte seinem Blick. »Oh, Jennifer also? Keine Sorge, Mann, du bist in guter Gesellschaft. Sie bricht regelmäßig Herzen.« Sie tippte auf die Theke. »Eine Portion Pommes auf Kosten des Hauses, um den Schmerz zu lindern?«

★ ★ ★

Ted grummelte gutmütig und Kera lächelte. Sie konnte erkennen, dass er wie viele andere Männer zwar auch frustriert war, dass er einen Fehlschlag erlitten hatte, aber im Gegensatz zu den meisten nicht versuchen würde, Jennifer umzustimmen. Hinter all seinem übertriebenen Getue war Ted ein guter Kerl.

Sie war froh, dass das Lokal heute besonders gut besucht war und sie von Tisch zu Tisch rennen musste, um sich in Bewegung zu halten, was wiederum bedeutete, dass sie nicht neben Chris verweilen und sich möglicherweise lächerlich machen würde. Sie unterstützte Jennifer, als sich an der Bar ein Rückstau bildete und brachte auch die Bestellungen aus der Küche zu den Gästen in den Nischen und an den Tischen hinaus.

Einmal schaute sie Chris an, aber er erwischte sie dabei, wie sie ihn ansah und sie kam sich wie eine Idiotin vor – erst recht, als sie den Gast, den sie bediente, bitten musste, seine Bestellung zu wiederholen.

Wie peinlich und wie unprofessionell, dachte sie ärgerlich. *Das kannst du besser!*

Neben ihren anderen Aufgaben behielt sie auch ein Auge auf neue Kunden, die durch die Eingangstür hereinströmten. Gegen Mitternacht schob sich eine schlanke, dunkelhäutige Gestalt unauffällig durch die Tür, die ihr bekannt vorkam. Kera, die gerade eine Bestellung von Zwiebelringen auf einen der Tische abgestellt hatte, richtete sich vorsichtig auf. Ihre Augen folgten der Person über die Bar zu einem Ecktisch und sie sah schnell weg, als sein Blick zu ihr wanderte.

Er war es. Sie würde das vor Gericht vielleicht nicht beweisen können, aber sie wusste aus dem Bauch heraus, dass dieser Mann dasselbe Arschloch war, das sie angebaggert und auf Zee geschossen hatte, nachdem sie Nein gesagt hatte. Dasselbe Arschloch, das Cevin bedroht hatte. Ihre Gewissheit wuchs, als sie hörte, wie er bei Stephanie einen Drink bestellte. Die Stimme, die Art, wie er sich bewegte – *es war derselbe Typ.*

Und wenn er zurück war, würde er versuchen, eine oder sogar beide seiner unerledigten Angelegenheiten zu klären. Strategien schossen ihr durch den Kopf. Sie könnte ihn in die Gasse locken, sie könnte ihm auf der Herrentoilette eine Falle stellen ...

Kera holte tief Luft und sagte sich fest, dass sie nichts Unüberlegtes tun würde. Sie hatte sich in der Nacht damals in etwas hineingesteigert und war zu einem dummen Fehler verleitet worden und sie *wusste*, dass dieser Mann gefährlich war. Ein Mann mit diesem Temperament und dieser Einstellung war *immer* gefährlich und dieser hier hatte eine Waffe.

Und möglicherweise eine Gang.

Die Nacht schritt voran und von ihm kam nichts, also sagte sie sich, dass sie auf seine Anwesenheit in der Bar überreagiert hatte. Vielleicht hatte er seine Lektion ja gelernt. Vielleicht würde er doch nichts Gewalttätiges tun.

Aber sicher war sie sich nicht.

Ein Teil von ihr wusste, dass etwas passieren könnte und sie fühlte sich gefangen. Wie sollte sie es mit diesem Kerl aufnehmen, ohne dass andere Leute ins Kreuzfeuer gerieten?

Sie hatte etwas Gutes für Misses Kim getan. Ihre Kräfte *konnten* Gutes bewirken, aber nicht, wenn sie sich von so einem Typen umbringen ließ.

Kera kam wieder zu sich und hörte Ted lachen. Sie lächelte, stellte ihr Tablett an einem nahen Tisch ab und blickte unauffällig zu ihm hinüber, als er sagte: »Ich wurde bereits von der Brünetten abgeschossen. Jetzt bist *du* dran, jemanden um ein Date zu bitten. Komm schon, Chris. Sei ein *Mann*.«

Keras Augenbraue schoss nach oben, während sie die Gläser auf dem Tisch einsammelte. Sie traute sich nicht, direkt zu den beiden Jungs zu schauen.

Aus dem Augenwinkel sah sie Christian zappeln. »Ja, du hast ja recht.«

»Ja, genau.« Ted wackelte betrunken mit den Fingern, er versuchte anscheinend eine Geste zu machen, doch vergaß auf halbem Weg, was er eigentlich vorhatte. »Du bist jetzt dran, immer im Tausch, wie sollen wir es denn sonst entscheiden?«

Er war zu betrunken, um zu erkennen, dass er einen Fehler gemacht hatte. Kera wusste genau, was Chris als Nächstes tun würde.

»Zufallszahl«, behauptete Chris und hielt einen Finger hoch. Seine Stimme klang triumphierend. »Lass einen Zufallsgenerator laufen und lass den Zufall oder die Chaostheorie oder was auch immer entscheiden, wer von uns als Nächster dran ist.«

Bevor sie richtig nachgedacht hatte, wandte sich Kera ihnen zu. »Hey, kann auch jemand dabei mitmachen?«

Beide sahen sie an und blinzelten.

Scheiße, Scheiße, Scheiße, sagte sie sich. *Wie dämlich war das denn?*

»Mitmachen wobei?«, fragte Ted behutsam.

Es gab jetzt keinen Ausweg mehr. Ihr Herz schlug unregelmäßig. Sie war sich ziemlich sicher, dass das ein Zeichen für ein ernstes Gesundheitsproblem war, aber sie sah keinen anmutigen Weg, einen Krankenwagen zu rufen. Kera trocknete ihre Hände an ihrem Handtuch und räusperte sich. »Äh, ich bestimme, wer der Nächste sein muss, der jemanden um ein Date bittet.«

Die beiden sahen sich gegenseitig an.

»Äh, klar, warum nicht?«, sagte Ted.

Neben ihm setzte Christian einen Gesichtsausdruck auf, der einem Fisch ähnelte.

Um es lustiger zu machen und den Fokus etwas von ihr zu nehmen, schaute Kera über ihre Schulter und rief ihrer Arbeitspartnerin zu: »Hey, Jenn! Komm mal hier rüber. Denk dir eine Zahl zwischen eins und neunundneunzig aus. Verrate uns nur nicht, wie sie lautet.«

Jennifer kam rüber und runzelte die Stirn. »Gibt es eine Wette?«

»Irgendwie schon.« Kera versuchte, ihre Nervosität mit einem Lächeln zu überspielen. »Wir wollen erst sehen, wer die Nummer wählt, die deiner am nächsten kommt, dann sag ich dir, worum es geht. Fangen wir mit diesem Gentleman an.« Sie zeigte auf Ted. »Zahl?«

Er räusperte sich. »Neunundvierzig.«

Als Nächstes gestikulierte sie zu Chris.

»Ich gehe mit fünfzig«, sagte er vorsichtig.

Kera schüttelte in leichter Enttäuschung den Kopf und verschränkte die Arme. »Ihr zwei geht auf Nummer Sicher, wie ich sehe.«

»Nun«, begann Ted und sah Chris gespielt wütend an. »Er geht auf Nummer Sicher. Er hätte anfangen sollen. Na gut, jetzt du, Kera.«

Kera lächelte. Im Gegensatz zu den anderen beiden musste *sie* nicht auf Nummer Sicher gehen, denn sie kannte Jennifer. Sie zog eine Serviette heran und schrieb eine Zahl auf, bevor sie sie zusammenfaltete und geheimnistuerisch einen Finger darauf legte. Dann wandte sie sich an ihre Kollegin. »Okay, Jenn, was ist deine Wahl?«

Die Brünette grinste. »Neunundsechzig.« Sie streckte die Zunge heraus. »Musste dein Spiel ein bisschen *aufpeppen*, oder?«

»Also, was war deine Zahl jetzt?«, fragte Ted Kera und gestikulierte auf das Papier.

Kera schob es zu Chris hinüber. »Mach es auf.«

Chris tat dies und stöhnte. »*Neunundsechzig.*«

Kera grinste. »Ich habe vermutet, dass ihr beide auf Nummer Sicher gehen wollt. Ich kenne Jenn, die immer an etwas Versautes denkt.«

»Das habe ich *gehört*«, entgegnete Jennifer, während sie sich mit einem Tablett in der Hand wieder an die Arbeit machte.

»Ist doch so«, erwiderte Kera und zwinkerte ihr zu. Sie wandte sich wieder an die beiden Männer. »Wie auch immer, da ihr beide die Bedingungen akzeptiert habt, gewinne ich. Ich darf mir aussuchen, wer als Nächstes jemanden um ein Date bitten muss. Ich wähle ...«

Beide Männer hatten unbezahlbare Ausdrücke in ihren Gesichtern, als Kera ihre Wahl verkündete: »Mich selbst!«

Sie sagte es schnell, bevor sie kneifen konnte.

Beide Männer sahen aus, als würden ihre Gehirne neu starten, wodurch Kera sich ein wenig besser fühlte. Sie war sich ziemlich sicher, dass ihr Magen gerade versucht hatte, einen kompletten Salto zu machen, so nervös war sie.

»Also, ähm... «, begann sie zögernd. »Möchtest du mit mir auf ein Date gehen, Chris?«

Sie hatte gerade genug Zeit, um zu denken, dass sie die Situation schrecklich falsch eingeschätzt hatte, als Chris schluckte und dann stotternd antwortete:

»Ähm, j-ja?« Er schüttelte den Kopf. »Moment, nein, das klang wie eine Frage. Definitiv ein *Ja*! Aber ich zahle, okay?«

Sie schenkte ihm ein Lächeln, das als zynisches Blinzeln getarnt war. »*Ich* bin diejenige, die *dich* um ein Date gebeten hat«, bemerkte sie.

»Okay, wie wäre es dann mit *fifty-fifty*?«

Kera grinste. »Perfekt! Gib mir die Hand drauf.« Sie streckte ihre Hand aus.

Chris schüttelte sie und besiegelte so den Deal, während Ted mit offenem Mund zusah.

Bevor er überhaupt etwas zu dem, was sich gerade vor seinen Augen abspielte, sagen konnte, winkte Jenn Kera zu sich. »Tut mir leid, Leute, die Pflicht ruft«, entschuldigte Kera sich. Sie schenkte Chris ein Lächeln und glitt davon, im Stillen über ihre Aktion jubelnd.

Hoffentlich bedeutete das, dass sie für heute all ihre Nervosität aufgebraucht hatte und nicht irgendetwas Dummes anstellen würde, wenn es um das Arschloch in der Ecke ging.

Es fühlte sich nur wie ein paar Minuten an, bis sie sah, dass es schon fast zwei Uhr nachts war. Sie richtete sich vom Abräumen eines Tisches auf. »Letzte Bestellungen!«

Wenigstens war ihre Stimme fest. So selbstbewusst würde sie nachher auftreten.

★ ★ ★

An der Bar waren Chris und Ted in Schweigen versunken.

Schließlich stupste Ted Chris mit dem Ellbogen an. »Du hast es geschafft.«

»Mhm.« Chris sah ihn an und versuchte zu überlegen, ob er Ted daran erinnern sollte, dass er selbst es ja gar nicht gewesen war, der gefragt hatte.

»Nichts für ungut«, sagte Ted, »aber ...«

»Sie ist eine Nummer zu groß für mich?«

»Das nicht. Nein, ich, äh ... ich dachte nicht, dass du es durchziehen würdest.« Ted hob sein Glas, um den letzten Rest seines Bieres zu trinken. »Ich muss noch abwarten, ob du mich nachher noch brauchen wirst. Nun, ich werde es bald wissen.«

»Was soll *das denn* bedeuten?«

»Du wirst sehen«, meinte Ted. »Nichts Schlimmes, mach dir keine Sorgen.«

Es dauerte nur ein paar Minuten, bis Kera wieder an ihrem Tisch vorbeikam, gerade als Chris das Geld für ihre Rechnung hinlegte.

»Ich, äh, ich komme dann nächste Woche wieder, um ein Datum und eine Uhrzeit zu vereinbaren?«, fragte er Kera schüchtern.

»Sicher.« Sie zögerte. »Ich arbeite übrigens nur von Montag bis Freitag.«

»Oh. Gut, dass du mir Bescheid sagst. Äh, wir könnten ja sicher ... in Kontakt bleiben?« Chris tastete seine Jackentasche ab, suchte nach einem Stift und einem Stück Papier, doch im selben Moment fuchtelte Ted mit einer Visitenkarte vor seinem Gesicht herum, auf deren Rückseite seine Handynummer stand.

»Ich dachte, du würdest dich nicht erinnern, dass wir alle sowas haben«, grinste Ted. Er klang zutiefst erfreut. »Hey, sieh dir das an! Ich *war* nützlich.« Er reichte die Karte an Kera weiter.

Kera sah aus, als würde sie versuchen, nicht zu lachen.

»Danke, dass du mich auffliegen lässt, Mann«, brummte Chris. »Jetzt habe ich mich blamiert.«

»Mmm.« Kera lächelte ihn an. »Das ist cool, dass ihr alle diese praktischen Kärtchen habt, aber Chris?«

»Ja?« Sein Magen krampfte sich zusammen. Hatte er etwas falsch gemacht?

Keras Lippen verzogen sich zu einem subtilen, schelmischen Lächeln. »Erinnerst du dich nicht, dass ich deine Handynummer aus College-Zeiten habe?«

Ted warf die Arme hoch, stotterte ungläubig und gab seinem Freund einen Klaps auf den Arm. »Sie *hat schon* deine Nummer?«

Kera nickte. »Genau. Er müsste auch meine haben. Wir sehen uns bald wieder, Christian.«

»Bis dann!«

Chris konnte sich ein Grinsen nicht verkneifen, als er Ted kurze Zeit später aus der Bar half. Sein Freund war dieses Mal zurückhaltender gewesen, aber er war immer noch bei weitem nicht nüchtern. Gerade nüchtern genug, um zu warten, bis sich die Tür hinter ihnen geschlossen hatte, um ihm wieder auf den Arm zu schlagen. »Du hättest sie *die ganze Zeit über* schon anrufen können!«

Chris grinste und hielt Ted seine Hand hin, um ihn davon abzuhalten, zu stolpern. Er fühlte sich, als würde er auf Wolken gehen. Er konnte sich des Eindrucks nicht erwehren, dass es auf diese Art und Weise besser gelaufen war als auf irgendeine andere Art. Hätte er ihr zum Beispiel einfach wahllos eine SMS geschrieben, hätte sie sicher nicht gut reagiert.

»*Du* warst aber der wichtigste Teil bei der ganzen Sache, Ted«, gab er zu. »Ich hätte sie niemals gegrüßt, wenn du nicht gewesen wärst.«

Ted hielt inne, um diese Worte zu verarbeiten, dann nickte er langsam. »Das weiß ich«, sagte er mit einem selbstgefälligen Lächeln. »Ich wollte mich nur noch mal vergewissern, dass du es weißt.«

»Uh-huh. Wie auch immer. Bringen wir dich nach Hause, Kumpel.«

★ ★ ★

In der Bar war Jenn endlich mit dem Abräumen fertig, während Kera die Oberflächen abwischte und dann die Stühle auf die Tische stellte. Stephanie war bereits vor einer Stunde gegangen.

Nur eine Person saß noch in einer Ecke – und leider machte seine Anwesenheit Keras Hoffnungen zunichte, heute Abend doch aus Ärger rauszubleiben. Sie achtete darauf, immer in Bewegung zu bleiben, während sie ihre Optionen durchging. Zu allem Überfluss ärgerte sie sich darüber, dass sie sich *darauf* konzentrierte, während sie eigentlich überglücklich darüber sein sollte, dass sie endlich den Mut gehabt hatte, Chris um ein Date zu bitten.

Ruf einfach die Polizei, sagte sie sich, während sie ein paar imaginäre Staubflecken von einem Tisch fegte.

Aber die würden sowieso nicht helfen können. Die Polizei war schon die ganze Woche dem, was in Little Tokyo vor sich ging, unterlegen gewesen. Wenn der Kerl nicht sowieso schon längst weg war, wenn sie hier ankommen würden, würden sie bei einem Kampf auf der Verliererseite stehen.

Sie hatte die Konfrontation bisher hinausgezögert. *Du hast eine gewisse Macht*, sagte sie sich, *und einmal nicht gegen diesen Kerl zu gewinnen, bedeutet nicht, dass du dich für immer vor weiteren Konfrontationen drücken kannst.*

Wenn sie beim letzten Mal von ihm in eine Falle gelockt worden war, nun, dann würde *sie* eben *diesmal* diejenige sein, die die Falle stellte. Sie wusste, was der Typ wollte und sie wusste, wie er vorging. Sie wusste, was sie zu tun hatte und sie wusste, dass sie alle anderen von hier wegbringen musste, damit sie es tun konnte.

Kera ging noch einmal in die hinteren Räume und stieß mit Cevin zusammen, der gerade aus seinem Büro kam, um seinen verbliebenen Mitarbeitern unter die Arme zu greifen.

Ihr Chef bemerkte sie gar nicht, seine knallharten Augen waren an ihr vorbeigeschossen und fixierten die dunkle Gestalt, die in der Ecke lümmelte. »Dieser Kerl da«, knurrte Cevin unter seinem Atem, »geht besser bald. Es ist Feierabend. Wir müssen vielleicht die Bullen rufen.« Erkannt hatte er ihn offenbar nicht.

Mist. Kera hatte gehofft, sie könnte das jetzt tun, ohne dass Cevin davon erfahren würde. Sie holte tief Luft. »Es tut mir leid, Cevin.« Sie legte ihm eine Hand auf den Arm, um ihn zurück in sein Büro und aus dem Blickfeld des Mannes in der Kabine zu drängen.

»Wofür?«, fragte er verwirrt.

»Nichts, woran du dich erinnern wirst.« Sie begegnete seinem Blick kurz, bevor sie eine Beschwörungsformel murmelte und ihre Finger in einer seltsamen Geste verdrehte.

Für einen Moment wurde das Licht um sie herum gedimmt und jegliche Geräusche gedämpft, dann war es auch schon wieder vorbei. Cevin stand einfach da und blinzelte ins Leere, bis Kera ihn am Arm zurück in sein Büro führte und ihn auf seinen Stuhl setzte.

»Ich bin gleich wieder da«, sagte sie ihm. »Fang einfach an, die Computer herunterzufahren und hol deine Sachen, okay?«

Er schluckte. »Äh, klar, gleich ist ja Feierabend.« Ihm schien gar nicht wirklich bewusst zu sein, dass sie anwesend war.

Kera drehte sich um und verließ das Büro. Sie rieb sich die Stirn und vermerkte sich mental die Notiz, noch einmal nach ihm zu sehen, bevor sie ihn gehen ließ. Sie hoffte, dass er sich wenigstens daran erinnern konnte, welcher Tag heute war.

Und wo er wohnte. Es war das erste Mal, dass sie diesen Zauber auf ihn angewendet hatte und sie hätte es nicht getan, wenn er nicht sicher für ihn gewesen wäre. Nun ja, sicherer jedenfalls, als wenn er versuchte, sich in das einzumischen, was sie vorhatte zu tun, aber sie würde ja später nachsehen und sicherstellen, dass es ihm gut ging.

Als sie wieder in den Barbereich zurückkehrte, war der letzte Tisch auf einmal leer und die schlanke Gestalt ihres mysteriösen Gastes verschwand gerade durch die Vordertür. Kera wusste, wo er in Kürze sein würde. Sie musste in Position gehen, bevor er es tat.

Sie schaute sich um. Jennifer hatte noch gut zehn Minuten Arbeit vor sich. All das gleich würde schneller gehen, wenn sie Hilfe hätte, doch ...

»Hey, Jenn«, rief Kera. »Es tut mir wirklich leid, aber meine Mutter ruft mich die ganze Zeit über an und ich muss jetzt unbedingt rangehen. Es ist anscheinend sehr wichtig. Ich bin in fünfzehn Minuten zurück. Schau bitte einmal nach Cevin, er sah gerade gar nicht gut aus.«

Ihre Arbeitskollegin nickte besorgt. Sie wollte die Bar vielleicht nicht allein schließen, aber sie würde auch nicht darauf bestehen, dass Kera inmitten eines familiären Notfalls noch arbeitete.

Mit einem etwas schlechten Gewissen ging Kera zu den Spinden und zog sich zügig ihre Lederkleidung an. Dann riss sie ihre blonde Perücke ab, sodass ihr kürzeres, schwarzes Haar darunter hervorkam und legte die Perücke zurück in den Spind. Schließlich setzte sie ihren schwarzen Helm auf.

Es gab noch eine Sache zu erledigen. Um eine enge Ecke zwischen dem Büro und dem Flur, der zum Hintereingang führte, befand sich der Computer für die Sicherheitseinrichtung, einschließlich der Kameras. Kera brauchte nur eine Sekunde, um den Knopf zu finden, der das ganze System bis auf Weiteres auf Pause setzte.

»Gut. Los geht's.« Sie schlüpfte durch die Hintertür der Bar in die Dunkelheit.

KAPITEL 30

Johnny Torrez kaute auf seiner Unterlippe, während er die Gasse hinunter spähte. Cevin hatte offenbar doch zwei Gehirnzellen, die er aneinander reiben konnte. Er hatte extra Lampen gekauft, um die Gasse zu beleuchten, was bedeutete, dass es für Johnny keinen ausreichend dunklen Platz mehr gab, um seinen Mustang auf dem Grundstück der *Mermaid* zu parken.

Eines der anderen Geschäfte hatte jedoch einen hinteren Parkplatz mit einer schön schattigen Ecke, in der Bäume und ein Müllcontainer die Sicht auf sein Auto versperrten, selbst wenn jemand von dem Hinterhof der *Mermaid* auf die andere Seite der Gasse schauen würde.

Perfekt.

Er vergewisserte sich, dass die Beretta sicher in ihrem Schulterholster steckte und dass seine dunkle Brille und sein Hut aufgesetzt waren, um seine Identität zu verschleiern. Er dachte darüber nach, sich eine Zigarette anzuzünden, nur für den Fall, dass die beiden zu dumm waren, sich zu erinnern, wer er war.

Johnny wollte aber nicht die Hände voll haben.

Er kletterte aus dem Mustang, nahm sich eine Sekunde Zeit, um ihn wieder einmal zu bewundern und schloss die Türen ab, bevor er sich zur *Mermaid* wandte.

Michael Anderle

Es war nicht schwer, sich an dem Müllcontainer vorbeizuquetschen, obwohl er den Gestank verabscheute.

Er war noch nicht ganz auf dem Hinterhof angekommen, als eine tiefe Stimme ihn erstarren ließ.

»Du hättest nicht zurückkommen sollen.« Die Stimme klang rau. Zuerst dachte er, es sei eine Frau, die da spricht, dann wiederum dachte er, dass es genauso gut ein Mann sein könnte.

Aus irgendeinem Grund wirkte diese Stimme dadurch bedrohlicher als jede Frau oder jeder Mann, dem er je begegnet war. Er erstarrte an Ort und Stelle, sein Geist schaltete auf volle Wachsamkeit und sah sich um. Doch niemand war zu sehen.

Er sagte sich, dass er nicht dumm sein sollte. Er kannte diese Tricks, denn er *benutzte* diese Tricks selbst. »Verarsch' mich nicht, wer immer du bist. Ich bin nicht der Kerl, du bist nicht die richtige Person und jetzt ist nicht die Zeit für solche Spielchen. Du solltest dich an einen sicheren Ort bringen, mein Freund.« Seine Stimme hatte einen kalten, giftigen Klang angenommen und jeder, der kein kompletter Schwachkopf war, hätte die tödliche Drohung in ihr erkennen können.

»*Das*«, sagte die Stimme, die jetzt aus einer anderen Richtung zu kommen schien, »ist der springende Punkt, nur hast du ihn nicht verstanden. Du bist derjenige, der gehen sollte. Du befindest dich auf dem Gebiet der *LA Witches* und wir mögen es nicht, wenn andere Wichser sich auf unserem Territorium rumtreiben und Ärger machen.«

Johnny schnaubte. Die Heimlichkeit, die sein Herausforderer bisher an den Tag gelegt hatte, war leicht beunruhigend, aber bei Johnny reichten schwachsinnige

Drohungen nicht aus, um ihn aus der Fassung zu bringen. Außerdem war er sich jetzt ziemlich sicher, dass die Quelle der Stimme weiblich war.

Damit konnte er sicher umgehen.

Er zog seine Pistole und suchte grinsend die Schatten ab. »Territorien können den Besitzer wechseln. Vielleicht bist du noch zu neu hier, um das zu wissen, aber glaub mir, du wirst es gleich lernen. Das hier wird gleich nicht mehr dein verdammtes Revier sein, also verschwinde von hier.«

Er begann, langsame, bedächtige Schritte zu machen, immer noch die Schatten um ihn herum nach einer menschlichen Silhouette absuchend. Da war nichts. Er entsicherte seine Waffe und ließ das unverwechselbare metallische Geräusch einer Patrone, die in den Lauf geschoben wurde, über den Bürgersteig hallen.

Nichts bewegte sich und keine Geräusche deuteten darauf hin, dass sein versteckter Gegner eine eigene Schusswaffe besaß. Es sei denn, dieser versteckte sich wie ein Scharfschütze auf einem Dach und hatte ihn längst im Ziel seiner ...

Doch warum sollte dann die Stimme von hier unten kommen?

Ein Trick des Klangs vielleicht, aber Leute, die sich solch kleine Tricks ausdachten, hatten die Angewohnheit, zusammenzubrechen, wenn es darauf ankam. Sie konnten nicht mit einem Eins-gegen-Eins-Kampf umgehen.

Er hatte keine Angst vor diesen Personen.

Warum sollte er auch.

Die Stimme sprach wieder. »Solche Spielzeuge sind für Kinder, *nicht* für Hexen.«

»Was?« Johnny stieß verärgert den Atem aus. »Das macht doch gar keinen Sinn. Ich erzähle dir jetzt etwas über dich, weil ich diese Woche viel über solche Idioten wie dich gelernt habe. Du bist verdammt schwach. Du hast dir zu viele dieser Roboter-Magier-Cartoons auf YouTube reingezogen und so lange Gras geraucht, bis du dich für unbesiegbar gehalten hast, aber gleich wirst du deine Lektion lernen.«

Licht durchflutete auf einmal die Gasse – das charakteristische, blau getönte Licht der Spezialscheinwerfer seines Mustangs. Johnny beobachtete, wie es heller wurde – anfangs war nur ein Scheinwerfer an gewesen, jetzt waren es beide – dann wurde es wieder dunkler, ging zurück auf einen und dann wieder ganz aus.

Er hatte den Motor gar nicht gehört, stellte er jetzt geschockt fest.

Johnny presste den Kiefer zusammen und wandte sich wieder der *Mermaid* zu. »Toller Zeitpunkt für eine Störung«, murmelte er zu sich selbst.

Seine Gegnerin fing gerade erst so richtig an. »Ich wette, du magst dieses Auto«, sagte sie in diesem seltsamen, rauen Tonfall. »Es ist eine Schande, dass die Lackierung total Scheiße ist.«

Das war genug! Johnny stapfte aufgebracht auf die Stimme zu und schwang drohend seine Pistole. »Wenn du mein Auto zerkratzt, schlitze ich dich mit meinem Messer auf!«

»Wer redet denn von *Kratzern*?«, fragte die Stimme hämisch. »Wie wäre es stattdessen mit ein bisschen *Feuer*?«

Plötzlich hatte er Panik, dass jemand Molotow-Cocktails werfen würde. Johnny drehte sich, suchte hektisch nach Zielen für seine Beretta und stürzte aus der Gasse. Er rannte zu seinem Auto, wissend, dass es eine Falle war, aber das war ihm jetzt egal.

Denn jetzt würde er sie direkt im Visier haben und wenn sie dachte, dass er nicht schießen würde, dann irrte sie sich *gewaltig*.

Doch er sah niemanden, als er auf die schattige Ecke zulief, wo er geparkt hatte.

Stattdessen konnte er etwas riechen. Den grässlich beißenden Gestank von brennender Farbe.

Johnny kam vor dem Auto zum Stehen und musste mit ansehen, wie Rauchschwaden daraus aufstiegen – und die Motorhaube glühte unübersehbar rot wie ein Blech in einer Schmiede.

»Nein. *Nein*! Was zum *Teufel*!«

Er schritt darauf zu, schlug in blinder Wut seine Hände auf das Metall und versuchte, die Motorhaube hochzureißen. Was zur Hölle hatte sie nur getan, um ...

»*Scheiße*!« Er riss seine Hände von dem glühenden Metall los und ließ seine Pistole auf den Bürgersteig fallen. Sie landete auf einer der Ecken des Griffs und rutschte geräuschvoll in die entgegengesetzte Richtung von ihm. *Verdammt!*

Er drehte sich vom Auto weg, schüttelte vor Schmerz fluchend seine Hände und durchsuchte mit zusammengekniffenen Augen die Dunkelheit. Er konnte Schritte hören, aber sie schienen überall um ihn herum zu hallen, völlig asynchron zu jeglichen Bewegungen, die er gerade sah.

»Mit den *LA Witches* sollte man sich nicht anlegen!«, beharrte die unheimliche Stimme. »Ich werde diesmal nett sein und dich mit einer Mahnung davon kommen lassen.«

»Hm?«

»Du wirst dich an nichts hiervon erinnern.« Er konnte sie lächeln *hören*, verdammt. »Vertrau mir.«

Die Gestalt trat schließlich aus der pechschwarzen Dunkelheit in die Düsternis. Es war eine schlanke Gestalt von durchschnittlicher Größe, möglicherweise weiblich – wie die Stimme – doch unter der Lederkleidung war es schwer zu erkennen. Sie hob ihren schwarzen Helm und als sie ihn absetzte, fiel schwarzes Haar, das etwas kürzer als schulterlang war, heraus.

Johnny trat mit vorsichtigen Schritten näher an die Stelle heran, wo vorhin seine Pistole gefallen war. »*Wer zum Teufel bist du?*«

Kera klemmte ihren Helm unter einen Arm und versuchte, nicht laut über seine Angst zu lachen. Er hatte wirklich keine Ahnung, wer sie war und seine Wut und Verwirrung hatten ihn unentschlossen gemacht. Die Wahrheit, wer er unter all dem Getöse wirklich war, war zum Vorschein gekommen.

»Ich bin die Oberhexenbitch, Scheißkerl«, sagte sie selbstgefällig. »Und du bist derjenige, der ins Krankenhaus muss, wenn das hier vorbei ist!«

Sie führte einen weiteren Zauber aus, sprach die Beschwörungsformel in einem Wortschwall, der ihr mittlerweile vertraut war und verschränkte die freie Hand hinter ihrem Rücken in der dazugehörigen Geste. Ihre Nerven und Muskeln brannten, als ihr Körper verlangte, dass sie sich bewegte – doch das war ihr Plan, denn jetzt konnte sie sich schneller bewegen und härter zuschlagen, als jeder Mensch es können sollte.

Sie schoss auf den Mann zu und ihr Knie traf seinen Magen, bevor er reagieren konnte. Der Helm in ihrer linken Hand half ihr, das Gleichgewicht zu halten und sie lächelte bei dem Gedanken, ihm damit ins Gesicht zu schlagen.

Sie hielt sich selbst nicht für einen gewalttätigen Menschen, aber dieser Mann mochte es, Menschen zu verletzen. Sie würde keine schlaflosen Nächte durch Schuldgefühle haben, bloß weil sie ihm eine Kostprobe seiner eigenen Medizin geben wollte.

An seinem erstickten Schrei und dem Krampf in seinen Armen erkannte sie, dass er von ihrer Schnelligkeit schockiert war, doch auch, dass er eindeutig in seinem Leben in mehr als nur ein paar Straßenkämpfe verwickelt gewesen sein musste. Er duckte sich zur Seite, bevor sie ihm entweder mit dem Helm oder der Faust ins Gesicht schlagen konnte und schlug mit der Hand nach ihrem Rücken.

Er hatte eindeutig gelernt, am Anfang eines Kampfes nicht zu erstarren. Offenbar steckte *doch* etwas hinter seinem Gehabe.

Das war aber nicht genug, um den Ausgang des Kampfes zu ändern. Kera drehte sich rechtzeitig, um der vollen Wucht des Schlages auszuweichen, sodass er ihre Niere verfehlte und an dem Leder abprallte, das ihre hinteren Rippen bedeckte. Sie bewegte sich bereits auf ihr nächstes Ziel zu – die Pistole. Sie hatte bereits ausgemacht, wo sie lag und wusste, dass er sich gleich ebenfalls darauf stürzen würde.

Als er das auch tat, schritt sie blitzschnell vor ihm her und seine Augen weiteten sich vor Schreck, als ihr

Stiefel eine halbe Sekunde vor seiner Hand auf der am Boden liegenden Pistole landete. Dann schwang sie den Helm und erwischte ihn damit hart hinter dem Ohr.

Er grunzte und kippte auf den Bürgersteig, schockiert und stöhnend vor Schmerz, obwohl er noch bei Bewusstsein war. »*Puta*«, spuckte er sie an. »Du hast keine Ahnung, mit wem du dich da angelegt …«

»Wenn du es wagst, aufzustehen …«, warnte Kera ihn, als sie sah, dass er kurz davor war, auf ein Knie zu steigen, »dann setze ich deine Eier in Brand. Du hast gesehen, was ich mit deinem Auto gemacht habe. Stell dir mal vor, all diese Hitze konzentriert auf etwas noch *Empfindlicheres*. Netter Gedanke, nicht wahr?«

»Was willst du?«, knirschte er panisch heraus. Er hielt sich zurück, sie anzugreifen und sie konnte sehen, wie sehr er das hasste.

»*Nun*«, begann Kera und zog das Wort in die Länge, »ich würde es dir sagen, aber du würdest dich nicht daran erinnern.«

Sie stieß ihr Knie in seine Brust. Die Wucht des Schlags ließ ihn zurück zu seinem Fahrzeug taumeln und sein Hinterkopf prallte gegen die vordere Stoßstange. Der Mann stieß ein schmerzerfülltes Stöhnen aus und sackte zu Boden, nur noch im entferntesten Sinne des Wortes bei Bewusstsein.

Kera nickte zufrieden, dann rief sie sich die notwendigen Zauber in Erinnerung. Erst den Zauber des Vergessens und dann den Zauber des Schlafes. Mit dem Adrenalin, das sie momentan noch durchpumpte, kostete es sie echte Anstrengung, den Fluss der Magie zu zügeln. Immerhin war es ihr diesmal nicht so wichtig, ob ihre Zaubersprüche ganz korrekt und ohne Nebenwirkungen ausgeführt wurden.

Sobald der Mann mit dem Vergessenheitszauber belegt worden war, hob sie ihn in ihre Arme und setzte ihn hinter dem Lenkrad seines beschädigten Mustangs ab, wobei sie seinen Kopf auf das Armaturenbrett neben dem Lenkrad ablegte.

Als das erledigt war, schrieb Kera eine Notiz auf einen Zettel, den sie sich in der Bar geschnappt hatte.

LA WITCHES TERRITORIUM. HALTE DICH FERN.

Sie stopfte es in Johnnys Hosentasche, besann sich dann aber eines Besseren. »Nee«, sagte sie, halb zu sich selbst und halb zu ihm. »Du wirst dich an nichts hiervon erinnern, wenn du aufwachst, also kann ich es mir nicht leisten, so subtil zu arbeiten.« Sie riss ein winziges Loch in das Papier, damit sie den Zettel über die Vorderseite seines Rückspiegels hängen konnte. »Ja. Das ist besser.«

Im Eiltempo, nachdem ihre Hauptaufgabe erledigt war, zog Kera ihre Lederhose aus und wickelte ihren Helm darin ein, dann trabte sie über den leeren Parkplatz zurück zum Hintereingang der *Mermaid*.

Sie betrat die Hinterräume des Lokals, schaltete das Sicherheitssystem wieder ein, nahm ihre Perücke aus dem Spind, setzte sie auf und schlenderte zur Bar, um Jenn bei den letzten fünf Minuten Arbeit zu helfen.

Die Brünette sah sie mit zusammengekniffenen Augen an. »Geht es dir gut? Ich dachte, ich hätte da draußen jemanden schreien hören.«

»Ja«, antwortete Kera. »Mir geht's gut. Irgendein Typ hat beim Telefonieren rumgeschrien, bestimmt hat seine Freundin Mist gebaut.«

Jennifer war fast mit dem Wischen des Bodens fertig. Sie rollte mit den Augen und schüttelte den Kopf über Keras Geschichte. Sie hatten beide schon viel Unfug um diese Zeit erlebt.

»Und deine Mutter?«, fragte Jennifer einen Moment später.

Mit einem Ruck erinnerte sich Kera an die Ausrede, die sie ihrer Kollegin vorhin erzählt hatte. »Meine Mom, genau. Es stellte sich heraus, dass es falscher Alarm war. Wir dachten, meine Oma sei krank, aber die Testergebnisse sind wohl vor ein paar Stunden angekommen und alle waren in Ordnung. Meine Mom wollte nicht, dass ich mir weiterhin Sorgen mache, also hat sie angerufen.«

Nachdem die beiden jungen Frauen endlich mit dem Wischen des vorderen Bereichs fertig waren, holten sie Cevin aus seinem Büro ab. Ihm ging es größtenteils wieder gut, aber er schien abwesend zu sein. Kera beschloss, dass ein *Jedi*-Gedankentrick angebracht war.

»Hey, Cevin, wir haben jetzt geschlossen. Jenn und ich sind mit dem Aufräumen fertig. Du hast deinen Kram auch schon erledigt, oder? Alles, was übrig ist, kann ja auch morgen, am Samstag, noch gemacht werden. Es ist schon spät, lasst uns alle nach Hause gehen.«

Er schüttelte den Kopf und kniff sich in den Nasenrücken. »Ähm, ja, sicher. Klingt gut.« Sie sah, wie er sich wieder zusammenriss, was gut war.

Kera wusste leider noch nicht, wie man den Effekt dieses Zaubers wieder umkehrte.

Die drei ließen die Bar hinter sich, schlossen ab und gingen zu ihren jeweiligen Fahrzeugen. Kera winkte Jennifer zu, als sie wegfuhr, dann nickte sie Cevin zu, der wie üblich noch ein wenig in seinem Auto sitzen würde. Dann warf sie Zee an und fuhr vom Parkplatz der *Mermaid* ab. Sie machte einen kleinen Umweg um den Block herum, damit sie einen Blick auf die Gasse werfen konnte, in der vor gerade mal zehn Minuten noch gekämpft worden war.

Der Mustang war weg und der Mann, der ihn dorthin gefahren hatte, ebenfalls.

Kera schüttelte den Kopf und blickte in die Dunkelheit. »Komm bloß nicht zurück, du Arschloch.«

Sie brachte Zee auf Touren und fuhr nach Hause.

KAPITEL 31

Nur wenige Leute verbrachten ihre freien Samstagnachmittage mit Einkäufen und das spiegelte sich auch in den Kundenzahlen der Kims wider. Heute war keine Ausnahme. Als Kera hereinkam, war außer ihr kein anderer Kunde anwesend.

Mister Kim bemerkte sie sofort. »Kera! Schön, dich zu sehen. Komm her, komm her.«

Kera lächelte. Er hatte ihr so viel kostenloses Essen geschickt, dass sie in den letzten Tagen nicht einkaufen gehen musste. Sie war heute hierhergekommen, um die Familie Kim zu besuchen. Vielleicht auch, um ein paar Kleinigkeiten zu kaufen, wenn er sie denn lassen würde. Sie ging zum Tresen hinüber und fasste sich ein Herz. Mister Kims zufriedenem Lächeln nach zu urteilen, schien es Misses Kim immer noch gut zu gehen.

»Was macht die Arbeit?«, fragte der alte Herr. »Hast du deine neue Perücke getragen?«

»Ja, habe ich! Sie sah einfach perfekt aus.« Kera gestikulierte auf ihren jetzt perückenlosen Kopf. »Ich trage sie aber nicht unter dem Helm, ich will sie schließlich nicht beschädigen. Auf der Arbeit läuft alles gut. Es gab ein bisschen Aufregung mit einem Proll – mit dieser Person, die mein Motorrad beschädigt hat, wissen Sie.

Aber nichts Ernstes. Ich glaube nicht, dass er je wiederkommen wird.«

»Und falls er das tut, dann weißt du ja, dass du die Behörden anrufen musst, ja?« Mister Kim warf ihr einen ungewöhnlich scharfen Blick zu. »Denk bitte daran, auch ich war einmal jung und hielt mich für unzerstörbar.«

Wenn dieses Arschloch zurückkommt, wird viel mehr brennen als bloß die Motorhaube seines Autos, dachte Kera, aber sie wollte den alten Herrn nicht beunruhigen. »Ich werde mich nicht einmischen, das verspreche ich. Wie geht es Ihrer Frau?«

Das Gesicht des Mannes glühte fast, so glücklich war er. »Es geht ihr gut. Ich glaube, sie würde dich wirklich gerne sehen. Möchtest du mit hochkommen?«

»Natürlich. Sehr gerne.«

Mister Kim wuselte in seinem Laden herum, schloss die Tür ab und hing ein *Geschlossen*-Schild an die Tür, dann führte er Kera die Treppe hinauf.

Wie schon vor einigen Tagen lag Misses Kim auf der Couch, doch dieses Mal sah sie erholter aus. Ihre Haut hatte einen gesünderen Farbton und sie war hellwach, offensichtlich entspannt statt von Schmerzen gequält.

Bei dem Geräusch der Schritte schaute sie sich um und lächelte, als sie Kera sah. »Hallo, Kera«, grüßte sie warmherzig. »Ich hoffe, du mochtest die Suppe.«

»Ja und wie«, erwiderte Kera. »Und die Perücke; wow, sie ist einfach wunderschön. Sie werden sie in demselben Zustand zurückbekommen, in dem ich sie erhalten habe. Ich verspreche es.«

»Es gibt keinen Grund zur Eile.« Frau Kim gestikulierte auf ihren Bademantel und die Decke über ihren

Beinen und lächelte. »Ich werde noch eine Weile hier auf der Couch liegen, denke ich, also werde ich sie vorerst nicht brauchen.« Sie griff hinüber und tätschelte den Stuhl neben der Couch. »Komm, setz dich, Kera. Ich habe von meinem Mann schon einiges über dich gehört, aber ich würde gern mehr von *dir persönlich* erfahren.«

»Natürlich, gerne.« Kera setzte sich und bemerkte, dass Misses Kim von der geringen Anstrengung des Sprechens ein wenig außer Atem zu sein schien. Sie versuchte, ihre Geschichte leicht und amüsant zu halten, erzählte der Dame vom College, von ihrer derzeitigen Wohnsituation und erwähnte sogar kurz Christian.

Nach ein paar Minuten konnte Kera jedoch die Erschöpfung in den Augen der Frau nicht mehr ignorieren.

Sie zögerte, wusste aber, dass sie nicht gehen konnte, ohne noch einmal zu helfen. »Ich weiß nicht, wie Sie sich fühlen, aber wenn Sie mich Sie noch einmal untersuchen lassen und noch ein wenig *Reiki* anwenden lassen würden, dann fühlen Sie sich vielleicht noch ein wenig besser.«

Die beiden Eheleute tauschten Blicke aus, dann nickten beide der jungen Frau zu.

Dieses Mal brauchte die Prozedur nicht so viel Zucker, Fett und Koffein, was eine Erleichterung war. Trotzdem verlangte sie Kera einiges ab und der alte Herr beobachtete sie genau, als sie subtile, sorgfältig gelenkte Ströme von Heilmagie in seiner Frau kanalisierte.

Keras Herzschlag beschleunigte sich jedes Mal, wenn sie gegen die äußeren Ränder des Tumors stieß. Sie wusste, dass sie sich bei jedem einzelnen Stoß ihrem Limit näherte, während ihr immer schwindeliger wurde und sie darum kämpfen musste, nicht ohnmächtig zu werden. Beim sechsten Versuch konnte sie sich zurückziehen, *bevor* sie diesen Punkt erreichte.

Sie war aufgeregt. Obwohl sie sich immer noch nicht traute, die Krankheit direkt an ihrer Quelle zu bekämpfen, konnte sie das tumoröse Gewebe zurückdrängen. Sie war am *Gewinnen* und der Krebs war am Verlieren.

Als Kera also nach fünf Prozeduren aufhörte, musste sich Misses Kim ausruhen und Kera bemerkte, dass ihr das auch helfen würde. Erschöpft und ausgelaugt hielt sie nur eine Mischung aus Energydrinks und Höflichkeit aufrecht. Tatsächlich ertappte sie sich dabei, wie sie von den abgepackten Muffins unten träumte. Vielleicht gönnte sie sich eine Packung davon, bevor sie versuchte, wieder nach Hause zu fahren.

Misses Kim streckte die Hand aus und drückte Keras Finger. »Danke«, sagte sie mit krächzender Stimme. »Heute Abend werde ich mit Sicherheit wieder gesund genug sein, um kochen zu können. Die Gerüche, die Texturen, die Gewürze ... es ist wundervoll, die einfachen Dinge tun zu können.«

»Und sie hat am Dienstag einen weiteren Termin«, fügte Mister Kim hinzu. »Wir werden sehen, was die Ärzte zu sagen haben.«

»Gut.« Kera lächelte, obwohl sie bei seinen Worten einen Stich der Sorge spürte. »Äh, erwähnen Sie mich nicht, okay? Ärzte können ... sehr negativ gegenüber *Reiki* eingestellt sein.« Diese Begründung würde als Ausrede funktionieren, da war sie sich ziemlich sicher.

»Natürlich nicht«, versicherte Mister Kim ihr.

Auf der Couch war Misses Kim eingeschlafen, ihre Lippen waren leicht zu einem sanften Lächeln gebogen.

»Komm, komm.« Mister Kim bot Kera eine Hand, um ihr aufzuhelfen und führte sie wieder nach unten, wo er ihr einen Schokoriegel anbot. Er schüttelte den Kopf, als sie ihr Portemonnaie zückte. »Nein, nein. Und, Kera, dein *Können* ist bei mir sicher.«

Sie blinzelte ihn verwirrt an, obwohl etwas in ihrem Inneren mit einer schwachen Vorahnung von Schrecken kalt wurde. »*Können*? Sicher? Wie?«

Der alte Herr schenkte ihr ein reumütiges Lächeln. »Ich habe dir nicht alles gesagt. Es tut mir sehr leid. Ich selbst habe *Reiki* studiert. Ich weiß, was es ist.«

Oh, nein. Scheiße. Kera versuchte, einen neutralen Gesichtsausdruck beizubehalten. »Ich ... verstehe.«

»*Reiki*«, fuhr Mister Kim fort, »lässt dich nicht so viel essen, nur um dann noch dünner zu werden, als du vorher warst. Glaube nicht, dass ich das nicht bemerke. Du hast abgenommen und wenn du nicht gerade einen Bandwurm hast, weiß ich, dass es an *dem* liegt, was du für meine Frau getan hast. Du hast ... *dich* oder etwas von dir, für sie geopfert. Kera, du hast *Dinge* getan, die die meisten Menschen nicht tun können.«

Es dauerte eine Sekunde, bis Kera erkannte, dass die kalte Taubheit, die sich jetzt langsam in ihr ausbreitete, eine Form von Schock war und nicht von Magie. »Mister Kim«, murmelte sie perplex. »Ich bin ...«

Er hob eine Hand, die Handfläche nach außen. »Nein, mach dir keine Sorgen. Wenn du bereit bist, kannst du mit uns teilen, was du teilen möchtest. Aber du solltest wissen, dass niemand etwas von mir oder meiner Frau erfahren wird, nicht einmal unserem Sohn werden wir etwas sagen. Sie ist mein Leben, Kera. Ich hatte solche

Angst um unsere Zukunft. Jetzt sieht es so aus, als würden wir es sicher bis Juli schaffen.«

Kera nickte wortlos. Sie traute ihrer Stimme nicht und ihr Kinn zitterte.

»Ich denke, wir sollten dich zum Abendessen einladen«, sagte Mister Kim. »Irgendwann nach unserem Termin am Dienstag. Du arbeitest doch immer unter der Woche, richtig?«

Sie nickte wieder, sie traute sich immer noch nicht, zu sprechen.

»Wie wäre es mit Samstag?«

Oh, Scheiße, dachte sie noch einmal panisch, obwohl es eine andere Art von Panik war als die, die sie noch vor einer Minute gefühlt hatte.

Andererseits war diese Art von Panik auch eine willkommene Abwechslung. Sie spürte, wie sie errötete. »Ich, äh, ich habe am Samstag ein Date. Ich habe einen Mann um ein Date gebeten.«

Mister Kims Augen weiteten sich. »Nun, dann. Du wirst ihn wohl mal vorbeibringen müssen, um zu sehen, ob wir mit ihm einverstanden sind.« Er reichte ihr die Hand und tätschelte sie. »Du denkst, ich scherze, aber das tue ich nicht. Du bist so ein guter Mensch und wir sind es deinen Eltern schuldig, auf dich aufzupassen. Ich nehme das sehr ernst.«

Kera lachte auf, sie fühlte sich schwindlig vor Erleichterung. »Okay, ich glaube, das kann ich machen. Vielleicht bei unserem zweiten Date, wenn es so weit kommt. Ha! Wie auch immer, ich sollte jetzt gehen.« Sie gab dem alten Herrn eine herzliche Umarmung, mit welcher er gar nicht gerechnet hatte und wandte sich dann zum Gehen.

»Eine Sache noch.« Seine Stimme trug mehr Autorität als sonst. Er wartete, bis sie sich überrascht umdrehte, bevor er in seinen üblichen Tonfall wechselte. »Sei vorsichtig, Kera. Diese *Fähigkeiten*, die du hast, sind ungewöhnlich, aber du bist sicherlich nicht die Einzige, die sie hat. Mit solchen Kräften zu spielen, kann gefährlich sein, nicht nur für deine Gesundheit, sondern auch, wenn andere dich finden. Davon weiß *ich* einiges.«

»Mister Kim ...«

Er schüttelte den Kopf. »Wenn du bereit bist, kannst du zu uns kommen und mit uns über alles reden. Ich wünsche dir einen schönen Tag, Kera.«

»Danke, ich Ihnen auch.«

»*Ihnen*? Ich bitte dich, Kera. Nach allem, was du für uns getan hast, sind wir doch keine Fremden mehr.«

Kera lachte bei dieser Aussage und ging durch den Laden hinaus in das warme Sonnenlicht, den Kopf voll mit einem Wirrwarr von Gedanken. Sie blieb neben Zee stehen, legte ihre Hand auf seine Oberfläche und verbrachte einen Moment damit, ihr Gehirn zu entwirren.

Misses Kim geht es besser, ordnete sie ihre Gedanken, *sie wird bis zur Behandlung durchhalten. Ich habe das Unglaubliche erreicht, ohne mich umzubringen.*

Nachdem sie das alles so langsam realisiert hatte, verspürte sie einfach nur noch Begeisterung.

Aber da war immer noch dieses kühle Gefühl, die vage Sorge, dass etwas falsch sein könnte und mehr vor sich ging, als sie überhaupt wusste oder bewältigen konnte.

Wie viel weiß Mister Kim?, fragte sie sich. *Wer weiß es noch?* Als sie ein Bein über Zee schwang, konnte sie nur an eine Person denken – oder eine Gruppe.

An diejenigen, die das Grimoire veröffentlicht hatten.

Magie & Marketing

★ ★ ★

Melvin's Legendary BBQ machte seinem Namen bisher alle Ehre.

Noch wichtiger war, dass James in der Stimmung war, es zu schätzen. Sie hatten ihre zweite Kandidatin ausfindig gemacht und fanden sie vielversprechender als den ersten – eine junge, schwarze Frau mit einem sanften Hauch von Macht. Sie vollbrachte Wunder der kleinen, unauffälligen Sorte, kleine Strömungen von Lebensenergie, um Pflanzen beim Wachsen zu helfen, was ihre Leidenschaft zu sein schien. Das volle Spektrum ihrer Kräfte würde sich erst zeigen, wenn sie älter war.

Was gut war. Es bedeutete, dass die Thaumaturgen des Rates Zeit hatten, sich auf diese Rekrutin vorzubereiten.

Jetzt konnten er und Mutter LeBlanc ein wohlverdientes Festessen einnehmen.

»Rippchen«, meinte James, »sind eine feinere Form von Fleisch. Eher etwas für Feinschmecker. Die Menge an Fleisch ist eher gering, aber die Qualität macht die Quantität mehr als wett.«

Er kannte Leute aus dem alten Adel Neuenglands, die über die Küche des Südens die Nase gerümpft hätten. Sie waren Narren, fand er, die nicht wussten, was sie verpassten.

Ihm gegenüber an ihrem Tisch lächelte Mutter LeBlanc ihn an.

»Was?«, fragte James sie. »Habe ich etwas Lustiges gesagt?«

»Das ist der Werbespezialist in Ihnen«, sagte sie ihm. »Immer, wenn Ihnen etwas gefällt, können Sie nicht ruhen, bis Sie *genau* beschrieben haben, warum es so wunderbar ist.«

James Augen funkelten. »Es ist ein Dienst, den ich für diese abgestumpfte, gleichgültige Welt erfülle – ich versuche, den Funken Lebensfreude in ihr wiederzuerwecken.«

»Das haben Sie schön ausgedrückt«, bemerkte sie höflich und warf ihm ein Lächeln zu.

»Da bin ich mir sicher.« Er vergrub sich förmlich in seinem Essen, schnitt noch mehr glitzernde Häppchen von den verkohlten Rippenknochen und ließ sich in der geselligen Stille seiner guten Mahlzeit nieder.

Als sie mit dem Essen fertig waren, holte Mutter LeBlanc zwei Stoffservietten hervor, mit denen sie ihre Hände und Münder reinigen konnten. James zuckte zusammen, als er die Schlieren von Barbecue-Soße und Fett auf dem weißen Tuch sah und fragte sich, ob sie in ihrem Gewand auch eine Waschmaschine versteckt hatte.

Wenn ich es mir recht überlege, muss sie ja irgendeine Möglichkeit haben, das Kleid sauber zu halten, dachte er. *Ob sie dort eine Waschmaschine versteckt hat und sie dann immer herausholt, wenn sie sie braucht?* Er hatte sich oft gefragt, ob sie vielleicht einfach mehrere identische Kleider besaß, aber ihre gemeinsame Reise hatte diese Frage mit Leichtigkeit geklärt. Es war unmöglich, dass sie es geschafft hatte, andere Versionen *dieses* Kleides in ihrem winzigen Koffer zu verstauen.

»Woran denkst du?«, wollte sie wissen. Als er aufblickte, sah sie ihn eindringlich an.

James wollte nicht zugeben, dass er versuchte, die Geheimnisse ihrer Zauber zu enträtseln. Jeder Thaumaturg hatte seine eigene Methodik und seine eigenen Fachgebiete, doch es war ein Dämpfer für sein Ego zu erklären, dass er keine Ahnung hatte, wie sie ihr Kleid wirken ließ.

»Ich denke darüber nach, wohin wir als Nächstes gehen«, antwortete er. Es war eine Notlüge. Es war das, worüber er eigentlich nachdenken *sollte* und das hatte er auch getan, bis die Stoffservietten ihn über den interdimensionalen Wäscheservice nachdenken ließen.

»Nun, was sagt denn unsere Pendelkarte?« Sie hob eine Augenbraue und nippte an ihrer Limonade.

James zückte sein Handy und rief die Security-App auf, die mit einer Kamera im Ratssaal des Herrenhauses verbunden war. Er und Mutter LeBlanc lehnten sich dicht aneinander, um auf den Bildschirm zu blicken. Obwohl sie ein seltsames Paar waren – beide luxuriös gekleidet, ein etwa 30-jähriger weißer Mann und eine – augenscheinlich – junge, schwarze Frau, deren Kleidung an eine ganz andere Zeit erinnerte – schien sie niemand zu bemerken.

Magie konnte eben auch auf diese Weise hilfreich sein.

Auf dem Bildschirm lud das Bild von Pixeln langsam und zeigte letztendlich die Pendelkarte in schärfster Ausführung an. James zoomte heran, um die Karte zu sehen.

Es gab keinen Zweifel daran, wohin sie als Nächstes fahren sollten. Ein strahlendes Leuchten, das in Intervallen in mehreren Bereichen von Los Angeles immer wieder aufleuchtete und wieder verblasste, zeigte ihnen an, dass dort jemand *äußerst Mächtiges* am Werk war.

»Los Angeles«, murmelte Mutter LeBlanc.

»Das wird ... anders als bisher werden.« James rieb sich den Kopf. »Ich habe LA noch nie in den Griff gekriegt.«

»Das müssen Sie nicht«, betonte sie. »Sie müssen nur herausfinden, *wer* dieser Rekrut ist.«

»Bei meinem Glück? Ein Filmstar, den wir nicht aus der Öffentlichkeit entfernen können.«

»Seien Sie nicht so pessimistisch, James. Das passt nicht zu Ihnen.« Sie lächelte ihn an und zeigte auf einen Punkt. »*Das hier.* Das ist eine unfassbar beeindruckende Menge an Magie. Ehrlich gesagt, wenn es nicht immer wieder aufleuchten würde, würde ich mir Sorgen machen, dass diese Person tot ist. Das könnte unser vielversprechendster Rekrut seit mehr als einem Jahrhundert sein. James, wir dachten, wir hätten den Jackpot geknackt, als wir das Mädchen und ihre Pflanzen vorhin fanden. Doch das hier ist sogar noch besser.«

James musste bei ihrer Aussage nicken, doch er war vorsichtig. »In LA ist momentan viel los und wenn die Person, um die es hier geht, in die oberen Ebenen dieser Aufruhre verwickelt ist, könnte sie durchaus gefährlich sein.«

»Das könnte sie.« Mutter LeBlancs Augen trafen James' besorgten Blick. »*Oder* sie könnte genau die Art Rekrut sein, die Sie im Sinne hatten, als Sie diese Initiative vorgeschlagen haben.«

ENDE

**Kera MacDonagh kehrt zurück in:
»So wird man eine knallharte Hexe 2«**

Magie & Marketing

—

Wie hat Dir das Buch gefallen? Schreib uns eine Rezension oder bewerte uns mit Sternen bei Amazon. Dafür musst Du einfach ganz bis zum Ende dieses Buches gehen, dann sollte Dich Dein Kindle nach einer Bewertung fragen.

Als Indie-Verlag, der den Ertrag weitestgehend in die Übersetzung neuer Serien steckt, haben wir von LMBPN International nicht die Möglichkeit große Werbekampagnen zu starten. Daher sind konstruktive Rezensionen und Sterne-Bewertungen bei Amazon für uns sehr wertvoll, denn damit kannst Du die Sichtbarkeit dieses Buches massiv für neue Leser, die unsere Buchreihen noch nicht kennen, erhöhen. Du ermöglichst uns damit, weitere neue Serien parallel in die deutsche Übersetzung zu nehmen.

Am Endes dieses Buches findest Du eine Liste aller unserer Bücher. Vielleicht ist ja noch ein andere Serie für Dich dabei. Ebenso findest Du da die Adresse unseres Newsletters und unserer Facebook-Seite und Fangruppe – dann verpasst Du kein neues, deutsches Buch von LMBPN International mehr.

Michael Anderle

MICHAEL ANDERLE – WER STECKT HINTER DIESEM WERK?

Vielen Dank, dass Du nicht nur mein Buch gelesen hast, sondern jetzt auch diese Autorennotizen im hinteren Teil liest!

Für diejenigen, die mich und meine anderen Werke schon kennen, habe ich unten eine Liste meiner zukünftigen Projekte angehängt. Hier werde ich mich jetzt erst einmal allen neuen Lesern, neuen Fans und die, die es werden wollen, vorstellen.

Wer bin ich?

Ich schrieb mein erstes Buch *Mutter der Nacht* (der erste Teil der Serie ›Das kurtherianische Gambit‹) im September/Oktober 2015 und veröffentlichte es am 2. November 2015. Ich schrieb und veröffentlichte die nächsten beiden Bücher im selben Monat und hatte damit tatsächlich bis Ende November 2015 drei Bände veröffentlicht.

Das war genau vor fünf Jahren.

Seitdem habe ich Hunderte weiterer Bücher in allen möglichen Genres geschrieben, mitgestaltet, konzipiert und/oder geschaffen.

Mein erfolgreichstes Genre ist immer noch mein erstes, Paranormal Sci-Fi, dicht gefolgt von Urban Fantasy. Ich habe mehrere Pseudonyme, unter denen ich schreibe und mitproduziere.

Manche von ihnen habe ich ins Leben gerufen, weil ich manchmal ein bisschen grob in meinem Humor oder roh in meinem Zynismus sein kann (*Michael Todd*). Ich habe eins, das ich mit Martha Carr teile (*Judith Berens*) und ein anderes (*nicht öffentlich*), das wir als Marketing-Test-Namen verwenden.

Ich liebe es einfach, Geschichten zu erzählen und mit dem Erfolg kam so die Möglichkeit, die zwei Dinge zu vermischen, die ich in meinem Leben liebe.

Geschäfte und Geschichten.

Ich wollte schon als Teenager Unternehmer werden. Ich war ein *sehr erfolgloser* Unternehmer (ich habe es wirklich viele Male aufs Neue versucht), bis mein Verlag LMBPN im Jahr 2015 endlich einen Autor unter Vertrag nahm.

Mich selbst.

Ich war der Vorsitzende der Firma und ich war der erste Autor, der veröffentlicht wurde. Lustig, wie sich das so ergeben hat.

Ende 2016 konnten wir dann weitere Autoren für uns gewinnen. Jetzt haben wir ein paar Dutzend Autoren und veröffentlicht haben wir bisher etwa tausend Bücher, ein paar hundert Hörbücher direkt in unserem Verlag und weitere hunderte Hörbücher, lizenziert durch sechs Audiounternehmen.

Es waren arbeitsreiche fünf Jahre.

Was habe ich vor?

Jetzt gerade bin ich in einem Restaurant namens *Scrambled* in Henderson, Nevada. Das ist das erste Mal, dass ich dieses Lokal besuche und die Stimmung ist FANTASTISCH.

In einer Woche wird der Gouverneur von Nevada die Anzahl der Menschen, die hier essen können, um 50 % reduzieren (von 50 % auf nur noch 25 % der ursprünglichen Kapazität).

Das wird das Restaurant finanziell ausnehmen. Die Besitzerin des Lokals war offensichtlich zu erkennen (und da ich an der Bar aß, war es einfach, ihr Fragen zu stellen), also fragte ich sie, wie sich die neuen Erwartungen des Gouverneurs auf ihr Geschäft auswirken würden.

Die Antworten waren ziemlich herzzerreißend.

Ich habe keine Ahnung, wie ich Unternehmen wie diesem helfen kann zu überleben, wenn wir uns die momentane Situation vor Augen halten.

Mir hilft es emotional, wenn ich in ein Restaurant gehen und dort essen kann. Ja, das Essen ist nahrhaft, aber unter Menschen zu sein (selbst mit mehreren Metern Sicherheitsabstand) hilft immer noch. Ich bin nicht der Typ Mensch, dem es ohne menschliche Interaktion gut geht. Ich brauche zwar nicht viel davon, aber die erste Covid-Welle hat mich ziemlich zerrissen und die Familien, die darunter litten, noch mehr.

Es gibt keine guten Antworten.

Bleibt stark, ihr alle. Haltet den Kopf erhoben, helft jemandem, der euch braucht und zögert nicht, andere selbst um Hilfe zu bitten, falls ihr sie benötigt.

Es GIBT ein Licht am Ende des Tunnels. Lasst uns einen Weg finden, diese zweite Welle von @#%@#% -Covid einfacher zu machen als die erste.

Jetzt werde ich meinen eigenen Rat befolgen und einem Fremden den Tag erhellen.

(Anmerkung der Redaktion: Ich habe das Privileg, Michael Anderle seit über drei Jahren zu kennen. Wenn er sagt, er geht los, um den Tag eines Fremden aufzuhellen, dann macht er keine Witze! Seit ich ihn kenne, habe ich gesehen, wie er SO viele Taten der Freundlichkeit für

völlig Fremde, Autorenkollegen und jeden, der einfach nur Hilfe braucht, vollbracht hat, dass ich sie gar nicht mehr zählen kann. Er ist einer der aufrichtigsten Menschen, die ich jemals getroffen habe und ganz weit oben auf der Medaillenposition in der Olympiade der besten Menschen. Ich bin so froh, diesen Mann getroffen zu haben!)

    Wir hoffen, dass Dir diese neue Serie gefällt. Immer noch davon ausgehend, dass Du noch nie eines meiner Bücher gelesen hast, schließe ich meine Vorstellung mit meinem traditionellen Spruch aus *Das kurtherianische Gambit …*

Ad Aeternitatem
Michael Anderle
23. November 2020

SOZIALE MEDIEN

Möchtest Du mehr?
Abonnier unseren Newsletter, dann bist Du bei neuen Büchern, die veröffentlicht werden, immer auf dem Laufenden:
https://lmbpn.com/de/newsletter/

Tritt der Facebook-Gruppe und der Fanseite hier bei:
https://www.facebook.com/groups/ZeitalterderExpansion/
(Facebook-Gruppe)
https://www.facebook.com/DasKurtherianischeGambit/
(Facebook-Fanseite)

Die E-Mail-Liste verschickt sporadische E-Mails bei neuen Veröffentlichungen, die Facebook-Gruppe ist für Veröffentlichungen und ›hinter den Kulissen‹-Informationen über das Schreiben der nächsten Geschichten. Sich über die Geschichten zu unterhalten ist sehr erwünscht.

Da ich nicht zusichern kann, dass alles was ich durch mein deutsches Team auf Facebook schreiben lasse, auch bei Dir ankommt, brauche ich die E-Mail-Liste, um alle Fans zu benachrichtigen wenn ein größeres Update erfolgt oder neue Bücher veröffentlicht werden.

Ich hoffe Dir gefallen unsere Buchserien, ich freue mich immer über konstruktive Rezensionen, denn die sorgen für die weitere Sichtbarkeit unserer Bücher und ist für unabhängige Verlage wie unseren die beste Werbung!

Jens Schulze für das Team von LMBPN International

DEUTSCHE BÜCHER VON LMBPN PUBLISHING

Das kurtherianische Gambit
(Michael Anderle – Paranormal Science Fiction)

Erster Zyklus:
Mutter der Nacht (01) · Queen Bitch – Das königliche Biest (02) · Verlorene Liebe (03) · Scheiß drauf! (04) · Niemals aufgegeben (05) · Zu Staub zertreten (06) · Knien oder Sterben (07)

Zweiter Zyklus:
Neue Horizonte (08) · Eine höllisch harte Wahl (09) · Entfesselt die Hunde des Krieges (10) · Nackte Verzweiflung (11) · Unerwünschte Besucher (12) · Eiskalte Überraschung (13) · Mit harten Bandagen (14)

Dritter Zyklus:
Schritt über den Abgrund (15) · Bis zum bitteren Ende (16) · Ewige Feindschaft (17) · Das Recht des Stärkeren (18) · Volle Kraft voraus (19)

Kurzgeschichten:
Frank Kurns – Geschichten aus der Unbekannten Welt

In Vorbereitung:
...die restlichen Bücher bis Band 21

Aufstieg der Magie
(CM Raymond, LE Barbant & Michael Anderle – Fantasy)

Unterdrückung (01) · Wiedererwachen (02) · Rebellion (03) · Revolution (04)
In Vorbereitung sind die restlichen Bücher bis Band 12 aus dem Kurtherian-Gambit-Universum

Das zweite Dunkle Zeitalter
(Michael Anderle & Ell Leigh Clarke
– Paranormal Science Fiction)
Der Dunkle Messias (01) · Die dunkelste Nacht (02)
In Vorbereitung sind die restlichen Bücher bis Band 4
aus dem Kurtherian-Gambit-Universum

Der unglaubliche Mr. Brownstone
(Michael Anderle – Urban Fantasy)
Von der Hölle gefürchtet (01) · Vom Himmel verschmäht (02) ·
Auge um Auge (03) · Zahn um Zahn (04) ·
Die Witwenmacherin (05) · Wenn Engel weinen (06) ·
Bekämpfe Feuer mit Feuer (07)
In Vorbereitung sind die restlichen Bücher dieser
Oriceran-Serie

Die Schule der grundlegenden Magie
(Martha Carr & Michael Anderle – Urban Fantasy)
Dunkel ist ihre Natur (01)
In Vorbereitung sind die restlichen Bücher bis Band 8
diese Oriceran-Serie

Die Schule der grundlegenden Magie: Raine Campbell
(Martha Carr & Michael Anderle – Urban Fantasy)
Mündel des FBI (01)
In Vorbereitung sind die restlichen Bücher bis Band 9
diese Oriceran-Serie

Die Chroniken des Komplettisten
(Dakota Krout – LitRPG/GameLit)
Ritualist (01) · Regizid (02) · Rexus (03) ·
Rückbau (04) · Rücksichtslos (05)
In Vorbereitung sind die derzeit verfügbaren Teile

Die Chroniken von KieraFreya
(Michael Anderle – LitRPG/GameLit)
Newbie (01)
Anfängerin (02)
In Vorbereitung sind die restlichen Bücher bis Band 6

Die guten Jungs
(Eric Ugland – LitRPG/GameLit)
Noch einmal mit Gefühl (01)
Heute Erbe, morgen Schachfigur (02)
In Vorbereitung sind die restlichen Bücher der Serie

Die bösen Jungs
(Eric Ugland – LitRPG/GameLit)
Schurken & Halunken (01) in Vorbereitung
In Vorbereitung sind die restlichen Bücher der Serie

Die Reiche
(C.M. Carney – LitRPG/GameLit)
Der König des Hügelgrabs (01)
In Vorbereitung sind die restlichen Bücher der Serie

Stahldrache
(Kevin McLaughlin & Michael Anderle –
Urban Fantasy)
Drachenhaut (01) · Drachenaura (02) ·
Drachenschwingen (03) · Drachenerbe (04) ·
Dracheneid (05) · Drachenrecht (06) ·
Drachenparty (07) · Drachenrettung (08)
In Vorbereitung sind die restlichen Bücher bis Band 15

So wird man eine knallharte Hexe
(Michael Anderle – Urban Fantasy)
Magie & Marketing (01)

Animus
(Joshua & Michael Anderle – Science Fiction)
Novize (01) · Koop (02) · Deathmatch (03) ·
Fortschritt (04) · Wiedergänger (05) · Systemfehler (06) ·
Meister (07)
In Vorbereitung sind die restlichen Bücher bis Band 12

Opus X
(Michael Anderle – Science Fiction)
Der Obsidian-Detective (01)
Zerbrochene Wahrheit (02)
Suche nach der Täuschung (03)
In Vorbereitung sind die restlichen Bücher bis Band 12

Unzähmbare Liv Beaufont
(Sarah Noffke & Michael Anderle – Urban Fantasy)
Die rebellische Schwester (01)
Die eigensinnige Kriegerin (02)
Die aufsässige Magierin (03)
Die triumphierende Tochter (04)
Die loyale Freundin (05)
Die dickköpfige Fürsprecherin (06)
Die unbeugsame Kämpferin (07)
Die außergewöhnliche Kraft (08)
Die leidenschaftliche Delegierte (09)
Die unwahrscheinlichsten Helden (10)
Die kreative Strategin (11)
Die geborene Anführerin (12)

Die einzigartige S. Beaufont
(Sarah Noffke & Michael Anderle – Urban Fantasy)
Die außergewöhnliche Drachenreiterin (01)
Das Spiel mit der Angst (02)

In Vorbereitung sind die restlichen Bücher bis Band 24

**Die Geburt von Heavy Metal
(Michael Anderle – Science Fiction)**
Er war nicht vorbereitet (01)
Sie war seine Zeugin (02)
Hinterhältige Hinterlassenschaften (03)
In Vorbereitung sind die restlichen Bücher bis Band 8

**Weihnachts-Kringle
(Michael Anderle –
Action-Adventure-Weihnachtsgeschichten)**
Stille Nacht (01)